新世紀叢書

當代重要思潮・人文心靈・宗教・社會文化關懷

21世紀的路｜百萬銷售經典名著

小即是美

把人放在重要位置
最具啟發性與顛覆性的經濟思考

Small is Beautiful

一本把人當回事的經濟學著作

經濟哲學先知 修馬克 E. F. Schumacher◎著
經濟學博士 李華夏◎譯

拒絕貧窮 M型社會的出路

自我設限、自我節制、知所侷限——這是賦予生命、保護生命的動力。
我們所需要的新經濟學必將基於以下的認知：

經濟發展只能「到某種程度」；
生命只能複雜「到某種程度」；
追求效率或生產力只能「到某種程度」；
使用無法再利用的資源只能「到某種程度」；
完整人性對細密分工只能忍受「到某種程度」；
以「科學方法」代替一般常識只能「到某種程度」。

——修馬克（E. F. Schumacher）

《小即是美》（*Small is Beautiful*）面世已有二十個年頭。
當其首版付梓時，並未立即洛陽紙貴。
剛開始，銷售量平平，但每一季都呈現穩定的成長，
終至該書及其琅琅上口的書名在一夕之間家喻戶曉。
這種情形仍會持續二十年。
不同國家數不清的人們已被這本書深深啟發，
對其主要觀點印象深刻。
而有意在他們自己的家鄉或工作地點多盡心力，
這就是這本書的直接效果。

——卜雷特（Jonathon Porritt）
英國環境生態學家
1993 年

小即是美

M型社會的出路．拒絕貧窮

【目錄】本書總頁數共376頁

II 資源

III 第三世界

IV 組織與產權制度

結語

一盎士的實踐通常比一噸的理論來得有價值。

知識就是悲傷；最最飽學之士
一定會因這最終的真理而發出最深沈的悲嘆：
知識之樹並不是生命之樹。

——詩人拜倫

物質資源中，最偉大的毫無疑義的是土地。
研究一個社會怎麼使用土地，
就能對它的未來有個相當可靠的推斷。

《表土與文明》（*Topsoil and Civilization*）**見本書111頁**

有了文明的人類幾乎總是能暫時掌控環境。他們的主要問題出在誤以為一時的掌控是永遠的。他們誤認自己是「世界的主宰」，卻並不充份了解自然的法則。

人類不管已開化未開化，都是大自然之子，而非其主。他們若想維持其掌握生態環境的形勢，他們的行為就必須合乎若干自然法則。他們如果想要規避這些自然法則，結果往往就是摧毀了供養他們的自然環境。而且當環境迅速惡化的時候，他們的文明也跟著衰微。

曾經有人如此形容歷史：「開化的人類踏過大地的顏面，足跡所過之處只剩一片沙漠」。這個說法也許稍嫌誇張，但絕非無的放矢。文明人在絕大多數他們長期居留過的土地上大肆掠奪。這就是為什麼他們不斷進化的文明要到處遷徙的主要原因。這也是他們的文明在較早期的居留地衰落的最主要理由。這是決定歷史上所有趨勢的決定性因素。

史學家很少注意到土地使用的重要性。他們好像沒有注意到絕大多數人類的帝國和文明的命運，基本上是由人類對土地的使用方式來決定的。他們雖然注意到了環境對歷史的影響，但是他們卻沒有注意到人類通常都會改變或掠奪環境。

文明人怎麼掠奪這個有利的環境？他主要是以耗竭或摧毀自然資源的方式來達成。他從佈滿森林的高山、河谷砍倒或焚燒絕大部分可用的木材。他縱放牲畜吃光啃禿了餵養牛羊的草原。他幾乎殺光野獸、竭澤而漁。他坐視耕地流失有生產力的表土。他縱容流失的土壤堵塞河川，並讓水庫、灌溉溝渠、港口填斥淤泥。在許多情形下，他不但使用而且浪費掉絕大部分可輕易開採的金屬或其他必需之礦物。然後他的文明就在他自己創造的劫掠中衰敗，要不他就得遷徙到一塊新土地去。過去曾有十種到三十種不同的文明循此模式毀亡。

——摘自111頁

一本把人當回事的經濟學著作

〈導讀〉卜雷特（Jonathon Porrit）／英國環境生態學家，《拯救地球》（*Save the Earth*）作者

《小即是美》（*Small is Beautiful*）面世已有二十個年頭。當其首版付梓時，沒有立即洛陽紙貴，也沒有惡評如潮。剛開始，銷售量平平，但每一季都呈現穩定的成長，終至該書及其琅琅上口的書名在一夕之間街喻巷曉。

這種情形仍會持續二十年。**不同國度數不清的人們已被這本小冊子深深啓發**，對其主要觀點的淺顯印象深刻，而有意在他們自己的家鄉或工作地點多盡心力，就是這本書的直接效果。

這項成果是最令人出乎意料的，《小即是美》基本上是以數年來所寫的論文及所做的演講編纂而成，多多少少給人有點將浮光掠影重疊拼湊起來的感覺。即使有所重複，同一議題針對聽眾對象或文章發表場地之有別而從不同角度來探討，似乎

頗管用。

總而言之，修馬克（Fritz Schumacher）將許多南轅北轍的關注點放在同一架構來考量。**他是現代綠色運動**（Green Movement）**中「勤於思考」的第一人**。

人們重讀《小即是美》，就會強烈感覺到修馬克從豐富傳統中得益匪淺。在給民眾取得好工作所具重要涵義上，他承接摩里斯（William Morris）的概念；在有機耕作及維持土壤肥沃度的重要性上，他得自博爾弗女士（Eve Balfour）及道勃勒地（Henry Doubleday）的啓發；在論及技術及工業革命則得自芒福（Lewis Mumford）、甘地、克魯泡特金（Kropotkin）、托尼（Tawney）及加爾布雷思（Galbraith）。所有這些人及更多的觀念在修馬克的鍋裡攪和乃泡製出這**一部充滿生存力及原創力的作品**。正如副標題所隱含的**「一本把人當回事的經濟學著作」**，這是直指經濟學的核心問題，他一而再的來回探討。他在二十年前所寫的每件事在今天看來一樣恰當，而當代經濟學者及政治人物拒絕將其列入考慮仍一如過往卻顯得不可理喻。正如他聲嘶力竭地論證，我們整個生活所採用的工業步調所犯的主要錯誤，就在我們繼續視無可復原的自然界資本（natural capital）爲收入項目的態度。

化石燃油僅僅是「自然界資本」的一部分，且絕不會屬於最重要的那部分資本。我們一直將其看作可消耗的，就像它是收入項目一樣。如果我們浪費我們的化石燃油，我們危害到文明；但如果我們浪費以我們四周的生態自然為代表的資本，則我們危害了生活本身。

於是，人類社會將所有的希望全放在達成指數式經濟成長，僅以國民生產毛額（ＧＮＰ）的增長來衡量成功，並且忽略現代消費者主義所造成的社會及環境「外部性」（externalities），凡此種種的謬誤仍在持續。經濟學者對這些事物並非完全無知——他們數十年來對此著墨不少。但仍繼續視爲小問題，就像一個體系出現惱人的錯亂一樣，過不久又會證明這個體系既耐用又具彈性。

確實，在某種層次上，多項措施都陸續在推動。經濟合作暨發展組織（ＯＥＣＤ）早在十多年前就曾首次呼籲「環境成本國際化」。各地政府也曾花同樣長的時間在嘟囔著執行「污染者付費原則」。聯合國也曾組織一個工作小組從事替代國民生產毛額方案的研究，卻只見沒完沒了的文字報告。少數開風氣之先的國家已發展出描述其國民所得帳的對照系統，還有少數開創性的經濟學者大力推動將環境經濟學列入專科、大學，及商學院的主流課程之中。

但事情沒有呈現任何改變。即使對此有興趣的經濟學者也似乎完全無法以任何方式，來支持採取行動的助選團體，給政治人物施加某些眞正專家的壓力。如在英國，至少沒有讓修馬克的聲望，使政治人物對現代正統經濟所帶來的明顯不當，感到忐忑不安。

例如，要是英國政府只有一位就業部的部長，連同一位反對黨的就業事務（在野黨的影子內閣）發言人，這兩人能看懂及採納名爲「佛教經濟學」的內容。當他們孤獨地掙扎著正視經濟現實可能出現充份就業的情景時，他們還是不理會以下簡單不過的事實：工作對人們來說，其代表的意義遠超過出賣一份勞動有所報酬這種相對單純的交易。在一個工業社會，心理上的收益諸如安全、成就感、地位、團體感及喜樂感，主要是透過人們的職務或他們所從事的工作而傳遞的。

職務和工作之間仍然有一個基本的區別。「充份就業」是被當作現代政治人物最受歡迎的仙丹效力來投資的，它仍意味著給所有居民，除了無能力的少數人外，一份全日職務。它仍未被賦予給所有有能力工作的人一個取得好工作的意涵。

在這件事情及許多其他事件上，修馬克樹立了一個標誌：在一片機器人化及「移動資本」以追逐更便宜勞力成本的時代，所鼓吹不合時宜的充份就業聲中，他仍能提供唯一的另類選擇。

可是，在某些其他議題上，他的觀點可沒有經過如此深思熟慮。就像其他每一位七〇年代初期環保人士的文章一樣，修馬克深信石油嚴重短缺的緊迫性，並深怕這一切會造成經濟及社會的斷層。二十年過去了，刻下所要強調的不在石油的流失（目前儲藏量幾乎很確定至少將維持到下一世紀中葉），而毋寧是在，如果石油繼續以時下的速度消耗的話，給環境所帶來的損害。

同樣的，當重溫修馬克爲英國國營工業振振有辭的辯護時可是另類的驚訝！而回憶這些日子來就最適的產權制度方式所曾進行的熱烈激辯也正是時候。所謂「自由市場」（free-market）那時尚未被視爲所有社會及經濟利益唯一的仲裁者，且其擁護者也不會像今天社會凡事以知性的優越性爲尚。

但即使是正統如今也面臨挑戰。市場在今日既非自由也非很有效率；它們加深財富的差距且加速環境的惡化。**當鐘擺晃回管制的、計劃的及適當控制的市場這些觀念時，修馬克在這個領域的觀念也許可作為一項新的權威**。

當「補貼性」（subsidiarty）這個詞掛在歐盟每位市民的嘴上時，我們能很確定的說《小即是美》仍將成爲一句大眾耳熟能詳的句子！它是否用得恰當是另外一回事。若知道修馬克有關適當規模的觀念來自天主教的補貼原則（指定一個較大及更高階的協會，擔任比其爲小且爲其附屬組織都能做的任務是一種不公，同時也是一種可怕的邪惡及對正當秩序的干擾），還有，在修馬克的眼中小不常是美，是很值得探討的一件事。

我所要強調的是，當涉及到規模的問題時，人類有雙重性的要求：這並沒有單一的答案。為了不同的目的，人類需要許多不同的結構，小的和大的，某些有排他性，有些呈綜合性。為了取得建設性成果，首要之務經常是恢復某種平衡。今日，全球幾乎都陷入對巨形偶像的崇拜之中。因此，堅持為小的美德是必要的——在其可適用的地方。

但正如修馬克的出版商非常了解：「小有時候美」毫無疑問沒有「小即是美」的標題來得有衝擊力！這個帶點欺騙性的簡單句子今天仍引起整個綠色運動非常強有力的共鳴，提醒我們現代世紀偉大數字中，其背後有關工作及深具啓發性生活的全部實情。

托尼（R. H. Tawney）**《宗教及資本主義的興起》**（*Religion and the Rise of Capitalism*）**作者**

很少人能不帶興奮之情來預期實際能源及技藝所帶來的耀眼成就，這些事物打從十七世紀後半葉起已將物質文明改頭換面，其中，英國正是大膽而不太謹慎的拓荒者。可是，若要說經濟企圖心是好僕人，那他們卻是壞主人。

最明顯的事實是最易被遺忘的。現存的經濟秩序及太多爲重建經濟秩序所做的複雜計劃都告崩潰，那是由於忽略下面眾所周知的事實：即使是多普通的人都有靈性，沒有任何物質財富的增加可以補償有辱其自尊及有損其自由的安排。經濟結構的合理估算必須考慮以下的事實：除非產業因人性受辱的那部分進行重複的反抗以致癱瘓，否則它必須滿足不純以經濟性爲考量的標準。

黎奧樸（Aldo Leopold）**《沙鎮年鑑》**（*A Sand County Almanac*）**作者**

總的說來，我們目前的問題是態度和落實的問題。我們正以蒸汽挖土機來重修西班牙的阿罕布拉（Alhambra）皇宮，並對我們所付的使用費感到自豪。我們將很難放棄挖土機，說到底，它有許多好處，但我們需要的是，有個較溫和及更客觀的標準來成功使用它。

現代世界
The Modern World

1 生產的問題
The Problem of Production

我們這一代最致命的一個錯誤就是，相信「生產的問題」已經得到解決。這個信念不光是遠離生產線的人們堅信不疑，以致完全與實際狀況脫節——連產業界的舵手，全世界政府的經濟管理者，學術界與非學術界的經濟學者，這些專家都如此認爲，更遑論那些經濟專欄寫作人。他們也許對許多事情的看法不一，但都同意生產的問題已獲得解決；認爲人類終於達到這個境界。他們說，對富國而言，現在最重要的工作是「爲休閒而受教育」，至於窮國，首要的工作是「技術的移轉」。

在事情並沒向其所該走的途徑前進時，必定是由於人類的劣根性使然。因此我們必須構建一套完美的政治體系，使人類的劣根性消失，讓每個人不論其有多少劣根性都得中規中矩。事實上，人人生而性善是廣被接受的觀念；如果某人變成罪犯或掠奪者，這就是「體系」的錯。毫無疑問，「體系」從各種角度來說都是不好且必須予以改變的。體系之所以不好而仍能屹立不搖，其中一個主要原因是「生產的問題」已獲解決這個錯誤的觀點。當現行體系都瀰漫著這項錯誤時，就沒有多少可以選擇的餘地了。

這項錯誤是如此的無法形容又根深柢固，其興起和過去三或四百年來人類對自然界所持哲學態度上的變化密切相關，更不要說在宗教態度上的變化。我或許應該說是西方人士對自然界的態度，但由於整個世界現正處於西化的進程，則前面更一般化的論述似乎也交代得過去。**現代人體會不出其身為自然界的一份子，反而視己為命中注定可以主宰及征服自然界的外在力量。現代人甚至大言不慚的說要與大自然搏鬥，卻忘記如果其戰勝自然，旋踵間其已處在敗方**。直到最近，這場戰役似乎順利進行到使人類覺得自己擁有無限能力的幻覺階段，但還未帶來全面勝利在望的可能。如今這個觀念逐漸成形，許多人，雖然只是少數，正開始認識到這全面勝利對人文持續存在的意義。

炫目的科技成就加深了人類的幻覺，以為自己擁有無限能力，並營造出生產的問題早就解決的同等幻覺。生產的問題早就解決的幻覺又起於無法區分收入項目及資本項目之間的差異，而這種差異恰是至關重要的事。所有的經濟學者及生意人都很熟悉這種差異，並有意識地將這種差異很細膩地運用到所有的經濟事務上，但卻沒將之用在最關鍵的地方：那就是人類濫用尚不能製造且無可還原的資本，事後才發現少了這項資本，人類一事無成。

一位生意人如果看見一家廠商正快速地消耗其資本，不會認爲該廠商已解決其生產的問題及已處於不敗之地。因此，當同樣的事情發生在特大型廠商，即太空船星際往返的經濟體，特別是其金主型乘客的經濟體時，我們如何能忽視這致命的事實呢？

忽視這項致命事實的一個理由是，我們脫離了實際情況，並傾向於對我們尚不能製造的東西視作毫無價值。即使是偉大的馬克思博士在他草擬所謂「勞動價值理論」（labour theory of value）時也犯下這類具毀滅性的錯誤。目前，我們確實已運作製造某些資本——一大筆科學性、技術性的基金，以及其他知識如精巧的實物基礎設施、型號無可計數的精密資本設備等等——來協助我們生產，但所有這一切僅是我們正在使用全部資本的一小部分。**最大的那部分資本是由自然界而不是由人類所提供的——而我們竟然不曾認知到這一點**。這較大部分的資本現正以令人擔憂的速度在消耗，因此，篤信並執行生產的問題已經解決這一信念，乃是一種荒謬且自食惡果的錯誤。

讓我們更深入觀察這項「自然界資本」（natural capital）。首先並且最明顯的就是化石燃油。我敢確定沒人會否認化石燃油被視爲收入項目，雖然它們毫無疑問是屬於資本項目。如果我們視其爲資本項目，我們理應注意燃油的保存：我們應該竭盡所能去試圖減少它們目前的使用率；譬如說，可以將這些資產——無可還原的資產——所兌現的金額成立一個專門基金，指定用於開發新的生產方式及生活型態，而這都完全不靠化石燃油或僅依賴很少量的燃油。如果我們視化石燃油爲資本項目而不是收入項目，這類工作及許多其他工作我們都應進行。可我們任何一項工作都沒做，反而做了與此相反的工作：我們一點都不在乎燃油的保存；我們是擴大而非減弱目前的使用率；且毫無興趣去研究另類生產方式及生活型態的可能性——好比我們以不斷增長的速度往車毀人亡的路線上行駛——我們還興高采烈地在柔腸寸斷的軌道上大談特談無止境的進步，在富國裡談「爲休閒而受教育」，對窮國談「技術的移轉」。

這些資本項目資產的流失其速度之快，連世界上宣稱最富有的國家美國，上至白宮，都有許多憂心忡忡的人士呼籲將煤大量轉化爲汽油與瓦斯，要求付出更大努力來尋找及開採地球殘餘的寶藏。看看列在「公元二千年世界燃油需求量」標題下所透露的數字。如果我們現在（一九七二年）消耗相當於七十億噸等量煤，二十八年後（二〇〇〇年）所要消耗的等量煤就會是這個數字的三倍——約二百億噸！二十八年是怎麼一個概念？往回看則約略是第二次世界大戰結束之年，當然，從那時開始燃油消耗量已增長了三倍，但該三倍的增額所涉及的僅止於五十億噸等量煤。此刻我們隨口所談的增額卻是該數字的三倍。

人們不禁會問：這有可能做到嗎？於是答案回來了：這必須做到，因此這將會付諸實現。有人也許會認爲（要向加爾布雷思致歉）這正是口蜜腹劍在引領視障者的例子。但爲何如此誹謗？問題本身就是錯誤導向，因爲它隱含的假設是我們正在解決收入項目而不是資本項目。公元二〇〇〇年爲何如此特別？到了公元二〇二八年又是何種光景，屆時今天尚在奔跑亂跳的幼童正爲他們的退休在打算？是否又來一個三倍的增長？所有這些問題與答案在我們意識到我們是要解決資本項目而非收入項目的瞬間顯得如此的荒唐：化石燃油不是由人類製造；它們不能回收。它們一旦用完就永遠用完。

接下來就會問到那收入性燃油（income fuels）又是何種光景？當下，收入性燃油（以卡路里算）只占全球總燃油的百分之四弱。在可見的未來，收入性燃油將必須占到百分之七十、八十到九十。有些事在小規模下進行和在特大規模下進行是截然兩回事，而要想對世界燃油問題造成影響，這番工程必須是夠雄偉才行。當生產的問題落到所需的收入性燃油要達到特大規模這個層次上時，誰還說生產的問題業已解決？

我們一直將化石燃油看作可消耗的，就像它是收入項目一樣，「自然界資本」的一部分，且絕不會屬於最重要的那部分資本。**如果我們浪費化石燃油，我們即危害了文明；但如果我們浪費以我們四周的生態自然為代表的資本，則我們危害了生活本身。**人們正對此危害有所覺醒，於是他們要求污染必須予以制止。他們認爲污染就像以前不小心或貪小便宜的人，將其垃圾丟過籬笆到鄰居庭園那種頑皮習慣。他們體認到更文明的舉措會帶來某些額外的成本，因此我們需要更快的經濟成長率以資應付。他們說，從現時開始，我們應至少將我們不斷增長的部分生產力成果，用來提昇「生活的質量」而不僅是增加消費的數量。所有這些論點都很中肯，但只觸及問題的枝枝節節。

要想掌握事件的癥結，我們最好反思一下爲何所有這些用語——污染、環境、生態學等等——突然間變得這麼引人注目。不管怎樣，我們擁有工業體系有好一陣子，直到五或十年前這些字詞完全乏人問津。這是一種突如其來的風尚、一陣可笑的流行，或也許那根神經突然不對勁？

要想找個解釋不是那麼困難。就以化石燃油來說，我們確實在大生態自然資本上討了幾年生活，但卻是以一種頗爲節制的速度在進行。打從第二次世界大戰結束時起，我們才持續提高該速度到令人警戒的地步。將本世紀最後二十五年所進行和過去所曾進行的事情相比，所有人類的工業活動包括第二次世界大戰在內都顯得微不足道。往後四或五年全球化的工業生產會比人類直到一九四五年所曾完成的工業生產來得大。換句話說，最近——近到我們大多數人都感覺不到——工業生產上曾有一次數量上的大躍進。

有一部分可說是因，同時也是果，那就是工業生產上也有一次質量上的大躍進。我們的科學家和技術人員曾複合許多自然界所不知曉的物質。自然界面對這些物質毫無防禦能力，自然界沒有代理人將這些物質排除。這有點像原住民突然遭到機關槍的攻擊：他們原有的弓和箭完全無用武之地。這些自然界所不知曉的物質正以其幾乎神奇的有效性顯示出自然界的無防禦能力——而這也算作其危害生態的衝擊。他們這些面貌也只在過去的二十幾年間才整批出現。因爲他們沒有自然天敵，也就易於累積，這種長期累積的結果，在許多案例中已以極具危害性而著稱，而在其他案例中則完全無法事先預測。

換言之，過去二十五年的變化，包括人類工業製程中質與量上的變化，已產生一嶄新的局面——該局面不是來自我們的失敗，反而來自我們所認爲最偉大的勝利。而這個局面來得如此突然，以致我們很難發現我們正在快速消耗完一種無可復原的資本項目資產，那就是怡人的自然生態所一直提供的容忍邊緣。

現在讓我回到「收入性燃油」的問題，我過去曾以某種騎士精神來處理這個問題。一個世代以前，沒人會建議全球性的工業系統在公元二〇〇〇年時主要靠水力或風力來維持運轉。我們都被告知我們正快速進入核子時代。當然，這個說法已流傳了差不多二十幾年，可是，核能所能呈給人類燃油總量及能源需求的貢獻仍微乎其微。僅舉在這方面做得比較深入的國家：到一九七〇年核能所占的貢獻在英國爲百分之二點七；歐洲共同體爲百分之零點六；美國爲百分之零點三。或許我們可以假設大自然的容忍邊緣足以應付如此小量的腐蝕，但直至今天有許多人仍深存疑慮，而尼克森總統科學顧問大衛博士（Edward D. David）在談及放射性廢料的儲存時表示：「人們對於某些東西必須置放地底，並得好好封存二萬五千年才能無害，有種令人作嘔的感覺。」

無論大自然能否容忍如此的腐蝕，我所要表達的觀點非常簡單：提議由核能取代每年數以十億噸化石燃油就意味著「解決」燃油問題，卻同時製造一個如此駭人聽聞的環境與生態問題，因此大衛博士絕不是唯一一位有「作嘔感覺」的人。這意味著解決一個問題卻將其提升到另一個領域——在那製造出一個無窮盡的大問題。

做了這項陳述後，我很確定我將面臨另一個更大膽的論據，那就是：未來的科技人員將有能力設計出安全規則和防範措施，令數量不斷增長的放射性物質，在使用、運輸、加工及儲存過程中完善到安全無虞；並且，創造一個戰爭不起或內亂不興的全球社會是政治人物及社會科學從業者的工作。我們可以再次看到，這純粹是一個解決某項問題並將之提升到另一個領域（人類日常行爲領域）的論證，這項論證引領我們注意到「自然界資本」的第三類別，由於我們視其爲收入項目，以致毫無節制地浪費：將其視爲我們可自行製造的物件，也以爲從我們過於誇大及快速增長的生產力中可以很容易加以補充。

難道目前我們的生產方式正在吞噬著勤奮的人類，其最終本質還不夠明顯？對許多人而言，這確實不夠明顯。他們說：「我們現已解決生產的問題，我們可曾這麼好過？和過去相比，我們不是吃得更好、穿得更好、住得更好，並且受更好的教育？」不錯，我們大多數是比以前好，但，絕不是所有的人都是在富裕的國度裡。但這可不是我所謂的「本質」，**人類的本質不能以國民生產毛額來衡量**。也許人類的本質，除了特定的負面徵兆外，完全不能予以衡量。然而，此處不是探討這類徵兆（諸如，罪行、毒癮、破壞文物、精神失常、反叛等等）統計的場所。統計資料從無法證明任何事情。

我一開始曾說我們這個世代最致命的錯誤，就是認爲生產的問題業已解決的信念。我提到，這類幻覺主要來自我們未能體認這套現代產業體系，即使在知性上如何的文過飾非，都已將其所賴以奠定的基礎耗盡。以經濟學者的話語來說，這套體系是靠無可復原的資本而活，但卻不經意地視其爲收入項目。我把此種資本歸成三類：化石燃油、大自然的容忍邊緣及人類本質。即或有些讀者拒絕照單全收我論點中所涵蓋的三部分，但我認爲其中任何一部分就足以證明我的立論。

什麼是我的立論？很簡單，**我們最重要的工作就是離開我們目前走向毀滅的軌跡**。然則由誰來處理類似的工作？我想，我們每個人都有份，無論其是年老或年少、有權或無權、富有或貧窮、有影響力或沒影響力。**說到未來要想不流於空談，唯有其能帶來當下的行動**。然而，當我們仍沈迷在「從未有這麼好過」的處境，我們現在能做什麼？就舉至少——其實已是很多——可以做到的，**我們必須完全了解問題之所在，並且開始預見向新的生產方法及新的消費型態演進的新生活方式有實現的可能：一種專爲永恆而設計的生活方式**。就提三個淺顯的例子：在農業及園藝方面，我們可致力於研究完善的生產方法，這些方法在生物學上可行，又能提高土壤肥沃度，並且讓大地健康、美麗與持久。生產力從此就能自行運作。在工業方面，我們可致力於研究小規模技術的演進，即相對上屬非暴力的技術，「一種擁有人類表情的技術」，讓人們在工作時就有機會自我享受，而不是僅爲了自身的薪俸來工作，並且希望，通常是絕難達成，能在他們的公餘之暇單獨享受。同時，在工業上——確實，工業設定了現代生活的路線——我們可致力於研究並提出管理與人類之間的合夥新形式，乃至共同所有權的形式。

我們常聽說我們正要進入「學習社會」（the Learning Society）的紀元。我們希望這是眞的。**我們仍必須學習如何和平地生活，不僅是與我們的同類，還包括大自然，並且與在這一切之上，創造自然和人類之至高能量和平共存**。因爲，很確定的，我們並非偶然地來到世上，也肯定不曾創造自己。

本章蜻蜓點水般碰觸的課題往後必將進一步闡述。很少人會輕易相信：凡對人類未來的挑戰無法透過這裡或那裡的些微調整，甚或改變政治體系來加以解決。

下面幾章嘗試從和平與持久的角度來重新檢討整個情勢。現在人類已掌控自我毀滅的物理方法，和平的問題很明顯地比人類以往的歷史更加黯淡，如果在我們的經濟生活中缺少了某些持久的保證，和平又如何能夠建立起來？

2 和平與持久

Peace and Permanence

位居主宰地位的現代信仰是：和平最堅實的基礎在於全球的繁榮。有人或許會隨意舉歷史上富者經常比窮者來得心平氣和的事例以資佐證；但也有如下說法：富者和窮者相比，從未有過安全感；富者之進取性源自於恐懼；要是每一個人都有錢，情況就完全不同等等的質疑。富人為何要發動戰爭？他得不到任何好處。不正是那些窮者、被剝削的人、被壓迫的人最喜歡發動戰爭？因為他們除了銬上枷鎖就沒什麼好輸的。於是得出結論：和平之路就是——沿著富有之路走。

這套居主宰地位的現代信仰有一項不可抗拒的吸引力：當你越快取得某樣想要的東西，就越保證能得到另一樣想要的東西。說它具吸引力還真的有點疑問，因為這些說辭完全越過倫理的考量：不須做犧牲或克己的工夫；相反的，我們有科技的協助不斷向和平與富裕之路邁進，而這所需的一切就是我們不應表現愚蠢、非理性，及割肉療傷。對於窮者及心懷不滿的人，該信仰所傳遞的訊息是他們不須鼓噪，或宰殺在適當時機會爲他們下金蛋的鵝；而給富人的訊息是他們必須時時刻刻聰明到去幫助窮人，因爲這是一條他們可持盈保泰之路。

甘地（Gandhi）常語帶輕蔑地提及「構建一個不須每人都是好人的完美體系」。但，我們豈不正藉著科技神奇的力量，在現實中實踐這個夢？當科學的理性與技藝的能耐足供所需時，爲何還顧及人類永不擬追求的德性？

我們與其說接納甘地之言，倒不如說更傾向於聆聽我們這世紀最具影響力的經濟學者，偉大的凱因斯爵士之言。在一九三〇年全球性經濟蕭條時期，他轉而思索「**孫字輩的經濟前景**」，因而歸結說每人都致富的日子不見得那麼遙不可及。他認爲，屆時我們將會「再度視目的勝於手段，偏愛好的多於有用的」。

他接著說：「但要小心！」「要想達到這種境界的日子尚未來到。至少在下一個百年內，不論對己或對人，我們仍必須假裝公平即是犯規、且犯規才算公平；因爲犯規有用，而公平不是。貪婪、高利貸及斤斤計較，在有段時日裡仍是我們的上帝。因爲唯有這些才能引領我們走出經濟困境的隧道而迎向光明。」

這些話語寫在四十年前，而從那之後，事物以驚人的速度在演變。我們或許不必再等六十年，全球富裕就會來臨。無論如何，凱因斯的訊息是再清楚不過：小心！倫理的考量不僅僅是於事無補，它們是實際的障礙，「因爲犯規有用，而公平不是」。公義的日子尙未到來。往天堂之路鋪滿了邪惡的意圖。

我現在就來探討這個論說。這可分爲三部分：

第一：全球榮景是可能的。

第二：在「令你富有」唯物主義哲學的基礎上，全球榮景是可能達到的。

第三：這是條走向和平之路。

我質疑的問題是：眞有所謂足夠嗎？我們馬上面臨一個嚴重的困難：何謂「足夠」？誰能告訴我們？很確定的是，那些視「經濟成長」爲一切價值之最的經濟學者無法告訴我們答案，因此也就沒有「足夠」的概念。有些貧窮的社會所擁有的東西太少；但有哪一個富裕的社會可以宣稱：「停！我們擁有得夠多了」？答案是沒有。

也許我們已忘記「足夠」，而滿足於從對世界資源需求的增長中所取得的一切，這是每個人只孜孜不倦地想得到「更多」時必然帶來的結果。正因我們不可能探討一切的資源，我建議將焦點集中到具關鍵地位的某類資源——燃油上。越好的

表一（1966年）

	富國（%）	**窮國（%）**	**全球（%）**
人口（百萬）	1,060 (31)	2,284 (69)	3,384 (100)
耗油量（百萬噸等量煤）	4,788 (87)	721 (13)	5,509 (100)
每人平均耗油量（公噸等量煤）	4.52	0.32	1.65

榮景意味著燃油的使用越多——這是毫無疑問的。如今，窮國與富國之間的榮景差距確實是夠大，而這很清楚的表現在它們各自的燃油消耗上。讓我們定義一國人民的平均耗油量（一九六六年）超過一公噸等量煤者爲「富國」，而低於該水準者爲「窮國」。根據該定義，我們（利用聯合國的數據）製成上表。

「窮國」每人平均耗油量僅有零點三二公噸——約爲「富國」每人平均耗油量的十四分之一，**而在這個世界上有許多「窮」人——根據該定義就約占世界人口的十分之七**。如果「窮國」突然像「富國」一樣用油，世界耗油量立即上升三倍。

不過這件事不會發生，就像任何事情都得花時間來醞釀一樣。隨著時間推移，「富國」及「窮國」的慾望及人口都在增長。就讓我們

表二（2000年）

	富國（%）	窮國（%）	全球（%）
人口（百萬）	1,617 (23)	5,292 (77)	6,909 (100)
耗油量（百萬噸等量煤）	15,588 (67)	7,568 (33)	23,156 (100)
每人平均耗油量（公噸等量煤）	9.64	1.43	3.35

進行一次探測性的估算。假設每年「富國」人口以百分之一點二五及「窮國」人口以百分之二點五的速度增長，世界人口到了公元二〇〇〇年將達六十九億——這離新近最具權威性的預測數字不遠。要是同時間「富國」人口平均每人的耗油量以每年百分之二點二五的速度增長，以下的數據就會在公元二〇〇〇年時出現（如上表）：

世界耗油量的總結果將由一九六六年五十五億噸等量煤增長到公元二〇〇〇年的二百三十二億噸等量煤——增量超過三倍，一半可歸因於人口的增加，而一半則由於每人平均消費量的增長。

這種五五對分本來就很有意思。但「富國」及「窮國」之分更有意思。世界總耗油量從五十五億噸增到二百三十二億噸，其中所增加的一百七十七億噸有近三分之二由「富國」消費，而「窮國」只占不到三分之一。在三十四年間，世界使用了四千二百五十億噸等量煤，「富國」使用其中百分之七十五，即三千二百一十億噸，而「窮國」只用一千零四十億噸。

現在，這項事實還不足爲整個情勢提供值得推敲的思路?當然，這些數據不是預估值：它們或可稱爲「探測性的估算」(exploratory calculations)。我對「富國」這部分只做了相當保守的人口成長假設，而「窮國」的人口增長則比富國高一倍；因此，迄今正是「富國」而非「窮國」進行最大份額的毀損(damage)——如果可將此稱爲「毀損」的話。即使被歸類爲「窮國」的人口增長率和「富國」的人口增長率一樣，其對世界燃油需求量的影響可說不關痛癢——只少了百分之十上下。但如果「富國」考慮到其耗油量乃「窮國」的十四倍——我並不是說這會發生——認清其目前平均每人的耗油量眞的很高，而決定不應讓其繼續攀升，如此將會帶來不同的局面。儘管「富國」人口有假設性的增長，「富國」這項舉動將會在公元二〇〇〇年削減世界燃油需求量三分之一以上。

然而，最重要的問題是，在過去三十四年間用掉四千二百五十億噸等量煤情況下，世界耗油量到了公元二〇〇〇年是否有可能會增至一年二百三十億噸等量煤？以我們現下有關化石燃油儲量的資料，這個數據是達不到的，即使我們假設世界總耗油量的四分之一或三分之一是來自核能分裂。

很明顯，「富國」正處於將世界上相對便宜及簡單的燃油其一次性存量掠奪的過程之中。這些富國持續的經濟成長，開展出前所未有的過度需求，以致世界最便宜及簡單的燃油，輕易地成爲昂貴及稀少的物品，遠在窮國獲得財富、教育、工業先進設備，及爲大規模運用其他替代燃油所需的資本累積能力之前就已如此。

探測性估算當然不能證明任何事情。有關未來的證明無論如何是不可能的，並且早就有人清楚地點出所有的預測都不可靠，尤其有關未來的事情更是如此。於是判斷就有其必要，而探測性估算至少有助於形成我們的判斷。不管怎樣，在最重要的細節上，我們的估算低估了問題的嚴重性。將世界視爲一個單位是不切實際的。燃油資源的分佈並不均勻，而任何在供應上的短缺，不管多輕微，會立即將世界沿著全新的界限劃分爲「有」及「沒有」。受到特別眷顧的地區，諸如中東及北非，會以目前所無法想像的程度吸引令人艷羨的注意，至於某些高消耗地區，像西歐及日本，將會落到剩餘物資承受者的無足輕重地位。如果眞會如此，這將是衝突的來源。

當沒有任何有關的未來可以被證明時——甚至連往後三十年相對較短的未來也是一樣——即使是最具威脅性的問題，常常會被「柳暗花明又一村」的建議所沖淡。這可能僅僅是發現前所未聞的新原油、天然氣，或甚至煤炭之儲存。然則爲何要將核能限制在只供應總需求量的四分之一或三分之一？如此一來，問題就轉移到另一個層面，卻沒有眞正解決問題。因爲耗油量在前述的規模下——假設燃油不會發生難以克服的供應問題——將給環境帶來史無前例的傷害。

舉核能爲例，某些人會說世界上相對濃縮鈾的資源不足以維持一個眞正大規模的核能發電計劃——其規模之大是指大到對世界燃油情況有顯著的影響，我們必須了解這牽涉到十億噸等量煤，而非百萬噸等量煤的情況。假設這些人都錯了，發現的鈾足夠用，而將它們從地球遙遠的角落集中起來，運到人口聚集中心，所造成的幅射性將會很高。光是生物性的威脅就大到難以想像，更別提有些人可能將少許這種可怕的物質用在不全然是和平用途所帶來的政治危機。

從另一角度來說，如果化石燃油有意外的新發現，以致不須被迫走向依靠核能之途，也還是存在往後可能遇到的事故所產生不同程度的熱污染問題。

不論是何種燃油，耗油量以四倍然後五倍接著六倍等的速度增長時，污染的問題是無從解答的。

我舉燃油做例子僅是爲了闡述一個非常簡單的論點：經濟增長，若從經濟學、物理、化學及技術的角度來觀察，並不存在明顯的限制，但當以環境科學的角度來衡量時，必然陷入決策性的瓶頸。以追求財富作爲唯一滿足的生活態度——簡言之，唯物主義——不適合當今世界，因爲這種生活態度自身包含的原則是無拘無束，而其所處的環境卻是嚴格受限的。況且環境已一再告誡我們某種壓力正超過負荷。當一個問題正「得到解決」，卻因這第一個「解決方案」引來了十個新問題。一如柯門諾（Barry Commoner）教授所強調的，**新問題不是偶然失敗的結果，而是技術成功的後果**。

然而，許多人在討論這類問題時，總還是僅以樂觀主義及悲觀主義態度來加以處理，並以其本身樂觀看法自豪：「科學終將找到解決之道。」我認爲，他們這種說法唯有在科學努力方向發生具良知且根本的改變，才可能是對的。科技在過去上百年的發展已到了危險遠比際遇增長得快的地步。有關這方面的證據，我稍後再多著墨。

事實上已有足夠的證據顯示，大自然強有力的自我平衡系統在個別領域且在特殊景點上正逐步趨於失衡。我要是在此舉陳證據則會離題太遠。伊利湖（Lake Erie）的現實狀況，正是柯門諾教授及有志之士所關心的重點，應視爲一個值得注意的警訊。再過十年或二十年美國所有內陸水資源系統很可能都處於類似的狀況。換句話說，**失衡的狀況往後可能不再僅限於某些特殊景點而將成爲普遍現象**。這種過程如果還沒到無可回頭的那一點上，越讓其進一步發展，就越難將其逆轉。

職是之故，我們發現無限制的經濟增長這個概念，在每個人尚汲汲於追求財富前都冀望有更高的增長，實值得予以認眞的質疑，因此，至少得有兩方面的考量：基本資源的現成供應能力，及環境在應付無限制經濟增長所隱含的干擾程度其承受能力。這件事情的物質面向談得夠多了。讓我們轉回某些非物質面向的討論。

個人追尋富裕的觀念毫無疑問對人類的天性很具有號召力。在我前引的一篇文章裡，凱因斯提醒我們，「要想回復到某些宗教信仰及傳統道德中最實質且特定的原則——貪婪是一項惡行，攫取高利貸是一種輕微之罪，迷戀金錢令人生厭」的時候尚未到來。

他客觀指陳，經濟要進步唯有運用人類最強有力的自私動機，而這正是宗教及傳統格言普遍訓示我們要嚴加排斥的東西。現代經濟體是由一股貪婪的狂熱及耽溺於攀比之風所驅動，而這些可不是偶發的特徵，而是經濟體之所以能擴張成功的最深層成因。問題是，這類成因是否長期有效，或其本身是否帶有毀滅性的種子。當凱因斯說：「犯規有用，而公平不是」時，他乃提出一個事實的論述，這或許是眞也有可能是錯；或者這個論述短期而言像是眞的，但長期來說就變成是錯，到底何者爲是？

我認爲現在已有足夠證據顯示這句論述從一種非常直接、實用的角度而言是錯的。如果人類的惡行諸如貪婪或妒忌屬系統性的培植，智慧的沈淪遂成不可避免的結果。一位被貪婪或妒忌所驅動的人，喪失其對觀察事物的能力，也就是無法從周延性及整體性來觀察事物，導致其越成功反轉爲失敗。要是整個社會都感染到這些惡行，也許確實成就傲人，但終將拙於解決日常生存的最基本問題。國民生產毛額或許迅速攀升：那是由統計學者所衡量的，而非人民的實際感受，基層人民備受日益增加的挫折感、疏離感、不安全感諸如此類的情緒所壓抑。再過一陣子，甚至國民生產毛額都不再爬升，倒不是因爲科學上或技術上的失敗，反是因爲不合作所引起的跛行癱瘓，這表現在社會階層不同形式的逃避主義，不僅止於那些受壓抑或被剝削的一群，甚至享有高度特權的人士也如是。

人類早就可以拋棄不理性及愚昧而活下去——「只要人們體認到他們眞正利益之所在！」但他們爲何體驗不到這一點？若非他們的智慧已被貪婪及妒忌所蒙蔽，就是他們在其內心深處知道其眞正利益另有所指。於是出現了一種革命性的說法：

「人不能單純靠麵包而活，卻是靠上帝的每個字而活。」

此處再度呈現沒有事情可以被「證明」。但現今許多富裕社會的嚴重痼疾，是否仍被視為僅僅是過渡現象？而一個有為的政府——只要我們能找到一個眞正有為的政府——靠著科技或採用較激烈的懲罰系統就可根治，還有沒有可能實現？

我認為和平的基礎不能依靠現代意義的全球榮景，因為這種榮景，如果是可求取的話，只能借助於啓動人性諸如貪婪及妒忌的驅力，這將摧毀人類的智慧、幸福、平靜及接著而來的和平。富者很可能比窮人更珍惜和平，但唯有在富者感到絕對安全的情況下——而這正出現詞義上的矛盾。他們的財富依附在其對有限的世界資源進行超乎尋常的過度需求，也因此置他們於勢不可免的衝突路線上——主要還不是與窮人對抗（他們是弱勢且沒有防禦能力的一群），而是與其他的富人對抗。

簡言之，我們現在可以說人類已聰明到不須靠智慧也能生存。沒有人是眞正的為和平而工作，除非他主要致力於恢復智慧。「犯規有用，而公平不是」這項主張就與智慧相左。追求善良及德性可延至我們得到全球榮景之後，還有一意追求財富並不影響我們腦中有關精神上及道德上的問題，我們可以在地球上奠立和平這種願望是一個不實際、不科學及非理性的願望。當我們不太順利時，也許將智慧從經濟學、科技等領域中暫時剔除；但**現在我們已經非常成功，在精神上及道德上，眞理就得放在中心位置**。

從經濟的角度來看，智慧的中心概念是持續性。我們必須學習持續性的經濟學。任何事情除非其可以被視爲能長期維持又不致造成突兀，才具經濟意義。朝某有限目標「增長」是可能，但不可能有無限制的、普遍性的增長。正如甘地所說的，這有點像「**地球提供足夠的物質可以滿足每人的需求，但不足以滿足每人的貪念**」。持續性與掠奪性態度不相容，後者以「我們父輩所認爲是奢侈的東西已變成我們這一代的必需品」這項事實而沾沾自喜。

需求的經營及擴張是與智慧相左的。它同時也與自由與和平相違背。個人每次需求的增加都會加強其對外力的依賴，這股外力可不是其所能控制的。唯有降低需求，個人才能眞正減少張力，而張力正是紛爭及戰爭的最終成因。

持續性的經濟學隱含對科技的深度檢討，這必須讓科技對智慧開啓大門，而事實上，**科技必須將智慧融進其深層結構**。科學或技術上的「解決方案」，不論其多被人接受或表面上多風光，都有害於環境或腐蝕社會結構及人類本身，而一無是處。前所未見的大型機器承擔了經濟力的集中表現，且對環境展開大肆的破壞，這些並不表示進步：它們是對智慧的一項否定。智慧能讓科技往有機性、溫和、非暴力、悠閒及美麗的方向再出發。和平，正如一般常說的，是不可分割的——那和平怎麼可能建築在粗魯科學及暴力技術的基礎上？我們必須尋找技術上的革命，俾提供我們某些發明及機器，好將現在威脅我們全體人類的毀滅性趨勢逆轉過來。

然則我們對科學家及技術人員眞正的要求是什麼？我的答案應該是：我們需要的方法和設備是：

——夠便宜致每人都能確實掌握；

——適合於小規模的運用；

——能與人類對創意的需求相吻合。

這三個特性都基於非暴力，且與人類維持一種可保證持續性的關係。如果三者有其一被忽略，事情就會走錯方向。讓我們逐一檢查這三個特性。

方法和機器要夠便宜致每人都能確實掌握——我們爲何要假設科學家及技術人員無法開發出這類事物？這正是甘地的主要關切：「我要我們國土上百萬的沈默大衆健康及快樂，並且我要他們在精神上有所長進……如果我們覺得有需要機器，我們必定能得到。能幫每個人的每一台機器都各有其所，」他說，「但那些僅集中在少數人手上，並將大衆轉變爲僅是打雜的機器就不應有其位置，誠然這些機器並沒讓大衆失業。」

赫胥黎（Aldous Huxley）發現，假設發明家及工程師有志一同提供生產工具給一般平民進行「可獲利且本質上有意義的工作，能協助男女從雇主獨立出來，使其成爲本身的雇工，或成爲一個自我管理、合作以維持生存，及替當地市場而工作的團體中一員……這種全然不同導向的技術進步（將帶來）政治及經濟權力的進一步人口分權化」。赫胥黎認爲，其他的好處還有「對更多平民來說，這將是更具人性的生活，一種眞實的自我管理式民主，一種擺脫消費品量產者的自由，不需再藉由廣告媒介提供令人作嘔或具侵害性的成人教育」。

如果生產方式及機器便宜到大衆都能取得的地步，就意味著其成本必須與社會上行將使用這些生產方式及機器的收入水準具有某種可確定的關係。我自己曾私下得出以下結論：平均每個工作場所的資本投資量，其上限大約由最有能力且最具野心的勤奮工人其年收入所決定。也就是說，如果這種人正常情況下一年能賺五千美元，則籌組其工作場所的平均成本不應超過五千美元。要是其成本明顯的高於此金額，這個社會很可能陷入嚴重的困境，例如，財富及權力不當集中在少數特權階級手上；不能融入該社會的「被淘汰」者層出不窮的問題及其所形成不斷增長的威脅；「結構性」失業；過度都市化所帶來的人口不當分佈；以及普遍性的挫折感和疏離感，伴隨日益高漲的犯罪率，諸如此類。

第二項要求適用於小規模運作。在談及「規模」的問題上，柯爾教授曾一語道破且令人信服：規模之與永續性經濟學的契合是顯而易見的。小規模運作無論其爲數多大，通常對大自然環境的傷害都比大規模運作來得小，僅僅是因爲小規模運作的個別力量比大自然的復原力量來得小的關係。**人類的知識是靠經驗遠大於靠了解，是故如僅考慮到人類知識的微不足道及片斷性，甘於居小就是智慧。**擁有局部知識卻大規模的胡亂運用，正如我們目前所進行的核能濫用、新化學在農業上的施用、交通技術的套用及其他難以計數的例子，其危害之烈有目共睹。

誠然，即使是小小的團體，由於無知，有時也會造成嚴重的侵害，但比起那些爲了貪婪、妒忌及追逐權勢而動員起來的超大型集團所導致的毀滅就太微不足道。更清楚的一點是，由小單位組織起來的人們對其土地或別的天然資源都比較會用心照顧，不像那些不知名的公司或不可一世的政府，自認整個宇宙都是他們合法的囊中物。

第三項要求或許是所有要求中最重要的一項——生產方式及設備應留給人類創造力充份的空間。有關這項主題在過去百年來尚沒有人比羅馬教皇更堅持及示警。如果生產過程「從工作中除去任何人性的意涵，僅作爲一種機械式的活動」時，人類會變成什麼樣子？工人自身乃成爲自由意志的錯體（perversion）。

「於是體力勞動（十一世教宗語）即使是經過上帝告諭爲對人類身心皆有益處之原罪，在許多場合都變成錯亂的工具；因爲從工廠出來的無生命體得到改善，反而人類卻在腐化及沈淪。」

同樣的道理，該主題範圍很廣致我只能點到爲止。總而言之，工作不是一項非人道的雜役，越快以自動化予以放棄（這已經往此方向發展）越好，而是某項「得到上帝告諭爲對人類身心皆有益處」的事件，這種正確的工作哲學是有必要的。接下來有關家庭方面，家庭是項工作，也是藉此建立起社會最眞實基礎的關係。要是這些基礎不穩，社會又如何可能穩定？倘若社會有病，又如何不會成爲和平的威脅？

賽伊爾斯（Dorothy L. Sayers）說：「**戰爭是一種判斷，當社會充斥著與主宰宇宙之法律相衝突的觀念時就會爆發……別以爲戰爭都是非理性的大災難：當思維方式和生活方式有誤，而導致帶來難以容忍的情況時就會來臨。**」

從經濟面來說，我們錯誤的生活方式主要表現在系統性地培植貪婪及妒忌，因而興起許多無法達成的需求。正是貪婪的罪惡驅使我們掉入機器的魔力。

如果貪婪不是現代人的主宰（輔之以妒忌）——怎麼可能在享有更高的「生活水準」之際，唯經濟主義的狂熱還不退燒；**而以極大的殘忍性去追尋經濟利益的正是那些最富有的社會？**我們如何來解釋，全球反對工作往人道主義化方向走的，幾乎都來自富有社會統治者的那一群——無論其是由私人企業或集體企業所組成？只須斷言某種措施會降低「生活水準」，所有辯論就會戛然而止。

那些腐蝕靈魂、沒有意義、機械式、單調低能的工作對人性是一種侮辱，於是人性必然又不可避免地產生逃避主義或侵略性，而且沒有任何「物質及精神」可補償已造成的損傷——這些都是既不能否認也不能承認，卻只有一種牢不可破又默然共謀的事實——因爲否認這些事實則明顯的太悖離常情，而承認這些事實則無異指責現代社會的中心要旨爲違反人性的罪行。

輕視智慧意指，我們抗拒智慧的程度，已到了大多數的知識份子一點都不曉得該詞意義之地步。結果是，他們常常試圖以強化病因來治療疾病。這種疾病是起因以聰明取代智慧，聰明的研究不足以產生療法。但什麼是智慧？那裡可能找到智慧？於是我們找到了事情癥結之所在：智慧可以在無數的出版品中讀到，但智慧只能在我們自身當中尋找。**爲了能找到智慧，首先必得將自己從類似貪婪及妒忌的支配中解放出來**。解放之後的靜止——即使只有金錢上的靜止——才能產生智慧的洞識，除此之外別無他途。

這種智慧的洞識讓我們看清，執著於追尋物質而忽視精神目標的生活是如何的空虛及不滿足。這種生活必然令人與人對抗，國與國對抗，因爲**人的需求是無窮盡的，而無窮盡的境界只能在精神的領域中求得，絕不會在物質的領域中求得**。人類確實需要提昇這個無聊的「世界」；智慧給人類指出明路；少了智慧，人類乃被驅使建構起一個龐然經濟體（而該經濟體卻摧毀這個世界），以及追尋絢爛的滿足感，如將人類送上月球。人類不擬以提昇品格高尚來征服「世界」，卻企圖藉著在財富、權力、科學，或任何設想不到的「運動」上追求卓越來征服「世界」。

這些才是戰爭的眞正原因，在沒有將這些原因去除前，卻試圖爲和平奠下根基就是妄想。而要在經濟基礎上組建和平更是癡人說夢，因爲經濟基礎是奠立在貪婪及妒忌的系統性經營上，這是股驅使人類衝突的大念力。

我們又如何開始去除貪婪及妒忌？或許藉由自身少點貪婪及妒忌；藉由抗拒讓

我們的奢華成為需求這種誘惑；甚至可藉由審視我們的需求是否沒有更簡化及減少的餘地，來做為開始。如果我們沒有力量進行上述任何一項，我們就要停止歌頌經濟「進步」的型態，這種型態明顯地缺乏持續的因素，並將我們所能提供的最適當支持給予那些無懼於被指為怪胎而致力於非暴力的人士：如環境保護者、生態學者、野生生物的保育者、有機農業的提倡者、直銷商、簡陋小屋生產者，及類似的人士？**一盎士的實踐通常比一噸的理論來得有價值**。

然而，要給和平奠下經濟的基礎可需要許多盎士。人們到哪去尋找抵抗如此明顯驚人潮流的力量？更有甚者：人們到哪去尋找征服本身體內貪婪、妒忌、仇恨及掠奪暴力的力量？

我想甘地已有答案：「我們必須承認體外靈魂的存在及其永恆的性質，而這種承認必須提昇到生活信仰的地步；還有，歸根結柢，非暴力對那些不信仰愛的上帝的人們來說是遙不可及的。」

3 經濟學的角色

The Role of Economics

若說經濟的未來是由經濟學者來決定，未免有點誇張；但經濟學者的影響力無遠弗屆則不容懷疑。經濟學在形塑現代世界中，扮演了舉足輕重的角色，由於提供了何為「經濟」及何為「不經濟」的分野標準，以致沒有別的標準對個人及團體的行為和政府的行為能有此影響。所以，就會有人認為我們應向經濟學者討教，如何克服現代世界所陷入的危險及困境，及如何達成能賦予和平及持久的經濟安排。

經濟學是如何和前幾章所討論的問題聯繫起來？當經濟學者作了判決，認定這項或那項活動是「經濟上說得通」或「不經濟」時，兩個重要且緊密相關的問題就是：該論斷是否達到實際行動可據以採行的地步。

回顧歷史，我們可以憶起一百五十年前，牛津大學為了政治經濟學創設一席教授職稱而展開討論的往事，許多人當時對此前景全不看好。奧理爾學院（Oriel College）大名鼎鼎的院長柯普斯頓（Edward Copleston），不願讓該門「如此易於囊括其餘」的學科列入牛津大學的課程表；甚至艾勃尼公園（Albury Park）的杜蒙（Henry Drummond），一八二五年該教席的捐贈人，也覺得有必要將他期望牛津大學把這門新學科「置於適當位置」的話說清楚。席尼爾（Nassau Senior），這位首任教授很確定的不是位居劣勢。旋即，他在就職演說中預言該門新學科「將在利益及效用的道德科學領域中被大眾默認並獨占鰲頭」，並且宣稱「對芸芸衆生來說，財富的追逐……是道德提昇的偉大泉源」。

當然，也不是所有的經濟學者都對此有極高的評價。米勒（John Stuart Mill 1806-73）視政治經濟學爲「個別而言不成學科，但卻是整體的一個碎片；它是社會哲學的一支，因此與其他分支互相牽連，以致其結論，即使是在其自身特殊的領域上，也僅止於有條件地正確；且受限於某些干擾及反制，而這些成因都不是直接來自其所涵蓋的範圍內」。

還有，就連凱因斯，與其前引的忠言「貪慾、高利貸及自利，在頗長時間內，仍必須是我們的上帝」相互矛盾，也曾勸告我們別「高估經濟問題的重要性，或爲了其所建言的必要性，而犧牲其他更具顯著性及更具持久性的事物」。

可是，這類的聲音今天已少有所聞。若說經濟學隨著日益增長的富裕已深入大衆關懷的核心，而經濟表現、經濟成長、經濟擴張及類似的觀念，如果不是所有現代社會揮之不去的迷思，至少也成爲緊咬不放的利益。在時下非難的詞彙中很少有像「不經濟」這個字所顯露的終結性及定論性。

如果一項活動被標誌成不經濟，其生存權不僅僅是存疑，還被完全的否定。任何事物被指爲經濟成長的障礙即是一種可恥的事物，而如果人們執著於該事物，則被視爲妨礙生產或冥頑不靈。

可是當我們說某些事情是不經濟時，它意味著什麼呢？他們意味著不經濟就像疾病一樣：沒有它你會好過一點。經濟學者理應診斷出病情，然後，配合運氣及技巧，將其去除。得承認的是，經濟學者彼此之間對診斷常有不同的意見，甚至更常見的是，對治療有不同的看法；但這僅證明：（所涉及的）主體事件並不容易處理，而經濟學者，像其他人類一樣，都有缺點。

另外，我要問的是經濟學方法究竟提供那類的涵義。這個問題的答案一點都不含糊：某些事物，當其無法賺取以貨幣計算的適當利潤時，就是不經濟。經濟學方法並沒有，也不能夠，提供任何其他的涵義。也曾有許多說法想把這項事實模糊起來，卻帶來更大的混淆；而事實仍在。

社會本身，或社會中的個人或團體，決定從事一項活動或持有資產也許爲了非經濟的理由——社會的、美學的、道德的，或政治的——但這都不足以改變其不經濟的特性。用另一種字眼來說，經濟學的判斷是一項極其片面性的判斷；在進行決定前，現實生活中有許多面向要考慮及綜合起來做判斷，經濟學只提供一個面向——這項業務是否給那些執行者帶來利潤。

不要忽略「那些執行者」這幾個字眼。譬如說，預設經濟學的方法論，一般是被用作決定社會中某一團體是否推行某項活動，以給整個社會創造利潤，就是大錯特錯。即使國有化的企業也不是從這種綜合性的觀點來考慮問題。每一家國有企業都被設定一個財務目標——實際上，這是一項義務——且在實現該目標時預期不致對經濟體的其他部門有任何的傷害。

其實，衆所遵循的教條，亦爲所有政治黨派一致服膺，就是如果每個人、每家企業及每筆商貿，無論其是否國有化，盡力替所使用的資本賺取可接受的「報酬」，則公共財必然得到最大化。連亞當・史密斯（Adam Smith）也不敢對「看不見的手」做更深的影射，如「對通用汽車有利就是對美國有利」。

不管事情如何發展，有關經濟學的判斷其片面性特質是毋庸置疑的。即使是在經濟微積分的狹窄範圍內，這些判斷在方法上也必然是狹窄的。就任一事件而言，經濟學的判斷重視短期遠高於長期，因爲在長期，正如凱因斯語帶輕鬆實卻殘忍地說，我們都會死。其次，經濟學的判斷實基於成本的定義，而該成本剔除所有「免費財」（free goods），也就是整個上帝所賜予的環境，除了早被私人占用的那一部分。這意味著一項活動雖然其置環境於萬劫不復之地卻還是經濟，而另一項類似的活動，如果其牽涉以某種代價（成本）來保護及保育環境，就是不經濟。

更有甚者，經濟學所要處理的商品是根據其市場價值，而不是根據商品眞正的內涵。同樣的法則及標準適用於初級商品及次級商品，前者即人類必須從大自然中奪回來的商品，而次級商品，是以初級商品存在爲前提且經過加工後才產生的。對所有商品都一視同仁，因爲著眼點基本上是從私人逐利出發，而這意味著忽略人類對大自然世界的依賴是附生在經濟學的方法論上的。

另外一種說法是，經濟學是從市場觀點來處理商品及勞務，而市場是有意願的買者和有意願的賣者聚會的地方。買者在本質上是搜尋獲利機會（殺價高手）；他不關心商品的來源或製造該商品的條件。他唯一在乎的是爲其貨幣獲取最好的價值。

於是**市場只體現社會的表層**，而其重要性是和貨幣有關，就像市場早就存在似的；**完全不能深入探討事情的內在本質，直指藏於其後的大自然或社會現況**。

市場是個人主義及不須負責制的機構化。買者或賣者除了對其本身負責外概不負責。一位富有的賣者僅爲了窮顧客有此需要而降價是「不經濟的」，或富有的買者僅因爲賣者窮而多付錢也是「不經濟的」。同理，如果一位買者偏好國內生產的商品，在進口商品比其便宜時也是「不經濟的」。該買者不須，也沒人期望要爲國家的國際收支負責。

談及買者的不須負責制，有一個極其明顯的例外：買者必須注意不要買到贓物。這是項規則，違反了它，任何疏忽或無辜都不能作爲抗辯的理由。該規則所要見證的是私有財產的神聖性。

卸除所有的責任只餘下對自己負責，當然意味著對商界的極度簡化。我們得承認這是實用的，而且對其在商界人士中獲得高度認同不須感到驚訝。令人驚訝的可能是多多使用這種免於負責的自由被認爲是符合道德的。如果某位買者拒絕一項交易，因爲他質疑所牽涉的物品來自剝削或其他可恥的操作（偷竊除外），他就會遭到行爲「不經濟」的指控，這可不亞於爲德不卒。如果不口誅筆伐的話，經濟學者及其他人對這類乖僻的行爲常採冷嘲熱諷的態度。

經濟學的宗教有其自身的倫理教條，而第一戒律就是行爲「經濟化」——在你從事生產、售賣或購買的各種場合。唯有當殺價高手回到家裡並且變成消費者後，第一戒律才不再適用：此後他被鼓勵以任何其所喜愛的方式去「自我享受」。在經濟學的宗教影響所及，消費者屬其化外之民。現代世界這項奇怪而顯著的特性，值得多加討論。

就在市場這種場所，爲了操作的原因，許多質量上的差異對人類及社會極關重要，全都被隱匿起來，於是數量王權大肆慶賀其在「市場」上的勝利。所有的事情都等同於別的事情。將事情等同起來意味著各給其統一價格，然後令其彼此交換。

經濟思維主要是在以市場爲準的領域裡，就將神聖性從生活中抽離，因爲某些事情有了價格就沒有什麼好神聖的了。所以，如果整個社會瀰漫經濟思維是不足爲奇的，即使簡單的非經濟性價值如美麗、健康或清潔，只要能證明其是「經濟的」，都能存活。

爲了將非經濟性價值放進經濟微積分的架構，經濟學者使用成本／效益分析的方法。這是最具啓發性及進步性的發展，因爲它至少嘗試將成本和效益考慮進去。可是，事實上，這是一個將高價位降到低價位，及無價變有價的過程。所以，它無法用來釐清情況，也無法產生一項具啓發性的決定。它所能做的就是導致自欺或欺人；因爲，替不能度量的東西衡量就是荒誕，而藉著早有定見的符號建構精密的方法來推出被放棄的結論；爲取得所欲的結果，他所要做的就是將適合的價值塞進不能度量的成本和效益上。然而，邏輯上的荒誕還不是進行分析時的最大缺點：更糟糕的，且具有文明之毀滅性的是，假裝每件東西都有一個價格，或換句話說，金錢是所有價值的最高境界。

經濟學是在一「已知」的框架中合法而有效地運作，但這個框架卻置身於經濟微積分之外。我們或許說經濟學並未能自立門戶，或者說經濟學是思想的「衍生」物——從超經濟學層次衍生出來的。如果經濟學者未能學習超經濟學層次，或者，如果他仍罔顧經濟微積分在應用上有其限制的事實，他很可能犯了與某些中世紀神學者相同的錯誤，後者試圖以《聖經》的話語來解決物理學的問題。每一種科學在其適當的範圍內是利世濟民的，而一旦逾越此限則成爲邪惡及具破壞性。

經濟學這門科學既「如此容易囊括其餘」——這在今天甚至比一百五十年前柯普斯頓指出這項危險時更加如此——因爲其和人性中某些非常強大的驅動力有關，例如貪婪及妒忌。所以，該學門的專家——經濟學者——其責任就是去了解及澄清經濟學的極限，換言之，了解超經濟學層次是最重要不過。

然則，什麼是超經濟學層次？當經濟學在處理身居環境中的人類時，我們或可預期超經濟學層次包括兩部分——一部分處理人類的問題，另一部分處理環境的問題。我們或可預期經濟學必須從對人類的研究中衍生出其目的和目標，並且必須從對大自然的研究中，衍生出大部分的方法論。

我在下一章將試圖闡明當人類及人在地球之目的所依賴的場景有所變化時，經濟學在其結論及其處方上如何變化。而在這一章，我集中討論超經濟學的第二部分，也就是，如何從對大自然的研究中衍生出經濟學方法論中最關鍵的部分。正如我曾強調的，在市場上對所有商品都一視同仁，因爲市場在本質上是一個無限制殺價的機構，而這意味著市場是附著在現代經濟學的方法論中，該方法論大部分是市場取向，忽略人類對大自然世界的依賴。布朗（Phelps Brown）教授，在英國皇家經濟學會發表其會長就職詞，論及「**經濟學的低度開發**」時，慨嘆「這個世紀最後的二十五年中，經濟學最炫耀式的發展，其爲這個時代最具壓力的問題所提供的解決方案，貢獻不大」，並且在這些問題中他列出「制止工業至上主義、人口成長與都市化主義對環境及生活素質的惡劣影響」。

其實，說到「貢獻不大」是措辭委婉，簡直就是完全沒有貢獻；相反的，若說經濟學按目前所建構及採用的部分而言，由於其耽溺在純數量分析及欲迎還拒探地討事情之眞正本質緣故，儼然對上述那些問題的了解形成最大的障礙，是一點都不爲過。

經濟學是要處理商品及勞務中實質上沒有數量限制的多樣性，如何同樣被人類沒有數量限制的多樣性所生產及消費。除非人們是準備無視於質量上差異的浩瀚組合向量，要想從中推衍出任何經濟理論都明知是完全不可能。但完全無視於質量上的差異，則使得理論過程容易得多，卻同時讓理論了無生氣也應該是很明顯的。「這個世紀最後的二十五年中經濟學炫耀式的發展」（借用布朗教授的用語）大都走向數量化，忽略了對質量上差異的了解。的確，有人也許會說經濟學已日益容不下後者，因爲後者無法套用在經濟學的方法上，且還要求對實際運作有所了解及擁有經濟學洞見的能力，這是經濟學不願意或沒辦法滿足的。舉例來說，透過其純數量方法得知某國的國民生產毛額已上升了，譬如說，百分之五，從經濟學者轉來的計量經濟學者不願意（而通常是沒能力）面對這項結果可否視爲是件好事或壞事的質疑。若遇到如下類似的問題：國民生產毛額的增長必定是一件好事，不管是什麼部門在成長及誰在得益（如果有的話）。他甚至會失去其原有的確定性，凡是有可能屬病態成長、不健康成長、解體式或毀滅式成長，對他而言都是絕不能讓其浮出表面的反常觀念。

有一少部分的經濟學者目前正開始質疑有多少進一步「成長」的可能，因爲在一個有限環境中呈無限的成長，是根本不可能的事；但即使如此，他們不能擺脫純粹數量成長的概念。與其堅持將質量上差異放在首位，他們僅僅以無成長替代成長，那就是說，以一個空洞概念替代另一個空洞概念。

當然，質量比數量更難「處理」是一項事實，正如從事判斷，比有清點及計算能力，更具高層次功能一樣。數量上的差異遠比質量上的差異，更易於掌握及更易於界定清楚；數量上差異的具體性很有誘惑性，且賦予其自身科學精確性的觀感，當這種精確性是以無視質量上所出現的關鍵差異為代價也在所不惜。大多數的經濟學者仍在追尋令其「學門」呈現有如物理學那樣的科學及精準這樣的荒誕理想，就如同視愚鈍的原子和以上帝形象所造就的人類之間不存在質量上差異一樣。

經濟學的主要主體是「商品」。經濟學者以購買者的觀點將商品種類進行某種初期的區分，諸如消費者商品及生產者商品之間的區分；但從沒認真對這類商品究竟為何物進行審理；例如它們究竟是人工製造或上帝賜予，它們究竟是否可以無限制再生。任何商品一旦出現在市場上，無論其超經濟層次的特性為何，都被一視同仁，作為賤賣的標的，而經濟學主要著重在為購買者殺價的行為從事理論化工作。

然而，不同種類的「商品」之間有其基本及關鍵性的差異，卻是一項事實，如將之視若無睹，自必與現實脫節。以下的分類或許可稱之為最少層次。

打從開始起，再也沒有比初級及次級商品之間的區分來得更重要，因爲次級商品是以現成的初級商品存在爲前提。人類僅擴充其產製次級產品的能力是徒勞無功的，除非其先有擴充從地球上取得初級產品的能力，因爲人類不是生產者，僅是轉換者，並且每項轉換的工作他都需要初級產品。特別的是，其轉換的能力全看初級能源，這樣一

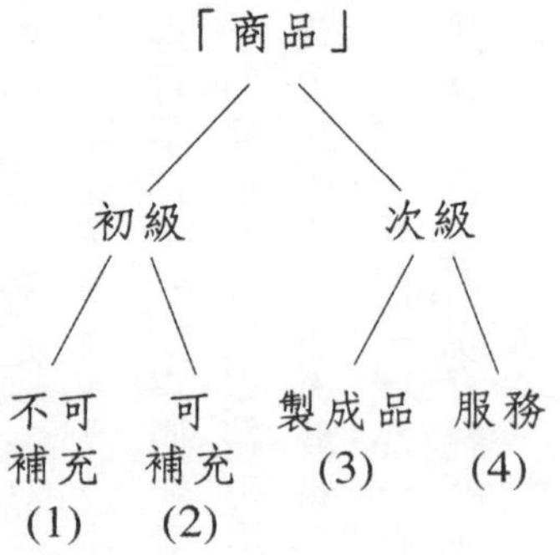

來，立即點出在初級商品範圍內進行關鍵性區分的必要性：可補充與不可補充。若就次級商品而言，就有製成品及服務之間明顯而基本的區分。於是我們至少有了四種最少層次的分類，每一項類別和其他三項類別有本質上的不同。

市場對這類區分毫無概念。市場爲所有商品提供一個價格標籤，也因此讓我們可以假裝它們都具同等的顯著性。值五英鎊的原油（第一類）等同於值五英鎊的小麥（第二類），這又等同於值五英鎊的鞋子（第三類）或值五英鎊的旅館住宿（第四類）。唯一決定這些不同類別商品之間相對重要性的標準，就是提供這些商品時

所能獲得的利潤率。如果第三類及第四類比第一類及第二類有更高的利潤，這可視爲一種「信號」，即將新增的資源注入前者，並將資源從後者撤出是「理性的」。

我在此不是想來討論市場機制，也就是經濟學者稱之爲「看不見的手」的可靠性或合理性。這早已是沒完沒了的討論，但不變的是，都不注意上述四種分類其基本不可相提並論性。例如，這些討論仍沒注意到——或雖不是沒注意，卻在建構經濟理論時從未認眞考慮——「成本」的概念在可補充及不可補充的商品之間有實質上的差異，這也同樣存在於製成品和服務之間。實際上，毋須進行更深入的探討就可直言經濟學，如像現時所建構的那樣，只能適用在製成品（第三類）上，但它卻毫無區別地套用在所有商品及服務上，因爲對四種分類在其基本、質量上的差異完全缺乏評鑑。

這些差異或許可稱之爲超經濟層次，因爲它們在進行經濟分析之前，必須先予以確認。至於那些從不在市場上出現的「商品」，其存在的確認更爲重要，因爲它們不能或尙未被私人占有，但仍然是所有人類活動基本的前提，諸如，空氣、水、土壤及整個大自然生態的架構。

經濟學者直到最近爲了可接受的好理由，才覺得要將經濟活動所由生的整個架構視為已知，也就是說，視為永久及不可摧毀的。確實，研究經濟活動對架構的衝擊不是經濟學者們份內的工作，也不是他們專業上角力的課題。現在因為環境惡化日益顯現，尤其是大自然生態的惡化，經濟學的整個前景及方法論備受質疑。經濟學的研究太狹窄並且太片面性導致無法引出有實質的洞見，除非藉由超經濟學層次的研究來補充及完成。

將對手段的評價置於目的之上的麻煩——這已被凱因斯所證實，正是現代經濟學的態度——就是它摧毀了人類在選擇其眞正喜歡之目的時，所享有的自由和權力；手段的發展，正如其所展示的，主宰了目的的選擇。最明顯的例子是，對超音速運轉速度的追求及大量努力旨在讓人類登陸月球。這些目標的孕育不是深入探討人類眞正需求及啓發後的結果，且人類眞正的需求及啓發正是技術所要服務的對象；反而僅僅是反應了所需的技術手段剛好可以做到的事實。

正如我們已看到的，經濟學是一門「衍生的」科學，它接受來自我稱為超經濟學層次的指引。當指令出現變化，經濟學的內涵也跟著改變。在下一章，我們將探討當西方唯物論的超經濟基礎被放棄而代之以佛教教義後，經濟法則為何，及「經濟」和「不經濟」概念又呈什麼樣的定義。為了這個目的而選擇佛教純粹是偶然，基督教、伊斯蘭教，或猶太教的教義和那些其他偉大的東方傳統教義一樣，都可用來代替西方的唯物論。

「正業」是佛陀倡導的八正道之一（譯註：佛陀八正道如下：正見、正思、正語、正業、正命、正勤、正念、正定）。因此，很清楚的，是有佛教經濟學這麼一回事的。

佛教國家經常宣稱他們希望能忠於其傳統教誨。於是，緬甸「新緬甸看不出宗教價值和經濟進步之間有何衝突。精神健康和物質福祉不是敵人；他們是天生的盟友。」或「我們能將我們傳統教誨的宗教及精神價值成功地和現代科技的益處相結合。」或「我們緬甸人無論在夢想或行動中，對遵從信仰都有一份神聖的責任。我們將一直這樣做下去。」

這些國家毫無例外都一致假設他們可以將其經濟發展計劃依照現代經濟學來形塑，而且他們從所謂先進國家中取經，擬定所要執行的政策，並建構發展的宏圖——如五年計劃或任何名稱的計畫。似乎沒有國家想過要過佛教的生活方式得求諸佛教經濟學，正像現代唯物主義的生活方式曾導致現代經濟學。

經濟學者本身像大多數專家一樣，認定他們的學科是絕對及不變的眞理，沒有任何先決條件的認定，也就犯了某種形而上的盲目性。有些學者還離題到宣稱經濟規律——如吸力作用定律一樣不受「形而上學」或「價値」的影響。然而，我們不須捲入方法論的爭辯。取而代之的，我們試舉某些基本元素，並從一位現代經濟學者及一位佛教經濟學者的角度，看看這些基本元素所屬爲何。

舉世都公認財富的一個基本來源是人類的勞動。時下，現代經濟學者已被灌輸將「勞動」或工作視爲不亞於一種必要之惡。從雇主的觀點而言，勞動不管如何僅僅是一項成本，如果不能完全予以刪除，譬如說，經由自動化，也要將之降到最低。而從工人的觀點來看，工作是以犧牲其休閒及舒適換來的，屬於「反效用」；因此，工資是對該犧牲的一種補償。於是，以雇主之立場其理想狀況是有產出不用工人，而以工人之立場其理想狀況是有收入不用就業。

這種態度不論是在理論上還是在實踐上，其結果當然是絕對的遙不可及。如果就工作而言其理想狀況是取消工作，那麼凡是能「減少工作負擔」的方法都是件好事。除了自動化外，最有效的方法是所謂的「勞動分工」，最典型的例子是亞當・

史密斯在《國富論》（*Wealth of Nations*）中所稱頌的鏽針工廠。「勞動分工」在此不是普通的專業化，那種人類從亙古以來所操作的專業化，而是將每一個生產的完整過程分割成極小部分，使得最終的產品能以最快的速度生產出來。每個人所貢獻的微不足道，且在大多數情況下，僅是其肢體的而非技巧性變動。

佛教對工作功能的觀點至少有三方面：提供人類一個利用及開發其才能的機會；使人類能藉由與別人共同進行一項任務而去除我執；以及爲適當的存在帶來所需的物品和勞務。同樣的，從這個觀點所導出的結果是無窮盡的。要是開展一份工作是存著一種給工人覺得其沒有意義、無趣、不體面，或神經折磨的態度，則該工作和罪行差不了多少；該工作重視物品而輕忽人類，惡性的缺乏同情心，太執著於塵世間最原始的一面到喪失靈性的程度。同樣的道理，專注於休閒以作爲工作的另類選擇可說是對人類存在其中一個基本眞理的嚴重誤解，也就是說，工作及休閒在同一生活過程中相輔相成，硬要將其分別處理，難免有損工作的愉悅及休閒的滿足。

所以，從佛教的觀點，有兩種運作機制必須劃分清楚：一種是增強人類的技巧及能力，另一種將人類的工作轉化成機械式奴役，置人類於必須像奴隸般工作的地步。然則如何區別這兩種運作機制呢？可爾馬拉斯華米（Ananda Coomaraswamy），一位對現代西方及古代東方都說得上話的人，認為：「工匠本身，如果獲得允許的話，常常能夠為機器及工具作出精細的區分。織毯機是一個工具，一種將經線拉緊好讓工匠把絨毛用手指穿越其中的裝置；但織布機是一個機器，而其之所以在摧毀文化上舉足輕重，實因其執行了原屬人類工作的那部分。」

因此，佛教經濟學必須和現代唯物論的經濟學有很大的不同是很明顯的，理由是**佛教認為，文明的根基不在慾望的乘數效果而在人類特質的純化**。人類的特質，同時主要由人類的工作而定。而工作，是在人類有尊嚴及自由的情況下適當的展開，凡從事工作的人都得到祝福，而他們的產品也是。印度哲學家兼經濟學者苦馬拉帕（J.C.Kumarappa）將這類事情總結如下：

「如果工作的性質經過適當的評鑑及應用，它就能居於更高的位階，像食物之於人體的關係。它滋養並活化人類的更高層面，並促使人類生產其力所能及的最佳成果。它指引人類的自由意志沿正當途徑發展，並將其內在的獸性約束在進步的管道之中。它為人類提供極佳的場景去展示其價值的尺度並發展其個性。」

要是人類失去獲得工作的機會他就會陷入絕望的境地，不光是因為他少了份收入，而在於他缺乏這種紀律性工作的滋養及活化因素，這是沒有其他東西可予以取代的。一位現代經濟學者或許斤斤計較於充份就業是否「物有所值」，或一個經濟體在低於充份就業情況下運行，以保證勞工有更大移動性、工資呈更佳穩定性等等是否更爲「經濟」。他對成功的基本評斷標準僅僅是在某一已知時間區段內所生產商品的總數量。加爾布雷思（Galbraith）教授在《**富裕的社會**》（*The Affluent Society*）寫道：「如果商品的邊際緊迫性很低時，雇用勞動力中最後一名員工或最後一百萬名員工的緊迫性也如是。」並說：「如果……我們爲了社會的利益而負擔得起某種程度的失業——很隨意的，一個完美的保守性先例的提議——那我們就能負擔得起給那些失業者足夠維持其原有生活水準的商品。」

自佛教觀點而言，把商品看得比人類更重要，而消費比創意活動重要，這是將眞理本末倒置。這意味著關注點從工人移到工作的產品上；也就是，從人類移到次人類，向惡魔勢力投降。佛教經濟的計劃從一開始就是以充份就業來規劃的，其主要目的，實際上就是讓每個需要「外在」職位的人就業；它不是求就業的極大化，也不是求生產的極大化。總的來說，婦女不需要一份「外在」職位，婦女在辦公室或工廠的大規模就業可被視爲嚴重經濟失敗的訊號。尤其是，讓幼童的母親在工廠工作而幼童在外面野，在一位佛教經濟學者眼中，就像一位熟練工人卻去從軍，在現代經濟學者的眼中那般的不經濟。

唯物論者關切的主要是物品，而佛敎徒關心的主要是解脫。但佛敎走的是「中道」，因此不可能敵視物質福祉。**妨礙解脫的不是財富而是對財富的執著；不在於美好事物的享受而在於對美好事物的渴望。所以佛敎經濟學的主要旨義是簡樸及非暴力。**從一位經濟學者的觀點，**佛敎徒的生活方式其引人入勝之處在於其舉止的全然理性——不可思議的小意味著導致令人極其滿意的結果。**

對於現代經濟學者而言，這是非常難以理解的。他習於以年消費金額來衡量「生活水準」，同時一再假設消費越多者比消費較少者「來得好」。一位佛敎經濟學者會認爲這種途徑極端不合理：因爲消費僅僅是人類福祉的一種手段，而其目標應是以最少量的消費贏取最大的福祉。

職是之故，如果穿衣的目的是求取某種溫度的舒適及一種令人羨艷的外表，所要的工作是以盡可能少的努力，也即是說，以最少的衣服年破損量及使用盡可能少的辛勞去設計，來達成這項目的。所花的辛勞越少，就有越多時間及體力來從事藝術創作。舉例來說，當用不須剪裁的材質進行巧妙的摺綴就能達到更好的視覺效果時，像現代西方那樣的繁瑣時裝裁剪就顯得高度不經濟了。明知有些材質很快就會破損仍去製造是愚蠢之最，而使事情變醜陋、卑鄙或下流則是粗鄙之最。剛才有關穿衣的說辭同樣適用於人類所有其他的需求。對物品的所有權及消費是達到目的的一種手段，而佛教經濟學是如何以最少的手段達成既定目的的系統性研究。

反過來說，現代經濟學視消費爲所有經濟活動的唯一目的及目標，同時將生產的要素——土地、勞動及資本——當成手段。簡言之，**佛教經濟學企圖藉由消費性的最適型態求人類滿足的極大化，而現代經濟學則企圖以生產性努力的最適型態求消費的極大化**。顯而易見的，維持一種以追求消費最適型態生活方式所需的努力，遠比維持消費極大化動機所需的努力要小得多。因此，我們毋須爲生活在譬如說緬甸，比生活在美國的壓力及緊張來得少，感到驚訝，儘管緬甸所使用的勞動節約機器僅是美國所使用的零頭。

很明顯的，簡樸及非暴力是緊密相關的。消費的最適型態，藉由相對的低消耗率這種手段，產生高度滿足感，使人們得以生活得沒有壓力及緊張，並且符合佛教經義的主要教誨：「諸惡莫作，衆善奉行。」當物質資源已到處呈現捉襟見肘的情況下，那些以適當使用資源爲手段來滿足其需求的人們，是比那些依賴高度使用的人們，更易免於互相殘殺之苦。同樣的，那些生活在高度自足地方社區的人們，是不太會像那些依靠全球貿易系統維生的人們，容易介入大規模的暴力。

因此，**從佛教經濟學的觀點，以當地資源的生產來滿足當地的需求是經濟生活中最理性的方法**，而依賴遠方的進口，並且需要生產出口到不知名及遙遠人們的手中是高度不經濟的方式，同時唯有在例外的情況及小規模範圍內有其正當性。而現代經濟學者也得承認，在某人的居所和其工作地點之間，高度消耗運輸服務，乃標誌著一種不幸而非高生活水準，因此，佛教經濟學者也會認爲寧取遠方資源不取近鄰資源來滿足人類的慾望，標誌著失敗而不是成功。前者傾向於以某國交通系統所運載平均每人多少噸／哩數的增加這類統計，作爲經濟進步的明證，而對後者——佛教經濟學者——而言，同樣的統計數字可能顯示消費型態出現一個高度不樂觀的惡化程度。

現代經濟學和佛教經濟學另一個顯著的差異，體現在大自然資源的使用上。朱維奈（Bertrand de Jouvenel），一位出色的法國政治哲學家，曾以文字來描述「西方人」的性格，這或許可用來恰當形容現代經濟學者：

「他傾向於除了人類努力可算作支出項外，別的都不算；他看起來不在乎他浪費多少礦物質，並且更糟糕的是，不在乎他毀滅多少活的事物。他看起來一點都不像意識到，人類生活是許多不同生活形式所組成生態系統中一個共存的部分。當世界都歸城鎮所主宰，人類除自身外與任何生活形式都斷了聯繫，同屬一個生態系統的感覺一去不復回。這將導致一項嚴苛且沒有遠景的應對方案，我們最終得依靠諸如水和樹。」

相反的，佛陀教誨所開示要求的虔誠及非暴力態度，不僅限於一切有知覺的生物，同時還特別強調樹木的重要性。佛陀的每位跟隨者每隔幾年必得植一棵樹並照顧到它能自己存活爲止，佛教經濟學者毫無困難就能展示這條規律一旦在以全球落實，終會導致眞正經濟高速發展而毋須任何外援。**東南亞許多經濟的衰敗**（像世界許多地方一樣）**毫無疑問是由於對樹木的不注重和可恥的忽略**。

現代經濟學由於其特殊方法是以貨幣價格爲手段來等同及量化每樣事情，以致不去區別可補充及不可補充的物質。因此，有關不同類別的燃料，像煤炭、石油、木材或水力：現代經濟學所看到其中的唯一不同，就是每個同值單位的相對成本。最便宜的自然而然受到偏愛，如果不如此就是非理性及「不經濟」。從佛教的觀點，當然，這可不是如此；這邊不可補充的燃料如煤炭及石油，和另一邊可補充的燃料如木材及水力之間的基本差異，不能簡單地予以忽視。不可補充的物品唯有在其是不可或缺，並且以極細心及最鉅細靡遺的態度去保存時才能使用。不經意的使用或揮霍這些不可補充的物品，是一種暴力的行爲，**當在這個世界上要想做到完全非暴力誠屬不可能的情況下，對人類而言，致力於凡其所做都採非暴力的理**

想，仍是其不可推卸之責任。

正如一位現代歐洲的經濟學者，不會對所有歐洲藝術寶藏以誘人價格售予美國一事，視爲一項偉大經濟成就一樣，佛教經濟學者會堅持，某個群體之經濟生活如端賴不可補充的物品，就是寄生在資本項目而不在收入項目上。類似這樣一種生活方式不可能維持久遠，只能在純屬暫時權宜之計才被接受。當世界不可補充的燃料資源——煤炭、石油及天然瓦斯——在全球的分佈是極其不均，且在數量上毫無疑問是極其有限時，以前所未見的增長率來開採這些資源，很明顯是一項對抗大自然的暴力行爲，這必然不可避免地導致人類之間的暴力。

單是這項事實或許給人們，即使是佛教國度內，不珍惜其文化遺產中宗教及精神價值，並熱切渴望以最快速度接受現代經濟學的唯物論的人們，也一樣帶來思考的空間。在他們貶抑佛教經濟學不過是一種懷舊夢想之前，他們或許希望考慮由現代經濟學所勾勒的經濟發展途徑，是否有可能帶領他們到達眞正所想要的地方。加州理工學院的布朗（Harrison Brown）教授在其開創性十足的**《人類未來的挑戰》**（*The Challeuge of Man's Future*）一書結尾有下列的評語：

「從而我們可看到，正如工業社會基本上處於不穩定狀態，並有重回農業維生之虞，因此，在其框架內所賦予個人自由的條件也不是穩定的，而這些條件指的是工業社會在避免出現嚴密組織及極權控制情況的能力上是不穩定的。確實，當我們檢視所有危及工業文明生存的可預見困難時，很難想像社會穩定的達成及個人自由的維持如何能共行不悖。」

即使這項憂慮被貶抑爲長期的觀點而不以爲意，還是有一個當下的問題要解決：「現代化」，像現時所採用的那套無視於宗教及精神價值的方式，是否能眞正產生令人滿意的結果。至少以普羅大衆而言，其結果似乎有點慘不忍睹——農村經濟體崩潰、鄉鎭興起失業、城市無產階級方興未艾，卻對身心毫無助益。

佛教經濟學在即時經驗和長期遠景所做的探討，對那些即使相信經濟增長是在「現代的成長」及「傳統的停滯」之間做選擇的人，也是有參考價值的。這是一個尋找發展正確途徑的問題，**在唯物論的漫不經心及傳統論的靜如止水之間，找出中道，簡言之，即追尋「正業」。**

5 規模的問題

A Question of Size

我是在歷史以如下的詮釋中成長的：先有家庭，然後數個家庭集結成部落；接著一群部落組成一個民族；再來某一數量的民族構成這類或那類的「邦聯」（Union）或「聯邦」（United States）；最後，我們可以期待一個單一的世界政府。打從我聽到這種或許能實現的說法開始，我就特別關心這項進程，但也不得不注意到反面的進程似乎正要發生：民族國家的增生。聯合國機構在大約二十五年前成立時，不到六十名成員國，如今成員國數目已兩倍於此有餘，且成員數仍在增長。在我少年時期，這項增生進程被稱爲「巴爾幹化」（Balkanisation），並被視爲一種壞事。雖然每個人都說這是壞事，在世界大部分地區卻順利地進行了超過五十年以上。大單位傾向於瓦解成較小的單位。這種現象，和我所學的是如此背道而馳，但無論我們贊不贊成，至少不應視若無睹。

其次，我曾習於如下的理論：一個國家爲求繁榮昌盛，必得求大——越大越好。這套說法看來也是很可行。試看邱吉爾怎樣稱呼俾斯麥執政前的德國：「食粗麥包的侯國」；然後再看俾斯麥執政的帝國。難道德國的偉大和繁榮昌盛不是只有透過這次的統一才成為可能？其他條件不變，說德語的瑞士及說德語的奧地利，並沒有加入德國，在經濟上表現一樣好。**如果我們列出世界上所有最繁榮的國家，會發現他們大多數都非常小，而世界上所有最大的國家中大部分也都窮得可以。**在此又可以作為思考的空間。

第三，我曾習於「規模經濟學」的理論——就產業及廠商而言，正如國家一樣，受到現代技術的主宰，單位越變越大已是不可抗拒的趨勢。時至今日，越來越多大的組織，且可能更大的組織，已成為過去歷史所未見的事實；但小單位的數目也在增長，且在某些國家如英國和美國其數目也沒有下降，許多小單位還高度繁榮，並提供社會大部分眞正有實效的新發展。由此可再度發現，理論和實踐相調和並不是那麼容易，且有關討論規模這整個議題的情勢，對從小在這三個同時並存的理論中成長的人而言，是有某種程度的困惑的。

即使是今天，我們一般都被告知龐大的機構是必不可免；但當我們仔細觀察，可注意到**一旦大規模組織成立，常伴隨著力爭在大中見小的意圖**。通用汽車的史隆（Sloan）先生最偉大的成就是將這個龐然廠商設計成實際由頗為適當規模廠商的聯盟所組成。英國國家煤炭局，爲西歐最大廠商之一，在羅賓斯（Robens）爵士的主導下也有類似的安排，維持一個大組織統一的同時，努力營造「氣候」或感覺，讓無數的「準廠商」形成一種聯盟。一塊堅硬的磐石轉型成協調良好的裝配線，由有活力的半自治單位，各秉持自身的驅動力及成就的感覺來運作。當許多理論家——這些人或許與眞實生活沒有太多接觸——仍執迷於對大規模的崇拜時，眞實世界中已有一批實際的人們，如果可能的話，從小處出發而產生的便利、人性及可管理性，求得無法比擬的利潤。這同樣是一種任何人都很容易觀察得到的趨勢。

讓我們換另一個角度來討論我們的主題；並且要問什麼是眞正需要的。就人間事而言，看起來至少有兩樣事情是同時需要的，從表面上看，似乎是不能相容且彼此排斥。我們常需要自由及秩序。**我們需要小的、自治的單位及許許多多的自由，而同時又需要大規模，最好是全球、統一及相互的協調。**涉及到行動時，我們明顯需要小單位，因爲行動是高度個人的事物，而人在任一時點上不可能與超過某一有限數目的群眾接觸。但涉及到觀念、原則或倫理、和平的不可分割性及生態學時，我們需要認識人類的單一性，並在這個認知下進行我們的行動。換句話說，四海之內皆兄弟固然不錯，但我們在主動的人際關係上其實只能和一小部分人稱兄道弟也是事實，而我們被要求對人類表現的兄弟之情，遠比我們能對全人類表現的要多。我們都知道，人們夸夸而談人類的兄弟之情時卻視其鄰居爲仇敵，就像我們也知道，那些實際上和其所有鄰居都有良好關係的人，卻同時對其特殊圈子之外的人群懷有駭人聽聞的偏見。

我所要強調的是，當涉及到規模的問題時，人類有雙重性的要求：這並沒有單一的答案。**爲了不同的目的，人類需要許多不同的結構，小的和大的，某些有排他性，有些呈綜合性。**然而人們發現很難讓兩種看起來彼此相左的眞理同時在思維上共存。他們通常傾向於大聲疾呼找出一個最終的解決方案，好像在現實生活中，除了死亡之外，還眞的存在一個最終解決方案似的。**爲了取得建設性成果，首要之務經常是恢復某種平衡。今日，全球幾乎都陷入對巨形偶像的崇拜之中。因此，堅持爲小的美德是必要的——在其可適用的地方。**（如果出現以小爲好的崇拜潮流，而不顧及主體或目的，有人就必然會試圖且運作從反方向來影響。）

規模問題或許以另一種方式來表達：一切這些事務所需要的就是區別對待，將事情分類出來。因爲每一項活動都有其特定的適當規模，而該活動越是主動及私密，就越少人可以參與，需要安排進行這類關係的次數就越多。舉教學爲例：有關教學機器優越性的各種爭論已超乎尋常的多：那我們想要教什麼？這個問題馬上就釐清：有些事只能在非常私密的圈子傳授，而其他事明顯可在大眾面前傳授，或經由空中教學、電視教學、教學機器及類似媒介等等來傳授。

什麼規模是適當的？這全看我們想要做什麼而定。規模的問題在今日來說是極其重要的，在政治、社會及經濟的事務上，或幾乎其他每件事務上都如是。例如，**什麼是城市的最適規模？**同樣，有人也許會問，**什麼是國家的最適規模？**這些都是嚴肅且困難的問題。我們不可能藉由電腦的程式取得答案。**生活中眞正嚴肅的事務是不能以數字計算的**。我們不能直接計算什麼是對的；但我們很欣慰的知道什麼是錯的！我們能夠在極端下辨別出對錯，雖然我們不能有足夠的判斷力說：「這必須多加百分之五；或那必須減少百分之五。」

就舉城市規模的問題來說好了。當人們不能以精確度來判斷這類事務時，我認爲比較妥當的說法是，某一城市可取的規模上限大概是控制在五十萬居民的範圍以內。超過這個規模，對城市很明顯不會帶來什麼好處。像在倫敦、東京、紐約這種地方，上百萬的人口不會增加城市多少眞實價值，有的僅是製造了數不清的問題，帶來人類的沉淪。因此五十萬居民的規模範圍可能被視爲城市的上限。一個現實城市的下限問題更難判斷，歷史上最佳的城市以二十世紀的標準來看都太小。無疑，

城市文化的表現方式及建構得靠財富一定程度的累積，但必須累積多少的財富則依所追尋的文化型態而定。哲學、藝術及宗教所花無幾；其他自稱是「高等文化」的型態——太空研究或極現代物理學——所費固不貲，但與人類眞正的需要卻有點距離。

我之所以提出城市適當規模的問題，一來是因爲其本身值得探討，但在我的想法裡，這在考慮國家的規模時也是最恰當的切入點。

我曾提過的巨形偶像崇拜，或許是現代技術的一項成因也必然是其效果之一，特別是在運輸及通訊的事務上。一個高度發展的運輸及通訊系統有一項無遠弗屆的效力：它令人們自由自在，無拘無束。

數以百萬計的人們開始大遷徙，拋棄鄉村地區及小城鎭以追逐城市的燈光，走進大城市造成病態的成長。就舉一個國家——美國，在此所有上述的現象都例證如山。社會學者正在研究「極大都會」（megalopolis）的問題，因爲「大都會」一詞已不足形容其大，於是才有「極大都會」。他們夸夸而談美國人口在三個極大都會地區所形成的兩極化：一個是從波士頓延伸到華盛頓特區，這是正在持續興起的地區，有六千萬人口；一個是芝加哥四周，是另一群六千萬人口；一個是西海岸，從舊金山到聖地牙哥，也是一個擁有六千萬人口正在持續興起的地區；美國其餘地區形同空城；廢棄的州級鎮，與被大量拖拉機、綜合收割機及龐大數量的化學物所耕耘的田地。

如果這是某些人對美國未來景象的概念，它可不是那麼值得擁有的未來。但不論我們是否喜歡，這卻是人們享有自由自在無拘無束後的結果；這正是經濟學者推崇備致的勞力神奇移動性的結果。

這個世界每樣東西必得有一個架構，否則就會一片混亂。遠在大眾運輸及大眾通訊普及之前，因爲人們相對的安於現狀，架構就很簡單且唾手可得。想要遷徙的人才會移居，來自愛爾蘭的信徒們蜂湧至全歐洲的景況可做見證。以前是有通訊、有遷移，但不是自由自在無拘無束。現在，大部分的架構都倒塌，而國家就像一艘大船，其所運載的東西一點都不安全。它傾斜時所有運載品都滑落下來，最後船也下沈了。

全體人類架構中最主要的元素之一當然是國家。並且在建構過程中表達形式最基本的要素之一（如果我可以用這個詞的話）就是邊界，國家的邊界。在工業技術發明之前，邊界早先的適用性指的幾乎是政治上及王朝的邊界；邊界是政治勢力的疆域，決定你可動員多少人來參戰。經濟學者攻擊這類的邊界已成爲經濟的障礙

——於是自由貿易的意識型態興起。但在那個時候，人們及事務不是那麼自由自在無拘無束；運輸費用貴得令人與物的移動僅能在邊際線上進行。前工業世代的貿易不是基本材料的貿易，而是貴重石頭、貴重金屬、奢侈品、香料及——不幸的——奴隸的貿易。生活的基本需求當然是在原地生產。至於人口的移動，除非在災難時期，否則僅侷限在那些有非常特別原因要遷居的人，諸如愛爾蘭信徒或巴黎大學的學者群。

可是現在每一件事及每一個人都不斷在變動。所有的架構都受到威脅，且所有的架構皆出現前所未見的脆弱。

經濟學，這門凱因斯爵士曾希望安定下來作為類似牙醫術般莊重的職業，突然間變成一切事物中最重要的主題。經濟政策幾乎吸引了政府全部的注意力，且同時又變得更無能為力。在五十年前誰都毫無困難就能做的最簡單的事情，現在竟然不能推動。社會越富有，要想辦件不須立即付現且值得做的事就越不可能，經濟學已變成禁臠以致所有外交政策都離不開它。人們會說：「啊對，我們不想和這些人走在一起，但我們經濟上依賴他們，所以我們必須討好他們。」經濟學傾向於吸收倫理的全部並且凌駕於所有其他人性的考量。如今，很清楚的，這是一種病態的發展，當然，這種發展其來有自，但其顯而易見的根由之一，在於現代技術中以運輸和通訊爲名的偉大成就。

當人們以大而化之的邏輯，相信快速的交通和瞬間通訊開啓自由的新面向時（在某些較不重要的場合確是如此），他們忽略這樣的事實：這些成就令每一件事情極其脆弱及極其不安全而有摧毀自由的傾向，除非開展出良心的政策及採取良心的行動，才能緩解這些技術發展的毀滅性效果。

目前，這些毀滅性效果在大國家尤其顯得嚴重；因爲，一如我們所看到的，邊界產生「架構」，對某些人而言，越過邊界，從其出生地連根拔起並試圖在另一片土地上扎根，是要比在其國家的邊界內移動，所下的決心要大的。因此，國家越大，自由自在無拘無束的因素就越嚴重。其毀滅性效果可在富國和窮國兩者中發現。

在類似美國這樣的富國，正如以前曾提到的，它製造「極大都會」。它也製造快速增長且更難駕馭的「淘汰」問題，這些人由於自由自在而無法在社會上找到安身之地。與此直接相關的是，它給家庭這個層面製造犯罪、疏離、壓抑、社會分裂等駭人聽聞的問題。在窮國之中，也是以大國最爲嚴重，它使人口大規模遷入城市，造成大量失業，鄉村地區人口盡流失，饑荒威脅不斷。結果是形成一個「雙元社會」(dual society),缺少任何內在凝聚力,隨時會面臨政治的不安定。

且讓我舉秘魯的例子作爲說明。其首都城市利馬,位於太平洋之濱,在一九二〇年代初有十七萬五千人口。目前其人口已接近三百萬。這個往昔美麗的西班牙式城市現在被貧民窟所蹂躪,深陷在其蜿蜒至安地斯山脈所形成的貧困環境中。但還不僅止於此。人們仍以每天一千人的速度從鄉村地區湧進——沒有人知道如何來應付這個局面。在內陸地區生活的社會或心理架構已崩潰;人們已變成自由自在無拘無束,每天有一千人湧進首都盤據某些無人空地,一邊與前來驅趕他們的警察對抗,一邊搭起泥巴小屋找工作。**而無人知道怎樣應付他們,無人知道如何阻止這股漂流。**

試想俾斯麥在一八六四年併吞丹麥的全部而不是其一小部分領土,之後什麼事也沒發生是何種情景。丹麥人在德國會是一個少數民族,或許會以爭取雙語來保存自己的語言,官方語言當然是德語,他們唯有完全德國化才能免於淪爲二等公民。大多數雄心勃勃及具企業長才的丹麥人勢必會透過本身的德國化,形成不可抗拒的漂流湧入南方的本土,然則哥本哈根的地位會是如何?大概是偏遠的省級城市。或試想比利時作爲法國的一部分,布魯塞爾的地位又會是如何?同樣又是一個不重要的省級城市。我不必就此多加著墨。現試想丹麥是德國的一部分，以及比利時是法國的一部分，突然要求獨立成爲聽起來很吸引人的「國家」。那就會有無休止、熱烈的論辯說，這些「非國體」（non-countries）不具備經濟活力，並且認爲他們尋求獨立的慾望，引一位著名政治評論家的話，是「青春期的強說愁，政治上的天眞，虛幻的經濟學及完完全全無恥的機會主義」。

人們如何能議論小型獨立國家的經濟學？人們如何能討論一個不是問題的問題？**世上沒有所謂國家或民族國家的生存力，只有人民生存力的問題。人民，就像你我一樣的活生生個人，當他們能自食其力並且維持生計時，就有活力**。你不能期待將一大堆人放在一個大社區就使沒活力的人民變成有活力，你也不能說將一個大社區分割成一批較小型的、更親密的、更具凝聚性，及更易管理的團體就使有活力的人民變成沒活力。所有這些都是顯而易明的，並且絕對沒有什麼好辯的。

有人會問：「當某個由一個富省及數個窮省所組成的國家，因爲富省要脫離出來而分崩離析時會發生什麼事？」大多數的答案可能是：「不太會有什麼事發生。」富者將繼續成其富，而窮者將繼續襲其窮。「但，如果在脫離前，富省曾補助窮省，會有什麼結果？」哦，當然，屆時補助可能中止。但富者絕少補助窮者，最常見的是富者剝削窮者。他們或許不會那麼直接地進行剝削，很大一部分是透過貿易條件來進行剝削。富者也許以某些特定的稅賦收入重新分配，或小規模的慈善事業來掩飾，但他們最終想做的就是把窮者分離出去。

然而正常情況和上段所述大不相同，也就是說，窮省想從富省分離出去，而富省想要維持不變，因爲富者知道在本國內剝削窮者遠比越過國界去剝削窮者要容易太多。現在如果一個窮省願冒喪失某些補助而希望分離出去，那人們又應持什麼態度呢？

問題不在我們必須要做這樣的決定，而在我們應如何看待這個問題？這不正是值得人們喝采及尊重的願望？我們不是希望人們自食其力，做個自由及自我依賴的人？於是這再度是一個「不是問題」的問題。我因此斷言這無關生存力的問題，就像所有經驗所顯示的那樣。如果一個國家希望出口到全世界並且從全球各地進口，那總不能認爲它會爲了要達到這個願望而併吞整個世界。

然則擁有一個廣大內部市場的絕對必要性又是什麼意思？如果「廣大」的意義是從政治邊界一詞來認定的話，這再度是一個視覺上的幻影。一個繁榮昌盛的市場比一貧如洗的市場要好自是固不待言，但該市場在政治邊界之外或之內，就整體而言區別沒那麼大。例如，我並未察覺德國爲了將福斯國民車大量輸往美國這個非常蓬勃的市場，只能在併吞美國之後才做得到。但，如果一個窮社區或省份被一個富社區或省份統治或與其有政治隸屬時，確實會有很大的不同。理由是，**在一個流動、自由自在、無拘無束的社會，不均衡的規律遠比所謂的均衡規律發揮得淋漓盡致。沒有任何事情像成功那樣一再延續，也沒有任何事情像停滯那樣拖拖拉拉。**經濟成績斐然的省份吸乾表現不佳省份的精髓，卻沒有任何對抗強者的保護措施，弱者毫無機會；他們要嘛安於弱勢要嘛必須外移加入強者；他們不能有效地幫助自身。

二十世紀下半葉最重要的問題是人口的地理分佈，即「區域主義」（regionalism）的問題。但區域主義，意不在將許多國家聯合形成自由貿易體系，而是朝在每一個國家內開發出個別區域的反方向前進。實際上，這是今日所有大國施政上所面臨的最重要課題。而今天許多小族群的民族主義，訴求自治和所謂獨立的願望，僅僅是對區域發展需求的邏輯和理性反應。尤其是在窮國家，除非區域發展有所成就，一種在首都城市以外涵蓋一切有人居住的鄉村地區所做的發展努力，否則窮人是沒有什麼好指望的。

如果這種努力推動不了，他們唯有選擇要嘛安於他們現有的悲慘境地，要嘛移居大城市，在那他們的生存條件甚至會更悲慘。時下經濟學的傳統智慧竟然對幫助窮者束手無策，毋寧是一種怪現象。

不變的事實是，唯有實際上令那些原就富有及具權勢的人，變更富有及更具權勢的政策才有活力。工業發展只有在離首都城市或其他非常大的城鎮進行才見效，而不是在鄉村地區進行。大建設計劃永比小建設更具經濟價值，資本密集型計劃比勞力密集型計劃更受人歡迎。經濟的算計，一如時下經濟學所採用的，強迫工業家剔除人的因素，因爲機器不會犯人所犯的錯誤。於是不斷致力於自動化及追求大上加大的單位，自不待言。這意味著那些除了其勞力無物可賣的人，在可能的討價還價空間上仍處於最弱的挨打地位，目前當作經濟學來教的傳統智慧是跳過窮者，這批眞正需要經濟發展的人群。

巨形主義及自動化的經濟學是十九世紀情勢及十九世紀思維的殘渣，它完全沒能力解決今日任何實質的問題。我們需要一種全新的思維，一個注重人而不是重視物品的體系——（物品會自己照顧自己！）這可概括成一句話：「**寧由普羅大衆生產，而非大量生產。**」十九世紀所不可能進行的事現在都有可能進行。而實際上在十九世紀被忽略的事，現在竟然成爲刻不容緩——若非必定如是，至少也是可理解爲如是。那就是有意識的運用我們威力無窮的技術及科學潛能來對抗悲慘及人類的沈淪——一場與眞實人們、個人、家庭、小團體，而不是與國家及其他匿名抽象體的親密鬥爭。這就必須以能提供此項親密關係的政治及組織架構爲前提。

究竟民主、自由、人的尊嚴、生活水準、自我實現、自我成就的意義爲何?它們是物品的事情或人的事情?當然,它們是人的事情。但**人只有在包容力大的小團體中才能成爲自己**,因此我們必須學習以一個能處理小規模單位多樣性的精簡架構來思考。要是經濟性思維不能掌握這個重點,它就派不上用場。如果它不能捨棄其空泛的抽象性——國民所得、成長率、資本/產出比例、投入產出分析、勞動的移動性、資本累積;如果它不能超越所有這些思維,而去接觸貧窮、挫折、疏離、失望、脫節、犯罪、逃避主義、壓力、擁擠、醜陋及精神枯竭這些人類的現實面,那就讓我們捨棄經濟學並從頭開始。

難道「此其時矣的信號」還不足以顯示我們需要一個新的出發?

資源
Resources

6 最偉大的資源——教育

The Greatest Resources:Education

自有歷史以來人類幾乎在地球上各處生存繁衍，並創造出某種形式的文化。無論在那個地方，人總能找出生存之道，也總能在糊口之外行有餘力一番。我們看到文明的出現與昌盛，而在大多數情形下，又衰微、覆亡。這裡並不是討論何以這些文明會衰亡，不過倒是可以說：一定是有些什麼資源的失敗造成的。在絕大多數情形下，我們看到新文明在相同的基礎上崛起。因此如果之前的文明只是單純因為物質資源的不足而衰亡，就有些說不通了。那麼這些資源又是怎麼重新組合的呢？

所有的歷史以及所有當前的經驗都指出這項事實：提供最主要資源的是人，而不是大自然。所有經濟發展的最重要因素就是人的大腦。突然間，處處都湧現了大膽的、新創的、新發明的、有建設性的活動，而且不只限於某一領域。可能沒有一個人能說明為什麼會有這樣的情形發生，不過我們倒是很明白的看出這類活動如何持續甚至強化下去——經由各式各樣的學校。換句話說，經由教育。因此我們可以實實在在的說：教育是所有資源裡最最根本的一項。

如果說西方文明已陷入永恆的危機，那麼認為它的教育出了問題大概也不是離譜之說。我敢確信，沒有任何一個文明曾投注如許精力與資源在有組織的教育上。而且就算我們再也不相信任何事物，我們也仍然確信教育是一切之本。事實上對教育的信念是如是之堅強，以致於任何無法歸根的問題都算到它的帳上。

如果核子世紀帶來新的危險，如果生物工程之進展也啓開了新的濫用之門，如果商業掛帥帶來新的誘惑，那麼解決之道一定是更多、更好的教育。現代生活是越來越複雜了，也就是說你我都必須要有更多的教育。最近有人說到：「到一九八四年時，必須要連最最平凡的小老百姓都不至於對使用對數表、或是微積分的基本概念、或是電子、庫倫（測量電量的單位）、伏特等字眼的涵義與運用一竅不通。他更應當能運用不只是文具、直尺，還懂得使用磁帶、眞空管、電晶體。人與人或團體之間溝通的改進得靠這樣的結果。」最重要的是，國際情勢看來是非要有大量的教育努力不可。

對這一點的經典之言是在幾年前由史諾爵士（Charles Snow，現在已晉封為勳爵）在他的「忠言演講」裡所說的：「如果說我們不重視教育就完蛋是有些太驚世駭俗了些。但是如果說我們不重視教育就會有現世報，那倒是不假。」照史諾勳爵的說法，俄國人在這一點上做得比誰都好，而且「除非等到美國人和我們都能以說理的、帶想像力的方式教育我們自己為止」否則他們將會「占了上風」。

我們可以回想到史諾勳爵當時談的是「兩種文化以及科學革命」，並表達了他對下列事項的關切：「整個西方世界的知性份子正越來越被分為南轅北轍的兩個極端……一邊是人文知識份子……另一邊則是科學人士。」他深為這兩個團體間「彼此互無了解的鴻溝」而惋嘆，並希望此鴻溝能被跨越。他的「溝通作法」倒是很清楚。他的教育政策方針將是：一、羅致國內頂尖科學頭腦，務求一個不漏；二、訓練一批專做支援頭一批人的研發、高階設計工作的「一流專業人員，人數較上一階層的人要多得多」；三、再訓練「數以千計」的其他層級的科學家、工程師；最後，還要再訓練「政治人物、管理人員，以及整個社會，讓他們具備足夠的科技知識，能聽得懂科學家在說些什麼」。照史諾勳爵的說法，如果這第四批，也就是最後一批，能被教育到至少還「聽得懂」科學家和工程師在說些什麼，那麼這「兩種文化」間彼此互不了解的鴻溝就可以被跨越。

這類對教育的看法（順帶一句，抱此看法的在當今之世並不少見）給人一種不適的感受，覺得包括政治人物、管理人員等等在內的一般人士……實在派不上什麼用場，他們被「當」掉了；不過他們至少也應該被教育到足以了解週遭事物，而且在科學家高談闊論——引用史諾勳爵所舉的例子——熱力學第二定律時聽得懂他們在說些什麼。這種感受著實令人不適，因爲科學家從不厭於諄諄提示我們：他們努力的成果是「中性」的，是造福人類或爲禍四方端看怎麼應用。那麼又是誰來決定怎麼使用呢？對科學家或工程師的訓練裡可沒有那一項讓他們有做此決定的能力，不然的話，科學又怎麼能是中性的？

如果今天我們要對教育賦予如許重任，使一般人能應付得了科技進步所帶來的種種問題，那麼教育的內容就應該要比史諾勳爵所想像的還要多一些。科學和工程產生「技術知識」，但是「技術知識」本身毫無意義，它只是個沒有目標的手段，一個可能性而已。**它是一個沒有完成的句子。敎育能不能幫助我們完成句子，化可能爲實際以造福人類？**

要做到這一點，首先而且也是最重要的，教育的目標就應該是將想法化爲價值，讓我們知道活著要做什麼？毫無疑問的，我們當然也要傳播技術知識，但這一定只能居於次位，因爲我們可以很明顯的看出，如果不先弄清楚，承受權力的人有無足夠知識使用權力，就貿貿然賦以重任，那可就眞是不用大腦，膽大妄爲了。全人類眼下就有生命之虞，原因並非是我們對科技的技術知識不足，而是因爲我們不以慧心運用這些知識，反而以流於毀滅世界的方式使用它們。只有當教育能產生更多智慧的時候，這樣的教育才能幫得了我們。

我認爲**教育的本質乃是在傳導價值**，但是除非價值體系已形成我們自己本身的價值體系，構成我們心靈的一部分，否則就無法在生命歷程中協助我們指引迷津。這就是說它們並不只是一堆公式或教條，而是伴著我們一起思考，一起感受，並經由它們來觀察、詮釋、體驗這個世界的那一套工具。當我們思考的時候，我們並不單單只是思考而已，我們是有想法的。我們的心靈並非一片空白，不著一相（a tabula rasa）。當我們開始思考的時候，我們能這樣做，正是因爲我們心靈裡早已充滿了各式各樣可憑之以思考的想法。

我們從孩提到成人，早在心靈喚起意識設下門檻，評頭論足，把關檢查之前，大把大把、成千上萬的想法就已一點一滴滲透了我們的心靈。我們或許可以說這些年是我們的黑暗時代。在這個時期裡我們只會照單全收，一直要到往後幾年我們才漸漸學會如何去蕪存菁。

首先就是語言。每一個字都是一個觀念。如果在我們的黑暗時代裡滲進來的語文是英文的話，那麼送進我們心靈的一套想法就會和中文、俄文、德文，甚至美式英文所送進來的一套觀念大不相同。字詞之後，接下來就是組合文字的規則：文法。這又是另一套觀念。有些當代哲學家對文法的研習著迷到甚至認為整套哲學不過是在研究文法而已。

所有的哲學家——還有一些其他的人——都對思考與觀察之結果所形成的觀念極為重視，但是在現世裡對於讓思考與觀察得以進行的這種工具，也就是觀念本身的研究卻鮮有人加以注意。根據經驗或意識性的思考，一些無足輕重的觀念很容易就被一腳踢掉，但是碰上了較大、較多面性、較複雜的觀念時，改變想法就不是這麼容易。事實上由於這類觀念往往是我們用以思考的工具而非思考的結果，我們往往很難體認到它們的存在。

我們常注意到別人心中多少都有定見，也就是他們據以思考的準則——雖則他們自己並不自知。我們於是稱此為偏見，就邏輯而言如此稱呼是正確的，因為這些想法只是點點滴滴滲入我們心智，而絕非是經過判定取捨的結果。但是偏見這個名詞一般是指那些除了心懷偏見的人以外，其他任何人都可一眼看出明顯謬誤的想法。我們在這裡所指的卻絕大多數都不能落入此一範疇。其中有些觀念，比如夾含在字詞或文法中的，甚至連對或錯都無法適用。另外有些觀念則絕對算不上是偏見，但的確是經判斷之後所採納的。還有一些則是隱含的假設，或是很難被注意到的前提。

因此我要這麼說：我們是隨著或透過觀念思考，而我們所謂的思考一般而言，可以說是將一些早已有的觀念應用在某一特定狀況或某一套現實情況的過程。比方說，當我們思考政治情況的時候，我們是在將我們對政治的看法多多少少有系統的應用到這個政治情況，並希望借助這一堆看法使得政治情況可以讓我們「理解」。同樣的情況也發生在其他地方。這些看法裡有些屬於價值取捨，也就是說，我們根據這些價值取捨的觀念來評斷狀況。

我們體驗並詮釋這個世界的方式，很明顯的在極大程度上是要看充塞在我們心靈的觀念究屬那一類別而定。如果這套看法只重枝節，易受人左右，膚淺皮相，前後矛盾，日子就會顯得暮氣沈沈、乏善可陳、鷄毛蒜皮、一團混亂。要承受這樣日子所帶來的空虛感極爲不易，而我們空虛的心靈就極易被一些突然間似乎可以解釋萬相，爲我們的生命帶來意義，指出目標的宏大口號所塡滿——不論這些口號是政治口號或其他口號。

當人們要求受教育時，一般而言他們不單是只要受些訓練，或是一些事實的相關知識，或是多學一技之長而已。他們自己或許無法明確指出他們究竟要的是什麼，不過我想他們眞正要求的是能讓這個世界，以及他們自己的生命，變得可理解的那些思想。一樣東西可以被理解的時候，你就會有參與感。一樣東西如果無法理解，你就會覺得很疏離。當人們面對的世界是無法理解的時候，你聽到他們以「哎呀，我不曉得吔」作爲有氣無力的抗議。

心靈如果無法準備一套強有力的思想——或是我們應該說，一套工具——來面對世界，那麼對心靈而言這個世界就會是一團混亂，一堆夾七雜八毫不相干的現象，一群毫無意義的事件。這樣的一個人就像是一個處在陌生地方的人，手裡卻沒有地圖或路標或任何指標，也找不到任何文明跡象。沒有一件事對他有任何意義，沒有一件事值得他生死相與，也沒有任何一樣憑藉可以使得任何一件事可資理解。

所有傳統哲學都試著要創造一套可賴以維生，並用以詮釋世界的有秩序的系統思想。孔恩（Kuhn）教授這樣寫到：「希臘人把哲學看成是人類心靈用以詮釋各種符記的努力，以使得人與世界之關係有一井然之序，並在其中就其應有之位。」中世紀晚期之古典基督教文化爲人類提供了一套非常完整，而且前後一致得讓人大吃一驚的詮釋符記的說法，也就是一套不可或缺的想法，將人類、宇宙，以及人在宇宙間之地位描述得鉅細靡遺。但是這套體系已經被撼碎崩析、結果造成不知所措，不知所終。這個情形沒有比十九世紀齊克果（Kierkegaard）所形容的更戲劇性：

> 人插一隻手指到土壤裡，聞聞味道才知道他在什麼土地上。所以我一指插進現世——結果卻什麼都沒聞到。我在那裡？我是誰？我怎麼來到這裡的？這個叫做世界的到底是什麼東西？這個世界到底意味著什麼？是誰把我誘進這個東西，然後又一走了之？……我究竟是怎麼來到這個世界的？為什麼沒有人給我諮詢？……我是被一個偷心者拐買來丟入芸芸眾生群中嗎？我對所謂真實存在這個大玩意的興趣是怎麼來的？我為什麼要對它有興趣？是不是自發的興趣？如果我是被迫要插上一腳的話，那個發號施令的人在那裡？……我要向誰訴苦？

也許根本就沒有發號施令的人。羅素（Bertrand Russell）說過，整個宇宙不過是「原子意外排列的結果」，並聲稱導致這樣結論的科學理論「如果不是幾乎無可爭議，至少也是確定到沒有一種拒絕這個理論的哲學能站得住腳……只有在全然絕望的基礎上才能安穩的搭建起心靈的居所」。天文學家豪爾爵士（Sir Fred Hoyle）談及「我們發現所身處的可怕情境。此時此刻我們身處花花大千世界，卻沒有一絲一毫線索告訴我們，究竟我們的存在有無任何眞正意義」。

疏離感孕育了孤獨與絕望，「凡事空無」，犬儒遁世，空洞的反抗姿態，就如我們在今日大部分存在主義哲學或一般文學中所可見到的。不然就如我之前所提到的，突然轉向熱切接受一種狂熱的教導，而這種教導將現實可怕的化約精簡到讓它以爲回答了所有的問題。那麼，什麼是造成疏離感的緣由？科學從未如此占了上風，人類對付環境的力量從未如此完善，進展也從未如此之快。造成不僅是像齊克果之類虔信的思想家，還有領袖群倫的數學家或科學家如羅素及豪爾等人絕望的原因絕不會是技術知識的不足。

我們知道怎麼去做許多事情，但是我們知道要去做些什麼嗎？奧特加（Ortega y Gasset）說得很簡單扼要：「活在人類這一層次上，我們不能沒有想法。我們做些什麼全靠這些想法。生活不過就是：如果不做這樣事就做那樣事，如此而已。」那麼教育又是什麼？它就是傳播理念，讓人得以有所抉擇，或者再引一次奧特加的話：「過一個比無意義的悲劇或內在的羞辱要高一等的生活。」

像熱力學第二定律之類的知識怎麼可能在這一點上幫得上忙？史諾勳爵告訴我們說，有知識的人看不起「文藝氣息不足的科學家」時，他有時會問：「這些人裡有幾個能敘說熱力學第二定律？」他提到：回應通常是冷場無言。「但是，」他說道，「我等於是在問科學上的人：你讀過莎士比亞著作了沒有？」這樣的說法簡直是在向我們文明的整個基礎挑戰。我們用以、藉由它來體會、詮釋世界的那一套想法才是眞正要在意的。

熱力學第二定律不過是適用於不同型態的科學研究的一個可用假說罷了。而在另一端的莎翁著作卻充滿了人類內心發展的各種最最重要的想法，展現了人類生命中全盤的華相與悲苦。兩者怎可相提並論？

作爲一個人，我如果從未聽說過熱力學第二定律，我錯過了什麼？答案是，什麼也沒錯過。那麼如果我從未知悉莎翁著作，我又錯過了什麼？除非我從其他來源得以知悉，否則我就是錯失了我的生命。這裡是一些物理知識，那邊則是一些文學知識——我們應該跟我們孩子說，這一邊的跟那一頭的一樣好嗎？如果我們這麼做，那麼身爲父親所犯的過錯要到第三代第四代孩子身上才顯現出來，因爲一個想法由誕生到完全成熟到塡滿新一代的心靈，並使他們據此思考，一般而言就要這麼久的時間。

科學無法產生出讓我們可據以生活的想法。就算是最偉大的科學想法也只不過是些適用於特殊研究的可用假說，但卻完全無能指引我們的生活，也不能用以

詮釋世界。所以如果一個人因爲覺得疏離、困惑、生活空虛、沒有意義，而尋求教育，學習自然科學，也就是「**技術知識**」，是學不到他想要的。那種研習有它本身的價值，我也沒打算小覷它。它能告訴人們在大自然或工程學上事物是怎麼運作的，但是**若完全無法告訴人生命的意義，也就無法療治他的疏離感或隱藏的絕望**。

既然如此，他該轉向何方懷抱？也許雖然在聽了這麼多科學革命啦，我們是身處科學時代啦之類的話後，他轉向了所謂的人文學科。如果他運氣夠好的話，他在這裡眞的能找到可用來思考，可藉以理解世界、社會，以及他自己生命的偉大而又不可或缺的觀念，來塡滿他的心靈。讓我們看看在今天他可能找到的觀念主要有那些。這裏我只列舉六個主要理念，這些理念全都起自十九世紀，而且就我所知，到今天仍然主宰了「有教養」的民衆的心靈：

1. 進化的理念：更高一級的型態不斷的以自然、自動的方式自較低一級的型態中發展上來。過去這百年來我們在眞實生活中的各個層面，都看到這個觀念被有系統的一再應用，毫無例外。

2. 競爭、天擇、適者生存的看法。這個看法說明了進化與發展之自然發生、自動發生過程。

3. 認為人類生活的所有高層次表現，例如宗教、哲學、藝術等等——也就是馬克思所說的「人類大腦裡的花花大千世界——不過是『物質生活過程中的必需補助品罷了』」。這些都只不過是用來掩飾並增進經濟利益而建造起來的上層結構而已。整個人類歷史就是一部階級鬥爭史。

4. 與馬克思主義對人類生活高層次層面之詮釋相競爭的看法，則是第四種理念，也就是弗洛依德的詮釋。他把這些簡約成潛意識的陰暗悸動，主要是由於孩童時期和青春早期未能滿足之「亂倫願望」(incest-wishes)的結果。

5. 一般性的相對主義看法，排拒了所有的絕對意識，溶銷了所有的規範或標準，結果導致了實用主義裡，真理這個理念完全無法判定的結果。這個看法甚至波及數學，而照羅素的意義，變成了「一門我們永遠不曉得我們在說些什麼，或是我們所說是否為真的學問」。

6. 最後則是贏得王座的實證哲學看法。這種看法認為只有透過自然科學的方法才能得到有價值的知識，因此任何非經一般可見之事實而來的知識都非正統。換句話說，實證哲學完完全全只對「技術知識」有興趣，而不接受任何一類有關意涵或目的之類的客觀知識存在之可能。

我想沒有一個人能否定這六個「大」觀念席捲了天下，力道萬鈞。它們可不是任何狹隘經驗主義的結果。沒有任何一件事實的探究能驗證其中任何一個看法。它們代表了一腳跨進未知及不可知的想像巨躍。這個躍進當然是由一件小小的可觀察的事實跳板起跳的。這些想法如果不包含了重要的眞理因子的話，就不可能像現在這麼紮實的扎根在人的心智裡。但是它們最基本的特色乃是它們所稱的放諸四海皆準的適用性。進化說不但適用於自太空星雲至人類的各種物質現象，也適用於比如宗教或語言的各種心靈現象，眞是普天之下無所不適。

競爭、天擇、適者生存並不被看成是諸多觀察結果之一，而是一套通用準則。馬克思可不是說歷史中有一部分是由階級鬥爭構成的。沒那回事。這個並不怎麼科學的「科學的唯物主義」把觀察到的部分結果推廣適用到整個「有史以來的所有社會」。

弗洛依德也一樣不以若干臨床發現爲滿足，而是提出了一個人類動機的通用學說，例如，聲稱所有的宗教信仰都只是入了魔的神經衰弱症。相對主義與實證主義當然也純然只是些形而上學的教條。特別不同於其他的是，它們非常諷刺的否定了所有形而上事物的正當性，包括它們自己。

除了它們的非實證性、形而上的本質之外，這六「大」觀念還有什麼共通之處呢？它們都指稱以前所謂較高層面的事物，其實都只不過是較低層面事物的更精巧顯現而已——當然了，除非連這兩個層面之間的差異也一併被否定。因此人跟這個宇宙的其他芸芸衆生並無二致，也只是一堆原子無意間形成的配置罷了。一個人和一粒石頭之間的差異不過是外表上的假象而已。人類文化上的最高成就其實只是糊了一層僞裝的經濟貪婪或性沮喪的發洩而已。不管怎麼說，要說人應該取法乎「上」而非取法乎「下」本身就毫無意義，因爲對於像「上」或「下」之類純然主觀的語符本來就不具任何可理解的意義，而「應該」這個字眼正好是極權誇大症狀的跡象。

十九世紀父輩們的理念正被生活在二十世紀後半的第三代或第四代子孫探索著。對這些始創者而言，這些理念只是他們心智活動過程的產物。到了第三代、第四代手裡，正是他們用以體驗並詮釋這個世界的工具。帶來新理念的人鮮少被這些理念支配。但是到了第三代、第四代時，這些理念在人的「黑暗時代」時一起與大量其他理念，包括語言，滲入了他的心靈，而掌控了支配權。

這些十九世紀的看法，牢牢的盤據在幾乎每一個西方世界人類的心中，不管他有沒有受過教育。在未受教育者的心目中它們仍然是混沌朦朦，微弱到無法用以辨識世界。因此才會渴望接受教育，渴求指引，將我們從混沌無知的黑森林引出，奔向了解的光明之地。

我早已說過，純粹的科學教育做不到這一點，因爲它只敎導技術知識，而我們所需要知道的卻是爲什麼萬事萬物是這個樣子，而我們又要如何對待我們的生命。我們對任何一種特定科學的研習不管從那一方面來講，對我們更廣闊的目的而言都太過專精。所以我們就轉向人文學科，以求能對我們身處時代的重大想法有一較淸晰的了解。就算是在人文學科裡，我們的心靈也可能被大把大把各式各樣的專業領域，塞進一堆枝節細微的看法，而這些看法正如我們可能從自然科學領域中所習得的觀點一樣不合用。但是我們也可能碰巧（如果這算碰巧的話）找到一個能「拭亮我們心鏡」的明師，釐淸那些觀點——充斥在我們心靈中的「宏大」、無所弗屆的看法——並因而使得我們能理解這個世界。

這樣的一個過程才眞正夠資格被稱作「教育」。但是我們今天得到的教育是什麼？把世界看成是一片蠻荒，其中不存在意義也沒有目標，人的良知只是宇宙一次不幸的意外，痛苦與絕望才是最終僅存的眞實。如果經由眞正的教育，一個人爬到了奧持加所說的「我們時代的高峰」或是「我們時代各種觀點的巔峰」，他會發現他其實是身處在虛無飄渺的無底深淵。那時他也許想覆誦拜倫（Byron）所說的：

> 知識就是悲傷；最最飽學之士
> 一定會因這最終的真理而發出最深沈的悲嘆：
> 知識之樹並不是生命之樹。

換句話說，即使是一個能將我們提昇到我們當代所有理念之巔峰的人文教育也無法「交貨」，因爲人理直氣壯要求的是一個更豐富的生活，而不是一個更悲傷的生活。

到底發生了什麼事？

號稱拋棄了形而上學的十九世紀各個優勢理念，本身就是邪惡敗壞、摧毀生命的玄學。我們身受其害，猶如罹患絕症。說知識帶來悲傷是不對的。但是有毒害的錯誤卻爲第三代及第四代帶來無止境的悲傷。錯誤並不出自科學，而是來自以科學爲名的哲學。正如吉爾生（Etienne Gilson）二十幾年前就說過的：

> 這樣的發展並非不可避免，但是自然科學的進步使得這種發展越來越可能。人們對科學實用結果之興趣越來越高，這不但很自然，也很合理，然而卻讓他們忘了科學就是知識，而實用結果只是它的副產品……早在人未曾預料到能在物質世界中成功的找到決定性的解釋之前，人們就已經鄙視所有不能在物質世界找到決定性解釋的學科，或是將這些學科按照物理科學的方式重建。結果是形而上學和倫理學若不是被忽視，就是至少也要被實證科學所取代。不管是那一種情形，結果都會是它們的淪亡。這也正是造成今天西方文化處境危殆的原因。

連說形而上學與倫理學將會淪亡都不正確。恰恰相反，我們所得到的都只是不好的形而上學和令人震驚的倫理學。

歷史學家知道，形而上學的錯誤會導致覆亡。柯林伍（R.G. Collingwood）寫道：

> 初期基督教著作中對希臘羅馬文明的衰敗歸咎於形而上學上的病狀……摧毀希臘羅馬世界的並不是蠻族的侵襲……原因是形而上學上的理由。「異教徒」（譯註：非基督教的）世界不再能保住它的基本信念於不滅。他們（那些初期基督教著作的作者）說，由於形而上學在分析上所產生的錯誤，使大家對這些信念到底是什麼起了困惑……如果形而上學只是單純的心靈奢侈享受，這件事就不會有什麼大不了。

這段話可以一字不易的適用於今日的文明。我們也開始對我們的信念到底是什麼感到困惑。十九世紀的偉大理念也許能以各種方式充塞我們的心智，但是我們並不打眞心完全相信它們。心智和心感的交戰並不是如一般所說的理智和信念的交戰。我們的理性已被承襲自十九世紀的一套摧毀生活的奇妙理念所形成的異常、盲目、不理性的信念蒙蔽了。我們理性的首要任務就是要尋回一個較這個更眞實的信念。

教育如果不給形而上學任何位置，它就對我們無所裨益。不管教導的是科學科目或人文科目，如果教化無法導致形而上學上的澄清，也就是說，對我們基本信念的澄清，它就不能教育一個人，因此也就不能對社會產生眞正價值。

我們常常聲稱由於專業分類過細，教育已經分崩離析了。但這只是見樹不見林的診斷，誤導了人。分工本身並不是個錯誤的教育原則，不然難道要反其道而行之——樣樣通樣樣鬆嗎？還是冗長的通才教育，讓人埋首於他們無意鑽研的科目，而不能去碰觸他們眞正有興趣的？這可不會是正確的答案，因爲這只會造成紐曼樞機主教（Newman）所責斥的那種有知識的人——「一名照這個世界看來屬有知識的人……一名對哲學的所有命題，對日常生活的每一件事物，都有一個『看法』的人。」這樣的「有看法」與其說是知識的表徵，倒不如說是無知的徵象。孔子說過，「知之爲知之，不知爲不知，是知也。」

有錯的不是專業分工，而是在教導科目時深度不足，而且又欠缺了對形而上方面的知覺。科學的講授是在對科學的前提、科學定律的意義及重要性，以及自然科學在整個人類思想體系所占之地位沒有一絲一毫認知的情況下進行的。結果就是科學的前提通常都被誤認爲是它的發現。講授經濟學時完全沒有認知到當代經濟理論所根據的對人類本性的看法。事實上許多經濟學者本身都不知不覺的把這類觀點隱含在他們所傳授的東西裡，而且如果觀點改變，幾乎所有他們所講授的理論都隨之改變。政治學如果不將所有問題都追溯到其形而上學根源的話，這門學科的講授怎麼會有理性可言？如果繼續拒絕認眞研究相關的形而上學和倫理學問題的話，政治思想一定會引起混淆，結果是淪爲「說反話」。困惑的程度已經大到足以讓我們理直氣壯的質疑，研習許多所謂的人文學科的教育價值了。我說「所謂」，是因爲一個無法點出它對人類本質看法的學科，簡直不能被稱作人文學科。

無論分類到多麼精細，所有的學科，都連到一個中心，就像從太陽四射出來的光線。這個中心是由我們最基本的信念，那些眞正具有能感動我們能力的理念所組成的。換句話說，這個中心是由——不管我們喜不喜歡——那些超越事實世界的理念，也就是形而上學和倫理學，所構成的。因爲它們超脫了事實的世界，所以也就不能用通常的科學方法來證明或否定。但這並不表示它們就純粹是「主觀的」或「相對的」或完全是人爲的俗例。雖然它們超越了事實世界，但是它們必須合乎眞實——對我們的實證主義思想家來說，這可是非常明顯的矛盾。如果它們不合乎眞實，執著於如此一套理念就無可避免的一定會導致大災難。

只有當教育能產生「全人」時，它才能對我們有所助益。眞正有教養的人不是一個每樣都懂一點的通才，他甚至不是一個對每樣事物都了解到鉅細靡遺的全才（如果這種事可能發生的話），**「全人」事實上可能對事實和理論的細節所知無幾**，他甚至會珍視大英百科全書，因爲「它懂我不懂」，**但是他一定會碰觸到核心所在**。他不會懷疑他的基本信念，亦即他生活的目標以及對威脅的看法。他也許無法以言語表達這些東西，可是**他的生命行徑會顯現出由於內心清明而形之於外的行事若定**。

我會試著更進一步說明什麼叫做「中心」。所有的人類活動都是在苦苦追求被認爲是好的東西。不過我們不妨這麼問問：「對誰是好的？」，對那個苦苦追求的人。所以除非那個人能區分並協調他多種多樣的鞭策、衝動、慾望，否則他的苦苦追尋很可能會有困頓、矛盾、自我摧毀，而且呈高度毀滅性，這個中心很明顯的是他自創的一套對他自己及這個世界之理念的秩序系統，這套理念能調整他各種追求行爲的方向。如果他從來沒有想過這一點（因爲總是有更重要的事讓他忙碌，或者是因爲他很以「謙卑的」認爲他是個不可知論者爲榮）這個中心也絕不會是空空洞洞：它會裝滿所有那些在他「黑暗時代」時期以各種各樣方式滲入他心靈的重要觀念。

我已經試著告訴大家這些觀念在今天會是個什麼樣子：對人類存活於世上的意義及目的的全然否定，使得任何一位眞正信仰它們的人都會完全絕望。幸運的是心感常常比心智更聰慧些，對這些並不會照單全收。所以人從絕望中逃生，但卻落入困惑之中。他的基本信念混淆了，所以他的行動也就困頓不定。他只要讓良知之光照落中心，面對他基本信念的問題，他就會在雜亂無序中創造出秩序來。將他由形而上學困惑的黑暗中引領出來，並以此方式「教育」他。

但是除非他很有意識的——接受一些已盤據在他心中的（起源於十九世紀的）理念完全相反的看法，我不以爲這件事會辦得到。我會舉三個例子。

十九世紀的理念否定或刪去了宇宙各層面之層級，但是層級秩序的概念卻是認知的不可或缺的工具。如果不能體認「各個層級」或「各種層次的重要性」，我們既無法認識這個世界，也絕無可能爲我們——人——在世界的位置定位。只有當我們把世界看成一層一層，而且也能看到人在那一層，我們才能爲人在世上的生活體認到一個有意義的任務。也許人的任務或人的幸福，就是讓他的潛能得到更高一層的實現，達到較「自然送上門」的更高一層的存在或「重要性」。如果我們沒有認知到層級結構的存在，我們甚至於連這種可能性都無法探究。我們如果按照十九世紀偉大、重要的理念來詮釋這個世界，我們就無法看到各個層級的區別，因爲我們被蒙蔽了。

但是一旦我們接受了「各個層級」的存在，我們馬上就可以了解，比方說，爲什麼物理學的方法不能用來研討政治學或經濟學，或正如愛因斯坦所承認的，物理學上的發現沒有任何哲學意義。

如果我們接受亞里士多德將形而上學分爲存在本體論和認識論兩部分的作法，那麼各個層級存在的這個命題就是一個存在本體論的命題。我現在再加上一個認識論的命題：我們思考的本質就是會讓我們來思考對立的那一面。

我們很容易就可看出，在我們生命的歷程中我們總是面臨要調和就邏輯思考而言不可能調和的鼎鼐。生命中各種典型的問題在我們所發現己身所處的層級中根本無從解決。一個人怎麼可能治對自由的需求與教育所要求的規矩於一爐?事實上無以計數的教師與母親都在這麼做，只是沒有一個能寫下一份解決方案來。他們以引進更高一層次的超越了衝突的力量來解決這個問題——那就是愛的力量。

泰瑞爾（G. N. M. Tyrell）引進「散發性的」（divergent）和「聚合性的」（convergent）兩個詞語來區分不可以用邏輯理由解決的問題和可以解決的問題。生命是由散發性的問題維繫著，而這些問題也一直「懸而未解」，只有死亡才能提供解決。但在另一方面，聚合性的問題卻是人類最有用的發明。作爲一種發明，它們並不眞正存在，而是經由一種抽象的過程創造出來。一旦問題得以解，解決方案就可以被寫下來並傳授給他人，接受的人不須再重蹈要找到這種解決方案的心路歷程就可以立刻運用。

如果人際關係——無論是家庭生活、經濟、政治、教育等等——也適用這種情況的話，那我可還眞不曉得怎麼給它畫上句點。不再有什麼人際關係了，有的只是機械式的反應，生命就會是行屍走肉。散發性的問題，以其所存在之形式，迫使人竭力提昇自己的層次。這些問題要求來自更高層次的力量，因此也就產生了相應的供給，結果爲我們的生命帶來了眞、善、美和愛，只有藉著這些高層次的力量才能在現實生活中化解參商。

物理和數學只管聚合性的問題。這就是爲什麼它們可以不斷的進步，每個新的一代都能承先人之遺緒而百尺竿頭有所增進。但是代價可眞沈重。只跟聚合性的問題打交道不會融入生活，只會遠離生活。

達爾文在他的自傳中寫道：「直到三十歲為止，或者更久一點，很多種詩詞給予我極大的樂趣。甚至於當我還是個小學童的時候我就非常沈醉於莎翁著作，尤其是他的歷史劇。我以前也説過畫作給我頗大的喜悅，而音樂給我的喜悅則更多。但是現在我已經有多年無法忍受讀誦即使只是一行的詩詞。最近我試著一讀莎翁詩作，結果卻發現它無比沈悶到令我作嘔。我對音樂和繪畫也幾乎毫無胃口……我的心靈似乎變成了一個只會從大量事實中榨出通用法則的機器，但是為什麼這會造成大腦中主管較高層次嗜好的那一部分萎縮，我可就搞不懂了……這些嗜好的消逝也就是快樂的消逝，而且可能損傷心靈，更由於衰減了我們天性中的情緒部分而可能也損害了我們的道德性格。」

如果我們容忍吉卜生（Gibson）所稱「將實證科學推衍到社會事實」這個當前趨勢繼續下去的話，達爾文令人動容的所描述的這種失落就會淹沒我們的整個文明。只要經過一種「削減」的程序，所有的散發性問題都可以轉化成聚合性問題。但是結果就會是所有提昇人類生活層次力量的喪失，以及我們天性中情緒部分的淪落。不僅如此，正如達爾文所感受到的，我們的心靈與道德性格部分也跟著一併墮落了。這種跡象在今日處處可見。

生活的眞正問題——不管是政治的、經濟的、教育的、婚姻的或其他方面的——總是超越或調和矛盾的問題。這些都是散發性的問題，因此就一般字面意義而言，是沒有解答的。它們不只要求一個人用他的理性能力，而是要他投注所有整個人格。錯誤的解決方案由於擁有聰明的解決方法，因此自然會先被採用，但是效果維持不了多久，因爲它們毫無例外的忽視了矛盾中的一方，結果就失去了人類生活的眞正本質。

在經濟學裡，提供的解決方案如果帶來了自由，那麼就無法適用於規劃統制，反之亦然。在產業組織裡，這些方案也許能帶來倫理秩序，但是如此就不可能也讓勞工參與經營管理，反之亦然。在政治領域裡，方案如果能產生領袖，那麼就不會有民主，否則就是只有民主沒有領袖。

被逼對付散發性問題會令人煩惱不堪、精疲力竭。因此人們總想避免它、躲避它。一個整天都在處理散發性問題的忙碌企業主管會在下班回家的路上看偵探小說或是塡塡字謎。他整天都在絞腦汁了，爲什麼他還要用腦？答案是因爲偵探小說或塡字遊戲都是聚合性問題，而這就是解脫。它們會要頭腦做做體操，甚至是高難度體操，但是它們並沒有要拚了老命，竭盡所能提昇到更高層次這類屬於散發性問題特有的挑戰，因爲散發性的問題就是要調和對峙的兩端。這個東西才是眞正的生命。

最後，我再轉到第三類來，事實上它屬於形而上學。雖然這一類通常會被分開處理，那就是——倫理學。

我們已經知道十九世紀最有影響力的一些理念否定了或至少是隱諱了整個「層級觀念」，以及有些事物的層次比別的事物高的看法。而這當然就意味著倫理的斲喪，因爲道德就是植基於區別善惡，並聲稱善優於惡。父執輩的過錯再一次要到第三代或第四代子孫才顯現出來。他們現在發現在成長過程中沒有任何一種道德指導。想出「道德根本就是胡扯」這個想法的人，腦子裡可是裝滿了各種道德觀念後才想得出來的。但是第三、四代後裔的心靈可不再是裝滿了這些觀念了，它們所裝的乃是這些源自十九世紀看法，也就是說，「道德根本就是胡扯」，任何看來「高尚」的實際上都低俗卑劣不堪。

結果所導致的混淆結果簡直無法形容。什麼是德國人所說的榜樣（leitbild），也就是可以讓年輕人效法，教育他們自己的導引形象？沒有，或者這麼說吧，各種形象是如此混淆紊亂，簡直不可能從其中理出有用的指引來。負責爲此理出頭緒的知識份子，把時間花在指稱所有事物都是相對的——或是諸如此類的說法。不然他們就是以毫不在意人嘲諷的犬儒方式處理道德問題。

我要舉一個已經提過的例子。這個例證意義特殊，因爲它來自我們這一代最有影響力的人之一——已故的凱因斯勳爵。他寫道：「至少在未來一百年裡，我們必須勉強自己以及所有其他人，公平即是犯規，且犯規才算公平，因爲犯規有用，而公平不是。貪婪，重利盤剝，及斤斤計較，在未來一段日子裡還仍是我們的上帝。」

當偉大而又聰慧的人都這樣講話的時候，大家對公平與犯規之分有了某種程度的混淆就不令人訝異了。這樣的結果在天下太平的時候只不過是造成說反話，但是在市面有點熱鬧的時候就會導致犯罪了。認爲貪婪、重利盤剝、斤斤計較（也就是經濟上的安全）應當是我們所崇信的神明的說法只是來自凱因斯的一個亮麗點子。他當然另有更高貴的神明。但是理念是地球上最強有力的東西，而要說他所推薦的神明在今日已登上了神座絕不算是誇張。

我們在倫理學裡也一如在許多其他領域裡一樣，鹵莽而又任性的拋棄了我們偉大的古典基督教傳承。我們甚至於貶抑了像美德、愛情、自制之類的字眼，而少了這些字眼，道德演講根本就無法進行。結果是我們對所有能想像得到的科目裡最最重要的一科完全忽視，完全沒有被教導到。

我們沒有一個可藉以思考的理念，因此就迫不及待的相信倫理學是一門不需要思考的領域。今天有誰知道什麼是七大命不足償的罪惡，或是四大基本美德？有那個還能說得出這些項目？而如果這些古老可敬的理念都被認爲不值一顧的話，又有些什麼樣的新理念取代了它們？

我們要以什麼來取代承襲自十九世紀的摧殘性靈、摧殘性命的形而上學？我們這一代的任務，就是要重建形而上學。對於這一點我毫無疑問。我們並不是得新創出些什麼東西，但是與此同時，如果只是回到過去的老教條倒也不夠。我們的任務——這也是所有教育的任務——就是要了解當今這個世界，這個我們休戚與共的世界，然後做出抉擇。

教育的問題只是反應了我們這個時代最深刻的問題。它們不能靠組織、行政體系，或花錢來解決——雖然我們都不能否認這幾項的重要性。我們正罹患形而上學之症，因此對症之藥也必須來自形而上學。無能澄清我們中心信仰的教育就只是訓練，不然就是縱慾。因爲失序的是我們的中心信仰，而只要我們今天這種反形而上學的氣氛持續存在，失序的狀況只會每況愈下。教育不但不會是人類最偉大的資源，反而會循著**腐爛的丁香花比雜草還難聞**（譯註：corruptio optimi pessima，意指墮落的天使比魔鬼還糟糕）的原則，成爲毀滅的媒介。

7 土地的妥當使用

The Proper Use of Land

物質資源中，最偉大的毫無疑義是土地。研究一個社會怎麼使用土地，就能對它的未來有個相當可靠的推斷。

土地上有表土，而表土上則有難以計數的各類生物，包括人類。在一九五五年，兩位經驗卓著的生態學家，戴爾（Tom Dale）與卡特（Vernon Gill Carter）出版了一本著作，叫做《**表土與文明**》（Topsoil and Civilisation）。就這一章的目的而言，我最好的作法是引用他們書中的幾段開場白：

有了文明的人類幾乎總是能暫時掌控環境。他們的主要問題出在誤以為一時的掌控是永遠的。他們誤認自己是「世界的主宰」，卻並不充份了解自然的法則。

人類不管已開化未開化，都是大自然之子，而非其主。他們若想維持其掌握生態環境的形勢，他們的行為就必須合乎若干自然法則。他們如果想要規避這些自然法則，結果往往就是摧毀了供養他們的自然環境。**而且當環境迅速惡化的時候，他們的文明也跟著衰微。**

曾經有人如此形容歷史：「開化的人類踏過大地的顏面，足跡所過之處只剩一片沙漠」。這個說法也許稍嫌誇張，但絕非無的放矢。**文明人在絕大多數他們長期居留過的土地上大肆掠奪。這就是爲什麼他們不斷進化的文明要到處遷徙的主要原因。這也是他們的文明在較早期的居留地衰落的最主要理由。這是決定歷史上所有趨勢的決定性因素。**

史學家很少注意到土地使用的重要性。他們好像沒有注意到絕大多數人類的帝國和文明的命運，基本上是由人類對土地的使用方式來決定的。他們雖然注意到了環境對歷史的影響，但是他們卻沒有注意到人類通常都會改變或掠奪環境。

文明人怎麼掠奪這個有利的環境？他主要是以耗竭或摧毀自然資源的方式來達成。他從佈滿森林的高山、河谷砍倒或焚燒絕大部分可用的木材。他縱放牲畜吃光啃禿了餵養牛羊的草原。他幾乎殺光野獸、竭澤而漁。他坐視耕地流失有生產力的表土。他縱容流失的土壤堵塞河川，並讓水庫、灌溉溝渠、港口填斥淤泥。在許多情形下，他不但使用而且浪費掉絕大部分可輕易開採的金屬或其他必需之礦物。**然後他的文明就在他自己創造的劫掠中衰敗，要不他就得遷徙到一塊新土地去。過去曾有十種到三十種不同的文明循此模式毀亡**（數量要看我們怎麼區分這些文明而定。）

看起來「生態問題」並不像一般常常以爲的那麼新奇。但是現在有兩個決定性的差異：地球人口密度較早先要增加了許多，同時也沒有新的土地可供遷徙；其次，變動的速率也急遽的加速了，尤其在二十世紀的最後二十五年。

還是一樣的，今天的主流信念仍然是：不管以前的文明遭遇到些什麼樣的問題，今天我們西方的現代文明已經從對自然的仰賴中解放出來。一個代表性的看法來自《原子科學家新聞》（*Bulletin of Atomic Scientists*）的總編輯賴比諾維契（Eugene Rabinowitch），在一九七二年四月二十九日的《時代週刊》說：

> 唯一一種生物，其滅絕會威脅到人類的存活的，就是那些通常以我們人體為住所的細菌。至於其他的那些生物，並沒有什麼證據讓我們不能確信，那怕它們都死光了，我們也活得下去！如果能發展出經濟的方法來從無機

原料中合成食物——而這看來是早晚的事——人類甚至於可以不須仰賴他們目前賴以為生的植物……

我個人——而且我猜想，相當大多數的人類——聽到這個想法（一個既無動物又無植物的生活環境）會不寒而慄，但是數以百萬計的紐約、芝加哥、倫敦、東京之類「都市叢林」的居民在一個幾乎「無生命」的生活環境中長大（假如我們不去考慮老鼠、蟑螂和其他那些令人憎惡的生物的話）、終老，而且也活過來了。

賴比諾維契很明顯的認爲以上所說是一個「道理上站得住腳」的陳述。他悲悼：「近年來許多有關自然生態系統的神聖性、它內在自有的穩定性，以及人們干涉這個體系的危險等等類似『道理上站不住腳』的說法紛紛出籠——而有些還是出自聲譽卓著的科學家。」

什麼是「有道理的」，而什麼又是「神聖的」？人是自然的主宰還是它的子民？如果自無機物質中合成食物有可能合乎「經濟」——「而這看來是早晚的事」——如果我們不再仰賴植物，表土與文明之間的聯繫就會斷絕嗎？這些問題告訴我們，「妥當的使用土地」所呈現的不是技術問題，也不是經濟問題。基本上這是一個形而上學的問題。這個問題很顯然的，需要一個較前面所引述的這兩段話更高一層的理性思考。

天底下總有些事是我們爲了這件事本身去做的，但是也有一些事是我們另有所圖而去做的，任何一個社會的最重要任務之一，就是區分目的以及達到目的的手段，並對此有若干共識及協議。這塊土地究竟只是一個生產工具，還是不僅如此而已，它本身就是目的？而且我所說的「土地」包括了所有在這塊土地上的生物。

任何一件事縱使我們就是爲了做那件事而去做它，也不表示這樣做就有功利考量。舉個例子，我們絕大多數的人都會設法把自己弄得乾淨整潔像個樣子。這樣做只是爲了衛生而已嗎？不是的。衛生的考量是次要的，主要是我們體認到潔淨本身就有意義，我們並不去計算它的價值，經濟意義根本就不曾被考量過。也許我們可以說刷洗不經濟，耗費了時間、金錢，結果除了潔淨外一無所得。有許多行爲完全不經濟，但是卻因爲自身的緣故而在進行。經濟學者會用很容易的方法來處理它們：他們把所有人類活動區分爲「生產」或「消費」。任何歸在「生產」名下的活動就要經過一番經濟核計，而歸到「消費」名下的就不必。但是眞實生活卻很難如此一刀剖開，因爲**生產者與消費者事實上是同一個人，他總是同時生產及消費**。就連一個工人在他的工廠裡也消費一定程度的「環境」，一般稱之爲「工作條件」。

而如果供應的「環境」不足，他就無法——或拒絕——工作。甚至連這個在消費肥皂和水的人都可以被說成是在生產潔淨。

我們生產的目的是得以消費得起若干環境或安適。但是如果他在「生產」的時候要求相同的環境或安適，人家就會告訴他：這並不經濟，沒有效率，社會可經不起這種沒有效率。換句話講，所有事情都要看做的人當時是生產者還是消費者。如果是以生產者的身份享受頭等待遇的旅行或使用豪華汽車，就會被認爲是浪費金錢，但是如果同一個人搖身一變，以消費者身份這麼做，就會被稱爲是高水準生活的表現。

較高層次的動物因具有可用性而有其經濟價值，但是它們本身也有其超越經濟的價值。我如果有一輛汽車，一項由人類所製造出來的東西，我也許可以很理直氣壯的辯說，最好的使用方式就是把它操作到報廢，從來不去費神保養維護。我說不定還眞的算過這是最經濟省錢的使用方式。如果這個盤算是正確的話，就沒有人能批評我如此做，因爲由人所製造出來的東西沒什麼神聖可言，像是汽車。但是如果我有一隻動物，那怕只是一頭牛或一隻鷄，一隻活蹦亂跳，有靈有情的生物，我可以把它當成只是一樣有用的東西來驅策嗎？我可以把牠驅策到鞠躬盡瘁，死而後已嗎？

別試著用科學的方式來回答這一類問題，回答不了的。這些問題是形而上學問題，不是科學問題。只因爲都具可使用性的緣故而把「汽車」和「動物」之間畫上等號，卻忽略了它們之間最基本的差別，也就是「不同層次的事物」，這是形而上學的一個錯誤，而且很可能會導致現實上最嚴重的後果。

一個沒有宗教信仰的時代以輕蔑的眼神看著那些神聖的陳述，而宗教則藉著這些敘述協助我們的先祖領受形而上學的眞理。「神帶領人將他安置在伊甸園」——不是在那裡無所事事，「而是整理維持」。「而且他也掌理了水裡游魚、天上飛禽，以及地上所有活動的生物。」而在祂「照動物的類型造出相同的野獸，照著牛的類型創造出牛，以及地上所有生物的類型造出那些生物」後，祂覺著「可以了」。但在祂看到祂所創造的所有生物，也就是整個地球後，就如我們今天說的「到此爲止罷。這樣非常好」。

祂所創造的最高層生物——人——只被賦予「統治權」，而不是專制、摧殘、滅絕的權利，只談人類的尊嚴而不同時接受高貴人物在道德上應盡的義務（noblesse oblige）是毫無作用的。因爲人若把自己與動物的關係定位錯誤，尤其是那些長久以來就被豢養的動物，無論是在那一種傳統下都被認爲是既可怕而又無比之危險。

值得玩味的是，現代人被以科學的名義告知：他其實只不過是一隻裸猿或甚至只不過是一群原子的意外組合而已。賴得堡教授（Joshua Lederberg）說：「我們現在可以爲人下一定義：至少從基因觀點來看，他不過是六英尺的碳、氫、氧、氮、磷原子所組成的一個特殊分子結構系列罷了。」在摩登人類如此「謙虛」的看待他自己的同時，他「更謙虛」的看待那些合他所用的動物，而且將它們當成機器一般對待。其他比較沒這麼文明——或者我們應該說比較沒這麼卑鄙——的人民則有不同的態度。霍爾（H. Fielding Hall）曾從緬甸報導說：

對緬甸人來說，人是人，畜是畜，人的層級要高得多。但是他不會因此而推論說人既然優於畜生，就可以恣意虐待殺生。正巧相反，正因為人的境界遠高於畜生道，所以他不但能够，也必須以最大善心愛護畜生，視畜如親，盡力呵護。緬甸人的座右銘應該是高貴人物當行止相符。他並不是嘴上說說，而是身體力行。」

在《聖經》〈箴言〉裡我們讀到，公正的人善待他的牲畜，而邪惡的人則殘暴不仁。聖阿奎那（St. Thomas Aquinas）如是寫道：「很明顯的一個人如果能善待牲畜，那麼他就會更加善待他的同類。」甚至從來沒有一個人曾經問到他是否承受得起遵照這些信念生活。就價值層面而言，既然它們本身就是目的，就無所謂「承受得起承受不起」的問題。

適用於地上動物的原則可以完全不帶任何情緒的同樣適用於土地本身。雖然無知與貪婪一而再、再而三的摧毀了土地的肥沃，甚至於造成了整個文明因之崩潰，但是傳統教育裡可從不曾忽略讓我們認識「慷慨的大地」的超越了經濟的價值及其重要性。而在聽得進這些教導的地方，不但是農業，連整個文明的所有其他要素也變得健全完整。相反的，在那些人們認爲他們「承受」不起好好照養大地、遵照自然規則，反而處處違背自然的地方，所造成的土地病化結果，就不可避免的使整個文明的其他部分都隨之出了問題。

在我們的時代裡，對土地的最大危險來自城市人將適用於工業之原則應用在農業之決心上，結果不僅是農業，連整個文明都因之勢如危卵。沒有任何一件事能比得上孟梭特博士（Sicco L. Mansholt）的作爲更足以代表這個趨勢。身爲歐洲經濟共同體（European Economic Community）的副總裁，他推動了歐洲農業孟梭特方案。他認爲：「作爲一個整體，農人還是未曾掌握到社會的快速變遷。」他們之中絕大部分都應該放棄耕作，轉成都市裡的工業勞動力，因爲「工廠工人、建築工人和那些白領人員早都已經週休二日，年休二週。他們很快就會有週休三日、年休四週，農人呢？他被咒詛只能週休零日，因爲我們還沒有發明週休二日的耕牛，而且他也沒有年假」。

因此孟梭特方案就是設計成，以盡可能有人性的方式，盡快將許許多多的小自耕農整合成像工廠一樣運作的大型農業單位，並以最快速度減少經濟體國家的農業人口。對「年老或年輕農人」將給予援助「以使其離棄農業」。

在孟梭特方案中，農業一般都被稱作是歐洲的一個「工業」。這讓我們聯想到一個問題：農業眞的只是一項工業，或者它根本就是另一樣東西。由於這是一個形而上學或超經濟層次的問題，難怪從來就沒有經濟學者這麼問過。

農業的基本「原理」在於，它是和有血有肉的生命打交道。它的產品是生命過程的結果，而它的生產工具則是富有生機的土壤。一立方公分的肥沃土壤裡就有數以十億計的有生命的有機體，要想徹底了解這些有機體完全超乎人類能力。與此相反的，現代工業的基本「原理」則是它只處理人類設計發展出來的程序，而這種程序唯有運用在由人類設計發展出來，毫無生命的物體上才能萬無一失。

工業的理念就是消除有生命的實體。人造物質優於天然物質，因爲我們可以完全按尺寸規格製作，因此可以達到百分之百的品質管制。由人造出的機器可要比像人這類有生命的實體在操作上更爲可靠，行止上更可預測。工業的理想就是消除所有的有生命因素，甚至包括人類這個因素，而將生產程序交給機器處理。懷德海（Alfred North Whitehead）將生命定義爲：「對宇宙之重複機制所發動的攻勢。」因此我們也可以將現代工業定義爲：「對包括人類在內之自然生態其不可測、無定時、剛愎任性、倔強不屈性質所發動的攻勢。」

換句話說，農業與工業之基本「原理」不但毫不相容，而且簡直是勢同火水。這一點毫無疑義。眞實生活就是由水火不容的兩端所產生的緊張組成的，而這兩端也都爲我們所不可或缺。這也正如同生命若無死亡相襯就變得毫無意義，農業若無工業烘托也會變得毫無意義。但是農業爲主，工業爲次這一點卻沒有改變，這也就是說沒有工業，生命還是可以繼續，但是如果沒有農業，那麼生命也就跟著完蛋了。但是在文明這個層次的人類生活卻要求這兩個原理的平衡，而當人們未能注意到農業與工業之間的基本差異——其差別之大猶如生之於死——並試著將農業看作是另一項工業時，這個平衡就無可避免的被摧毀了。

我們當然很熟悉這個說法。一群國際知名的專家曾在「歐洲農業之未來」中簡短提到過：

世界上不同的地區擁有生產特定產品之不同優勢，而優勢之差異甚大，全由氣候、土壤品質，以及勞力成本之差異來決定。所有的國家都能經由分工而獲益，這使它們得以專注於生產力最高之農業項目。這樣做會為農業帶來較高的收入，也為整個經濟體系，特別是工業，帶來較低的成本。我們找不到農業保護主義的基本支持理由。」

如果眞是如此，我們就難以了解，爲什麼自有歷史以來，農業保護主義始終是一常規而非例外。爲什麼絕大多數國家在絕大部分時間裡都不願意吞下這麼簡單的藥方，以換取這麼豐厚的獎賞？正是因爲「農業活動」所牽涉的不僅僅是增加收入、降低成本而已。扯上關係的乃是人與大自然之間的所有關係，社會的整個生活方式，人的健康、快樂、和諧，以及其棲息地的美景。如果所有這些事物都不在專家的考慮之列，那麼人本身也被剔除在外了——縱使我們的專家們在這個事件後，以要求社會得爲他們的政策付出「社會後果」的方式試著爲人安挿上一個位置亦然。專家們說，「孟梭特方案是個有膽識的開端。它植基於下述之基本原則：只有加速削減農業人口，並讓農場規模迅速達到經濟規模，農業所得才得以維持。」或者再看下一段話：「至少在歐洲，農業基本上是在生產食品……大家都知道相對於眞實所得的成長而言，對食物的需求成長較爲緩慢。這使得農業總所得之成長較工業部門爲慢，要使每人所得達到同樣速率的成長，就只有將農業人口數量作足夠的削減。」……「我們大概不能避免做成這樣的結論：在對其他先進國家而言屬於正常的情況下，（歐洲）經濟體只需現有三分之一的農民就足以應付所需。」

如果我們像這些專家一樣接受最露骨的物質主義形而上學觀點，也就是說只有金錢成本和金錢收入才是人類活動的最終標準及最終的決定因素，而現實的有情世界除了是個等著被剝削的大好採石場外再不具有其他意義的話，那麼以上所提的那些陳述就完全不令人意外了。

但是我們如果從一個更廣闊的觀點來看，那麼土地可以被看成是一項無價的資產，而人的任務以及快樂的來源就是去「耕耘維護」。我們可以說人對土地的經營必須以達成下列目的爲主：健康、美麗，以及持久。而第四個目的——唯一被專家所接受的目的——生產力，就自然會隨之而來。物質主義觀點將農業視作「基本上只是爲了生產食品」。而一個較廣闊的觀點則認爲農業至少須達成下列三項任務：

——使人與自然生態保持接觸，而在這個自然生態裡他不但是，而且也將持續是極為脆弱的一部分；

——使人類更大範圍的棲息地更為人性化，顯得更高貴；

——為未來的生命準備所需的糧食及其他東西。

我不相信一個只注意到第三項任務，而且又以如許殘忍暴虐的方式去達成，以致於前兩項任務不但被忽視，甚至有系統的反其道而行之的文明，在長期裡有任何存活的機會。

今天我們對農業就業人口已跌至極低比率，而且還在持續跌落這一事實，引以爲傲。英國只有百分之三的就業人口在農場工作，卻能生產所需食物的百分之六十。在美國，第一次世界大戰結束時農業人口還有百分之二十七，二次大戰結束時有百分之十四，一九七一年時估計只有百分之四點四。這個農業人口所占比率的降低趨勢，一般而言與大量的離棄農村、新增都市有關。而在與此同時，我們引用哈伯（Lewis Harber）的話：

從心理層面、經濟層面或生物層面而言，都會生活都正在瓦解。數以百萬計的人用兩腳投票的方式來認知此一瓦解。他們收拾細軟，打包開溜。如果他們是不能一刀劈開他們和都會的千絲萬縷的話，至少他們曾經試過。以社會症狀的觀點來看的話這個努力不可謂為不大。

哈伯說，在龐大的摩登城鎮裡，都市居民較他住在鄉下的老祖宗要孤離得多：「在現代都會裡的城市人，其成爲無名小卒、社會螺絲釘、精神孤立的程度幾乎是人類歷史之所未有。」

那麼他怎麼辦呢?他試著搬到郊區，通勤上班，因爲鄉村文明已經瓦解了，所以鄉村人就逃離土地。而由於都會生活也正在瓦解，所以城市人也正在逃離城市。若照孟梭特博士的說法，「沒有一個人承受得起，不以經濟節約方式去進行的奢侈。」結果是不管在那裡，日子都變得讓人受不了——除了那些大金主外。

我同意哈伯的看法，「人和大自然的調和不但是有此需要而已，它已成爲必要。」而這可不能只靠旅遊觀光或其他的休閒活動來達成，而是要靠把農業的結構朝孟梭特博士所建議，並得到我們之前所引述的專家支持的方向，完全反其道的走向進行改變來達成。我們應該探尋重建鄉村文明；開放土地讓更多的人居住其上，不管是蜻蜓點水式還是終老於斯式；並將我們對土地的所有行動都以達到健康、美麗、持久三項目的爲目標，而不是再去找尋加速農業人口流失的手段。

農業的社會結構是由大規模機械化耕作及高度使用化學肥料而產生的。而也因爲這樣的生產方式使得這種社會結構取得其理念基礎。但是這樣的方式卻使得人無法與大自然生態取得眞實的接觸。事實上它支持了暴力、疏離、破壞環境等所有這些現代最危險的趨向。健康、美麗、持久幾乎不再是值得尊敬的討論題綱。這是由於對經濟掛帥的偶像崇拜所造成的忽視人類價值——而這就意味著忽視人類——之不可避免結果的又一個例證。

如果「美麗是眞理的光采」，那麼除非農業毫無雜念、全心全意的專注在大自然藉其生命過程所顯露的眞理，否則它就無法達成它的第二項任務，也就是使人類更廣闊的棲息地能更具人性，更顯高貴。這些眞理之中的一項就是報酬遞減率，另外一項則是多元化——相對於一元文化，還有一項則是分散，如此則可以爲那些絕不值得長程運輸到外地去的極其劣等資源也能找到若干用途。

在這裡我們再度看到趨勢的發展與專家所建議的背道而馳。他們的建議是工業化、抽去農業的人性因素；是集中；是專業；是只要能節省人力不惜任何物質。結果是人類更廣義的棲息環境不但不因爲人的活動而變得更有人性，更加高貴，反而皆成爲荒涼沈寂，甚至更進一步淪落成醜惡不堪。

而這些結果都是因爲作爲一個生產者，人承擔不起「不經濟有效的這種奢侈」，因而無法生產出像健康、美麗、持久之類的必須「奢侈品」——而這是作爲消費者的人類比任何其他東西都更想要的。這樣東西成本太高了，結果是我們越富有，就越「買不起」。我們之前提到過的專家計算過，歐洲經濟體的六國爲了支持農業而產生的負擔幾乎是國民生產毛額的百分之三——一個他們認爲「絕非箋箋」之數。

以每年百分之三的經濟成長率，我們或許以爲承受這個「負擔」應該不是很難，但是這些專家指出，「國家的資源大體上是用在個人消費、投資以及政府所提供之勞務……將如此巨大比率的資源用來拉拔衰微的產業，不管是農業或工業，經濟體就放棄了在其他部門進行必須之改進的機會。」

沒有比這說得更清楚的了。如果農業不划算，那麼它就只不過是個「衰微的產業」，幹嘛要拉拔它？並沒有對土地的「必須之改進」，只有對農民所得的必須之改進，而這只有靠減少農民數目來做到。這可是遠離了大自然生態的城市佬哲學。

他鼓吹他自己的一套優先順序，用經濟理論詞彙來說我們「承擔」不起任何其他方案。事實上，任何社會都承擔得起照顧其土地，使它既能永保健康，又能永保美麗。這既沒有技術上的困難，也不缺相關知識。如果問題是與優先順序有關，就不須徵詢經濟專家的意見。今天我們對生態的了解已經多到不再能對當前正發生的許多不當使用土地、虐待動物、不當儲存食物、食品不當加工，以及漫不經心的都市化情形有任何託辭。我們如果容許這些事情，絕不會是由於貧困而承擔不起叫停的緣故，而是因爲以一個社會而言，我們對任何超越經濟層面的價值，都沒有什麼信念，而讓經濟計算取而代之之故。因此如果可以使用的「精神空間」沒有被較高層次的動機裝滿的話，那麼它就一定會被某些較低層次的東西——那些被斤斤計較所合理化的小鼻子小眼睛、苛扣鄙吝、處處算計的處世態度——所塡滿。

我毫不懷疑對土地以及所有生活其上的動物之無情態度，是與許許多多其他的心態有關，而且也顯現出這些心態的症候。這些心態包括對快速變革之狂熱，以及對新奇事物——技術方面的、組織方面的、化學方面的、生物方面等等——之著迷。而這一類的心態堅持早在人們對這些事物的長期後果有一絲一毫了解之前就拿來應用。

在我們如何對待僅次於人的最重要資源——土地——這個簡單問題上，我們整個生活方式都與此息息相關。而在我們與土地相關的政策被更改之前，我們心理上的態度就得先來個大變革，更不要說宗教上的態度了。這不是我們承擔得起承擔不起這個代價的問題，而是我們打算把錢花在什麼上面的問題。只要我們能對超越經濟的價值有一個寬厚的態度，大地的景觀就會再度健康而美麗。我們的同胞也就能再度擁有人的尊嚴。他會知道他高於動物，但是也絕不會忘掉道德上應盡的義務。

8 工業所使用的資源

Resources for Industry

現代工業最讓人震驚的一點就是它要求的是如此之多，達成的卻又是如此之少。現代工業效率低落的程度似乎簡直超出我們日常想像能力之外，結果反而沒有被注意到。

今天工業最先進的國家毫無疑問就是美國。它二億七百萬的人口占了全人類的百分之五點六。相較於世界平均之每平方哩超過七十人，美國只有五十七人，而且國土完全位於北溫帶，是地球上人口最稀少的區域之一。

曾經有人算過，如果把全球人口都搬到美國，它的人口密度也不過就和今天的英格蘭相等。這樣的比較或許「不公平」，不過就算我們把英國全國當作一個單位，它的人口密度也是美國的十倍都不止（這就是說，美國可以吸納當今半個地球的人口，而它的人口密度也只不過達到今天的英國水準）。而且這個世界上還有許多人口密度更高的工業化國家。如果將蘇聯剔除在外，整個歐洲的人口密度是每平方哩二四二點七人，是美國的四點二五倍。因此相較之下，美國不能說它因爲人太多、地太少，而比較居於劣勢。

美國也不能說它的自然資源貧乏。正巧相反，在人類歷史上從來沒有那一塊這麼大的土地上擁有那麼多的優異資源，即便自開採使用以來，雖然有許多已經被剝削殆盡，到今天這句話還是成立。

結果還是一樣。美國的工業體系仍然不能只靠自有資源生存，而必須將它的觸手伸向世界各處以掌握原料供應。這世界上生活在美國的百分之五點六人口需要這個世界上大約百分之四十的天然資源來讓他們活下去。不管是誰推估今後十年、二十年、還是三十年的情況，得到的結果都是美國經濟體系會越來越仰仗國外的原料與燃料供應。例如國家石油協會就算過，到了一九八五年時美國對石油的需求有百分之五十七要靠國外來供應，這要遠大於當前西歐與日本自中東和非洲進口之石油總量——八億噸。

一個使用了世界上百分之四十的自然資源來供應不到百分之六的世界人口的工業體系若要被稱爲有效率的話，除非它在增進人類福祉、喜悅、文化、和平、和諧上有令人驚訝的成功。前美國白宮經濟顧問委員會主席，海勒教授（Walter Heller）在以下的一段談話中反映了最現代的經濟學者的看法：

我們需要擴展以實現我們國家的抱負。在一個充份就業、高度成長的經濟體系裡，你要比在一個低度成長的經濟體系裡，更有機會釋放公有和私有資源，以對抗土地、空氣、水源以及噪音的污染。

他說：「我無法想像一個不靠成長而能成功的經濟體系。」但是如果美國經濟沒有更進一步的快速成長，就不能算是成功的經濟體系，而這個成長又得靠從世界其他地方取得越來越多的資源來維持，那麼請問對世界上其他到目前爲止遠遠落後於美國的百分之九四點四的人類要怎麼辦？

如果對抗污染需要靠一個高速成長的經濟體系，而這樣的一個體系正是污染的成因，那還有什麼指望能打破這個不尋常的循環？不管怎麼說，我們都應該問：這個地球的資源夠不夠讓一個耗用如此之多，卻又成就如此之少的工業體系更進一步的發展？

今天我們聽到有越來越多的聲音說：不夠。也許這些聲音裡最著名的就是麻省理工學院一個研究小組，爲羅馬俱樂部對人類之困境的一個研究方案所提的報告：「成長的極限」。在這份報告的許多材料中，有一份很有意思的圖表。這個圖表裡列出下列這幾項數字，地球已知之儲藏量；以目前之消耗速度可供消耗之時間長短（以年計）；如果目前之消耗速度持續成長則可供消耗之時間長短；儲藏量如果增加五倍後之結果。所有這些計算都是針對十九種對工業社會不可或缺而又不能再生的自然資源所做的。最後一欄特別值得我們注意。它標出了「美國之消耗數量占世界之比率」。下面就是這一欄的數字：

鋁	42%	鉬	40%
鉻	19%	天然氣	63%
煤	44%	鎳	38%
鈷	32%	石油	33%
銅	33%	鉑金屬	31%
金	26%	銀	26%
鐵	28%	錫	24%
鉛	25%	鎢	22%
錳	14%	鋅	26%
汞	24%		

在這一欄的商品裡只有一項或兩項是美國本身的生產足以應付本身的消費。當計算過在一定的假設情況下，上列的商品何時會耗竭後，作者小心翼翼的提出了他們的結論。以下就是他們的結論：

> 按照目前的消耗速度以及預估的消耗成長情形，目前列為重要的非再生資源中絕大部分在百年後將會變得極端昂貴。

在一項又一項的資源變得貴不可攀之後，為多個不同工業的經濟問題雪上加霜的是，由於尚餘的資源在地理上集中在更小的一塊區域，所造成的生產國與消費國之間無法估量的政治問題。最近南美各地礦藏之國有化，以及中東成功調升油價之壓力告訴我們：政治問題將比最終的經濟問題早好幾步出現。

麻省理工學院這個研究小組作出這麼多精細的假設狀況計算可能有用，但是實在是沒有必要。歸根究底，研究小組的結論可直接從它所作的假設中導出，而只要稍具洞察力就可以發現：在一個有限資源的世界，想讓物質消耗作無止境的成長根本就是水中撈月、緣木求魚——不可能的事。我們也用不著搞上一大堆什麼商品啦、趨勢啦、反饋線啦、系統動態分析啦之類的探討，來得到「時間不多了」這麼一個答案。也許用一部電腦來得到任何一個聰明人，在信封背面做幾行計算就可以得到的答案並不是壞事，因為摩登社會信仰電腦及大量的事實，而憎惡簡單明白。但是靠魔王（Beelzebub）這個惡魔頭來試火車並剔除惡魔可是件危險事，而且通常也都會注定是失敗的。

因為現代工業所受到的威脅，麻省理工學院報告中憂心忡忡所述及的絕大多數物質之高昂價格及可能的不足，並未大到足以致其死命的地步。誰敢斷言在地殼裡這些東西究竟有多少？在我們可以適當的說全球可能有不足的情況之前，誰知道我們是可以用更有效的方法擠出多少？有誰知道我們可以從海裡弄出多少來？又有誰能告訴我們能從回收中再生多少？需要爲發明之母，而以現代科技不可思議的發明能耐來看，工業是不會輕易在這些戰線上屈服的。

如果麻省理工學院的研究小組能將它的分析，聚焦在一項物質的有無決定了所有其他物質之供給，而且又屬不能回收的資源上，則該小組的洞察力就可以得到更進一步的發揮。這項資源就是——能源。

前幾章裡我就提過能源問題。這個問題無從迴避。要想低估它所占的核心角色也不可能。我們或許可以說能源在機械化社會之地位，一如良知在人性社會之地位。沒了能源，整個世界也跟著熄火了。

只要初級能源的數量還夠——而且價格還不至於貴得離譜——我們就沒有理由不相信其他初級原料的任何瓶頸，不能被突破或是變個方法躲過它。反過來說，初級能源之不足即意味著對其他初級產品之需求，會削減到根本沒有人還會去問供給是否不足的問題了。

雖然這些基本事實是再明白不過，但是我們對它的體認卻仍嫌不足。由於現代經濟學有嚴重的數量化傾向，我們仍然有將能源供給問題和無以數計的其他問題一視同仁的趨勢——而麻省理工學院的研究小組也就眞的這麼做。

數量化掛帥的結果是，我們對質量意義的理解能力被剝奪到連「各種重要性的次序」都無法理解。而這是爲什麼現代工業社會在探討能源供應問題時常常失眞的原因之一。

比方說，有人說「煤炭已失寵，石油才是新歡」，或是有人接著指出這就表示所有已知或者預期（也就是尙待發現）的石油蘊藏將會很快耗用完畢時，又有人說「我們正在迅速進入核能時代」，所以實在沒有必要杞人憂天，特別是節約石油能源。

由國家機關、國際組織、委員會、研究機構等等單位所發表的無以計數的報告，用繁如晨星的精細計算來顯示出：對西歐煤炭的需求不單一路衰退，而且衰退的速度快到這個行業唯一的問題就是如何盡速讓礦工轉業。這些報告的執筆人幾乎毫無例外的只著眼於無以數計的七巧板的小拼塊，而不去看整個拼圖。結果因爲他們只見樹不見林，也就無法對未來作出預測，雖然整個情況從一開始就可以預知，而且也一直是可以預期得到。

這裡我只要舉一個例子，由歐洲煤鐵聯盟在一九六〇年到一九六一年間所作的一份詳盡的研究。這份研究中對幾乎是每一個想像得到的共同市場會員國的燃料和能源問題都有精確的數量化答案，推估時間直到一九七五年。我有幸在出版後不久就得以拜讀，並加以評論。在這裡引上幾句當時所作的評論大概還不至於文不對題：

要說那一個人有能力預測他自己國家礦工十五年後的生產力和工資的進展情況，就已經够令人大吃一驚的了。如果他還能够預估美國煤炭十五年的價格，以及十五年後的越洋運費費率，那就不只叫人大吃一驚了。他們告訴我們：某種等級的美國煤炭在一九七〇年時的英國北海到岸價格是「大約每噸十四點五〇美元」，而到了一九七五年時會「略高一點」。這個報告又說「大約十四點五〇美元」應該被了解為「自十三點七五美元至十五點二五美元之間」，也就是上下共一點五美元或加減百分之五。

（而事實上美國煤炭到歐洲港口的CIF價格，也就是含保險、運費之交貨價格，在一九七〇年十月新簽訂的合約裡是在二十四美元至二十五美元之間！）

同樣的，燃油的價格將介於每噸十七至十九美元之間，而對天然氣和核能也作了多種不同的估價。在有了這些（以及許多其他的）「事實」之後，報告執筆人發現可以很容易的算出在一九七〇年時歐洲經濟體所生產的煤有多少數量尚具有競爭力，答案是「大約一億二千五百萬噸，大概比現有產量的一半還略多一些。」

今天流行的看法是認為對未來的任何推估數字都比沒有推估要強。要對未知弄出一個數字來，當今的方法是對某些情況或另一些情況亂猜一番——這叫做「假設」——然後再從這些假設作出精細計算後導出一項推估。然後這個推估就被稱作是科學推理的結果，比瞎猜一氣要強得多。這可是個會害死人的作法，它只會造成最龐大的規劃錯誤，因為它所提供的是一個需要橫下心來閉上眼睛作判斷的冒牌答案。

本文所評論的研究報告採用了大量沒有什麼理論基礎的假設，然後這些假設就被丟進計算機去弄出一個「科學的」結果。直截了當說出結果豈不更便宜些，也老實得多？

結果這個「害死人的作法」眞的把規劃錯誤弄到最大。西歐煤炭工業的能量不只在歐洲經濟體被減到原來之半，連在英國也被減半。自一九六〇年至一九七〇年，歐洲經濟體對進口石油之仰賴由百分之三十升到超過百分之六十，而在英國則由百分之二十五升到百分之四十四。雖然我們完全可以預測得到一九七〇年代以及之後將發生的狀況，西歐各國政府在絕大多數經濟學者的支持下，有意的摧毀了它們半數的煤炭工業，就好像煤只不過是衆多無以計數的市場交易商品之一，有錢可賺就生產，一旦無利可圖就立刻控制。對於長期裡拿什麼來替代國產煤炭這個問題，信誓旦旦的保證說「在可預見的將來」有充沛數量的其他低價燃料供應。這些保證所根據的完全是些一廂情願的想法。

這並不是由於資訊不足之故——無論是在過去或是現在，也不是因爲政策制定者忽略了某些重要的事實。早在以前就對眼下的情況有完全充足的知識，而對未來的趨勢也早有完全合理而又切合實際情況的推估。但是政策制定者卻無法從他們知道是正確的事實中導出正確的結論。那些指出在不久的將來有可能發生能源嚴重不足情況的人，他們的說法不是被嘲弄就是被忽視，而不是被正面挑戰，提出反證來回絕。我們不需要有超人的洞察力來發現，不管核能在未來的長期展望爲何，世界工業在本世紀末了前的命運基本上仍然受石油左右。十年前對石油的未來是怎麼說的呢？下面我引用在一九六一年四月所作的演講：

由於下面這項事實，現在要預測原油的長期供給還真會惹人厭：大概三、五十年前曾有人預測說油藏很快就會耗盡。可是現在你看，沒有啊。有令人吃驚數量的人以為只要指出古早古早以前有些人所作的錯誤預測，他們就能證明：不管每年消耗量成長得有多快，石油永遠也用不完。一談到未來的石油供給，許多人就會對道理視若無睹，抱著無限樂觀的態度，就像對核能一樣。

我比較情願根據來自石油界人士的資訊來推斷。他們並不說石油馬上就要用光了。正巧相反，他們說的是還有較今日已知的石油更多的石油有待發掘，而且整個地球的石油蘊藏如果用合理成本就可以開採的部份大概就有二千億噸，大約是目前每年消耗量的二百倍。我們知道目前已「證實」的石油蘊藏量有四百億噸，我們當然也不會笨到犯上以為這就是所有石油藏量的基本錯誤。不會的啦，我們其實很高興的相信今後數十年內將有幾乎是無法想像得到的一千六百億噸的石油會被發現。為什麼會是幾乎無法想像得到？

因為，舉例而言，最近在撒哈拉沙漠發現有大量石油蘊藏，這一偉大發現（而這使得許多人因此認為對石油的未來展望已經從根本上起了變化）幾乎對這個數字沒有任何影響。專家目前的意見是認為撒哈拉油田的最終產出量可能高達十億噸。拿這個數字來跟法國當前的年消耗量相比，你就知道這數字有多令人印象深刻。但是拿它和我們假定在可預見的將來可採得的一千六百億噸相比可就真微不足道了。這就是為什麼我要說「幾乎無法想像得到」，因為發現一百六十處像撒哈拉這樣規模的油田還真的是難以想像。

因此看來已證實的石油蘊藏量將足敷四十年之所需，而整個石油儲量則夠用上二百年——以現在的消耗速率而言。不幸的是，消耗量並非固定，而是以每年百分之六或百分之七的速率成長。講真的，如果消耗現在就停止成長，就不會有石油取代煤炭的問題，但是每個人似乎都很確信石油（消耗量）會以現在的速率成長——這裡我們講的是全球的狀況。工業化正在全球散播，而它的原動力主要就是來自石油的力量。有那一個人會認為這個過程會突然叫停？如果沒有，我們或許值得花點時間計算一下，還能撐多久？

我接下來要做的不是一個預測，而只是一項試探性質的計算，就如工程師所稱呼的可行性研究。每年百分之七的成長率表示十年後會增加一倍。因此在一九七〇年時全球石油消耗量大概可以當作是一年二十億噸（事實上是二十二億七千三百萬噸）。十年之內的消耗量將是一百五十億噸之譜。要已證實的蘊藏量保持在四百億噸，這十年內就得有一百五十億噸新證實的蘊藏。够現在用上四十年的已證實蘊藏在年消耗量增加一倍之後就只够用二十年。這樣的發展基本上沒有一絲一毫荒謬或不可能。但是對燃料供應問題而言，十年可是一個很短的時間。所以我們再來看看下一個十年，這可就到了大概是一九八〇年。如果石油持續以每年百分之七的成長方式消耗，到一九八〇年時就會是四十億噸。這第二個十年裡消耗掉的大概在三百億噸左右。

如果已證實的油藏的「生命」要維持在二十年——而除非投資至少能在二十年內就回收，否則很少有人願意做大筆投資支出——光補足三百億噸並不够，必須有八百億噸已證實的蘊藏（四十億噸乘二十）。因此在第二個十年裡新發現的油藏就不得少於七百億噸。

我想這樣一個數字恐怕已經很够看了。還不止這樣呢。到那時我們已經用掉原有二千億噸之中的四百五十億噸了。以一九八〇年的消耗量來計算，剩下的一千五百五十億噸，不管是已被發現的還是尚待發現的，將不够四十年用的。我們不需要再做更多的數學運算來讓我們了解，在一九八〇年以後持續成長幾乎是完全不可能的事。

所以我們的「可行性研究」結果就會是這樣：如果主要的石油地質學家發表有關石油總蘊藏量的推估有任何真實性的話，我們對石油產業能以目前這種速度再成長十年這一點毫無疑問；能否維持上二十年就很令人起疑；而我們幾乎可以確定一九八〇年以後它根本就不可能再繼續成長。

在那一年，或是那個時期前後，世界石油消耗將是歷來最大的，而已證實的石油蘊藏量就其絕對值而言也將是歷來最高的。我們看不出任何世界石油資源用光的跡象，但是石油成長將到此為止。假如大家有興趣一知的話，我倒可以順帶指出：就在現在美國天然氣就已經碰上這樣的狀況了。它已達到歷史最高點，但是當前消耗量與尚存蘊藏量的關係已經使得任何成長變得不可能了。

而對英國，一個高度消耗石油但本身卻沒有任何產出的工業化國家，石油危機不會在全球石油耗竭時才發生，而會在全球石油供給不再成長時發生。如果二十年後工業化浪潮席捲全球，未開發國家對較高生活水準的慾望被完全挑起——儘管它們居時還是窮得一文不值——但是我們探討性的計算卻算出居時全球石油供應已經不再成長，那麼我們到時候除了看到大家為了爭奪石油供給而大打出手，搞不好甚至鬧出人命外，還能看到什麼？而到了那個時候，那一個國家本身油藏微不足道卻有一副大胃口的情況就會很糟糕了。

如果你高興，你盡可改變基本假設到一半之多後再去做一份精細的運算，你會發現：結果沒有多大不同。如果你願意非常非常樂觀的話，你可以發現：成長不會在一九八〇年達到最高點，而會稍晚幾年。這又有什麼差別呢？我們，或者說我們的孩子們，也不過就是再多等幾年罷了。

所有這些都意味著，身為全國煤藏的受託者，國家煤炭協會有一個高於所有任務的工作及職責：當全球都在大肆搜羅石油時能供給大量煤炭。而如果協會允許採煤業，或相當大一部份的採煤業，由於石油現在既多又廉而關門倒閉，這件事就做不到了。而現在石油的供應豐盛卻只是由於各式各樣的短期因素之故。

那麼到了一九八〇年時煤炭的情況又會是如何？所有的跡象都指出，居時這個國家對煤炭的需求會比現在要高。到那個時候石油還是很多，但並不足以應付所有需求。全球可能都會到處搜羅石油，而這很可能會反應在飆升的油價上。

我們必須指望全國煤炭協會能帶領整個產業安全度過未來的艱困歲月，盡可能維持它一年有效率的開採二億噸煤的能力。就算在不同的時期裡我們會覺得多用進口石油，少用國產煤炭對某些用户或整個國家會比較划得來或比較方便，國家的燃料政策一定得從長期著眼。而這個長期觀點必須根據世界人口成長及工業化的趨勢訂定。而跡象是到了一九八〇年代時，世界人口將比現在多出三分之一，全球工業生產將是現在的兩倍半，燃料的使用將會倍增。

要讓燃料消耗能再增加一倍，石油就得增加四倍；水力發電要加倍；天然氣產量至少要維持在目前水準；核能發電要大幅成長（雖然還是不算多）；而且還要比現在大概再增產百分之二十的煤。毫無疑問，今後二十年裡會有許多我們目前無法預知的事情發生，有些會造成對煤需求的增加，而有些則會減少。但是政策可不能根據事先沒被預測到（unforeseen）的事或事先不可能被預測到（unforeseeable）的事來制定。如果我們根據目前可以預知的情況來制定當前的政策，那麼這個政策將會是保存煤炭工業，而不是清算它……

這些警告，以及其他許多在一九六〇年代裡提出的警告，不但沒被採納，反而還被輕視、嘲弄——直到一九七〇年代的石油危機為止。每當發現一處新油田或天然氣田，大家就爭相稱頌為「又一次從根本上改變了對未來展望」的大事件——不管它是在撒哈拉、荷蘭、北海或阿拉斯加，就好像上面所提的分析裡從不曾指說每年都會有重大發現。今天對我在一九六一年所作的分析能提出的主要批評就只有一個：所有的數據都略略低估了些。事情發展的速度較我十或十二年前預期的要快得多。

即使到了今天，還是有那些安撫人心的人在說什麼問題都沒有。在一九六〇年代裡，提出溫和保證的主要是石油公司，雖然他們所提出的數據已證明他們完全錯誤。目前在西歐煤炭工業一半的產能以及超過半數的可開採煤礦被摧毀後，他們改變說法了。

大家以前都說石油輸出國家組織（OPEC）形同虛設，因為阿拉伯人永遠不可能意見一致，更不要說和非阿拉伯人了。今天大家可看清楚了石油輸出國家組織是世界上所曾見過最偉大的卡特爾（壟斷組織）。

大家以前都說石油出口國之仰賴於石油進口國，正如同後者之仰賴前者。今天大家看明白了這都是自我陶醉的想法，因爲石油消費者的需要是如此之大，他們的需求彈性是如此之低，石油輸出國家如果整體行動的話，只要減減產就可以增加收入。今天還有人在說油價如果漲過了頭（不管這是什麼意思）石油就會自己把自己請出市場去。但是我們可以很明白的看出，沒有一樣現成的替代品能大規模的取代石油，所以石油事實上絕對不會把自己漲出市場去。

與此同時，石油生產國也開始體認到光是金錢沒辦法替他們的國民帶來新生活的根基。要扎好這些根基除了金錢，還得加上龐上的努力及大量的時間。石油是個「用過就沒有了」的資產，用得越快，爲經濟扎好新基礎能用的時間就越短。

結論就很明顯了：無論是對石油出口國或石油進口國而言，他們眞正的長期利益都應該是讓石油的「生命」拖得越長越好。前者需要時間來爲其經濟發展出新的成長來源，而後者則需要時間將他們倚賴石油的經濟體系調整到能應付石油既少又貴的時候，而這個日子絕對會在絕大多數今天這個世界上的人還沒駕返道山之前就看得到。對兩者而言最危險的情況，就是讓全世界繼續在石油生產和消費上的高度成長。

只有當石油進口國及出口國都體認到他們的長期利益基本上是相同的，然後大家同心協力穩定並逐漸削減每年的石油消耗數量，石油供需才不會出現災難性的大崩盤。

就石油進口國而言，西歐和日本的問題最嚴重。這兩處地方有成爲吃石油進口的「殘羹剩飯」的危險。我們不需要精細的電腦計算來證明這個十足的事實。直到最近，西歐都活在「我們正進入無限供應的廉價能源時代」的舒服幻覺中。而在許多人之中，知名科學家也提出他們思考過的意見如下：在將來「能源就像市場上隨處可得的藥品」。一九六七年十一月發表的《英國能源白皮書》指稱：

> 北海天然氣的發現是英國能源供應的一個重大演進。這個發現緊跟在核能可能成為主要能源的潛在來源之後。這兩項發展共同造成了未來能源供需之基本改變。

五年之後，我們只須說：結果是英國更加仰賴石油之進口。一份在一九七二年二月呈送給環境部長的報告在能源的那一章是這樣開頭的：

> 呈送給本部有關未來能源資源的展望令人深感不安，無論是就本國的情形

或就世界的情形而言皆是如此。對石油燃料耗竭年限的評估衆説紛紜，但大家已逐漸體認，可用年限有限，而可堪使用之替代品必須找出。開發中國家之需要已嶄露頭角；人口又在不斷增加；對某些能源之使用速率增加之速度並未深思未來之後果，對未來能源經濟成本將不斷上升之確信；以及伴隨核能而來之各種後遺症；在在增加了我們對此一問題之關切。

很可惜的是這個「日益增加的關切」未曾出現在一九六〇年代。在這段時間裡，有將近半數的英國煤礦因爲「不經濟」的緣故而被關閉——而且一旦被廢棄，就永遠不可能再復工。我們也驚訝的發現，儘管「關切日益增加」，今天仍然有持續不斷來自有影響力階層的壓力，希望根據「經濟」因素關閉煤礦。

9 核能——是解救還是詛咒

Nuclear Energy: Salvation or Damnation

對未來能源供應覺得志得意滿——現在這種心態已漸漸淡化——的最主要因素毫無疑問是核能的現身。人們認爲它來的正是時候。但是卻不問：來的到底是個什麼東西？這是個新東西，這是個令人震驚的東西，這是一項進步，而大家也隨口應承說它會很便宜。既然我們早晚都得有樣新能源，幹嘛不立刻就擁有它？

接下來這一段話是六年前講的，在當時它可顯得極端離經叛道：

> 經濟學這個宗教崇拜的偶像是快速變遷的，舉證的責任落在抱持「生態觀點」人士的肩膀上。生態學真應該說是所有經濟學者的必修課，不管他是個職業經濟學者還是個市井經濟學者（譯註：好對經濟問題大發議論的門外漢），因為這樣至少還能為天平扳回一點平衡。
>
> 因為生態學認為「一個經過數百萬年發展而成的環境生態一定有些道理

在。任何一個像星球這麼複雜的環境，其中有一百五十萬種以上的各式動植物多多少少保持均衡的共同生活著，而且大家都一再使用空氣中、土壤中同樣的分子，是不可能由毫無目的、事先又不打聲招呼的胡亂作為來改進的。

所有在複雜機制裡所作的改變都會帶有某種程度的風險，因此只可以在小心探討過所有可收集到的資訊後才能推動。

變動在第一步一定要小規模，這樣才能在大規模推廣之前先提供一個試驗。資訊如果不足的話，變動就應該不要差自然程序太多，因為後者無可諱言有一項非常有利的證據：它們已支持生命很長很長一段時間了。

六年前所提的說法是這樣的：

在所有人類引進大自然這個家庭裡的變動中，大規模核子分裂毫無疑問是最危險，也是意義最深長的。結果使得電離幅射成爲環境污染最嚴重的媒介，也是人類在地球上生存最嚴重的威脅。難怪一般老百姓的注意力全被原子彈吸引住了，雖然我們可能永遠再也不會使用它，但所謂的原子能和平用途對人類的危險性可能更大。在這裡我們找不到還有什麼其他例子更可以明白顯示出經濟學的蠻橫霸道了。

要建造傳統的燃煤或燃油發電站還是核能發電廠，完全是從經濟角度來考慮，也許再帶上一點點煤炭工業衰落幅度太快所造成的「社會後果」的考量。但是核能分裂對人類生命有著不可思議、無可比擬、獨一無二的危險這一點卻未曾被列入計算，也從未被提及。

以評斷危險等級爲業的人，也就是保險公司，拒絕受理世界上任何一處核能電廠的第三人責任險，結果是我們得特別立法讓國家來承擔鉅大的理賠責任。但是不管有沒有保險，危險都在那裡，這就是經濟學這個宗教帶給我們的束縛：它讓不管是政府還是一般大衆唯一感興趣的問題似乎只有「划不划得來」。

我們並不欠缺權威人士的警告。α、β、γ射線對活細胞組織的影響是完完全全被了解的：這些放射性粒子就像子彈一樣切入組織裡，而它們所造成的損害主要是看幅射的劑量以及受到幅射侵害的是那一類細胞而定。

早在一九二七年，美國生物學者穆勒（H. J. Muller）就發表了他出名的由χ—射線照射所造成的基因突變論文。而自一九三〇年代早期以來暴露在放射線下對基因所造成的危害也被非遺傳學者發現到。

很明顯的，在這裡我們發現了一個迄今爲止其「影響範圍」從未有過如此之大的危險，它不但危害到那些可能直接被照射到的人，也危害到他們的後代。

人類現在能夠——而且也眞的這麼做了——創造出放射性物質，但是卻無法在創造出來後減低它的放射性這一事實，也爲我們開啓了另一個「空間」。幅射一旦產生，就沒有任何化學反應或物理干擾能衰減幅射強度，只有時間能讓它衰滅。碳—14的半衰期是五千九百年，這就是說要讓它的幅射能衰減到一半要花上將近六千年。鍶—90的半衰期是二十八年。但不管半衰期是長是短，總是會有些永不衰減的幅射，而且對此我們除了找個安全地方把這些放射性物質收容起來之外別無良方。

但是我們要問：核子反應爐所製造出來的龐大數量放射性廢棄物的安全儲放地點在那裡？地球上沒有一處地方稱得上是安全的。

曾經有一度我們以爲這些廢棄物可以被安全的丟到海洋最深處，因爲我們認爲在那個深度絕對不會有任何生命存在。但是蘇俄的深海探測活動推翻了這個假設。只要有生命存在，放射性物質就會被吸收進入生物鏈。只要把這些東西丟進海裡，幾個鐘頭後，你就會在活體組織裡找到它們的絕大部份。浮游生物、海藻以及其他許多海洋生物有本事將這些物質濃縮上一千倍，在有些案例裡甚至濃縮上百萬倍。隨著食物鏈的推展，這些放射性物質就順著生物鏈的階梯一層一層往上走，最後又回到人身上。

到目前為止國際上對如何處理廢料還未達成協議。國際原子能組織在一九五九年十一月於摩納哥舉行的會議不歡而散，主要是因為絕大多數國家激烈反對美英兩國將廢料拋海的作法。「高放射性」廢料仍然往海裡一拋了事，而大量的所謂「中、低強度」廢料則是排放到河川或直接排入土裡。一份原子能組織的報告一針見血的指出：液狀廢料「慢慢的滲入地下水，同時將全部或部份（此處報告的說法是錯的，但作者照引原文！）放射性以化學方式或物理方式存留在土壤中。」

最大的廢料當然是不再能發電的核子反應爐本身。對於它們能用上二十、二十五或三十年這個很明顯的經濟性問題有一大堆討論。但是沒有一個人討論到對人類而言至關緊要的問題。它們不能被拆解、不能被搬離，只能被丟在那裡，也許幾百年，也許幾千年，靜悄悄的將放射能洩入空中，滲入水裡，滲進土壤，對所有生命都是一個活生生的威脅。

沒有一個人曾經考量過這些冷血無情般持續累積的惡魔作坊究竟有多少數量和其所在的位置。當然啦，設想中，絕不會有地震，不會有戰爭，不會有動亂，也不會有那些侵襲美國都市的暴亂。廢棄的核能發電廠將矗立在那裡，這個醜陋的遺跡撼動了人類天下從此太平無事的假設，還是說——只要能爭得眼下的經濟效益，未來算老幾！

與此同時，好幾個機關正在決定不同放射性物質之「最大可允許積累量」（maximum permissible concentrations, MPCs）和「最大可允許（幅射）量」（maximum permissible levels, MPLs）。MPC定義了人體所允許積存該物質之最大數量。但是我們已經知道任何積存都會造成生理上的危害。美國海軍放射線實驗室（US Naval Radiological Laboratory）指出：「我們既然並不知道這些病變是否能完全康復，我們就只好人爲決定我們能承受得了多少，也就是說，我們能『消受』或『允許』多少。這不是一個科學探討的結果，而是個行政上的決策。」這就難怪如史懷哲（Albert Schweitzer）這樣聰慧出衆，人格高超的人鎮定的拒絕接受這樣的行政決定：「誰給了他們這樣做的權利？誰有這種資格批可這樣做？」這類決定的歷史至少也可以說是令人不安的。英國醫學研究協會（British Medical Research Council）大概在十二年前就指出：

> 國際放射線保護署（International Commission on Radiological Protection）所訂定的人體骨骼鍶—90最大可允許（幅射）量（MPL）相等於每公克鈣中一千微微居里（micromicro curie, 1,000 SU）。但這是對特殊職業的成人的最大可允許量，而一般民衆並不適用。而孩童則由於他們對放射性更為敏感，自然也不適用。

稍晚之後對一般民衆的鍶90最大可允許積累量降低了百分之九十，然後又再度降低三分之一，到67 SU。而在同時則將核能電廠工作人員的最大可允許積累量提升到2,000 SU。

但是我們必須小心謹慎，不要迷失在這個充滿爭論的叢林中。重要的是，儘管至今爲止核能應用的規模還算小得可以讓人接受，這個「原子能的和平用途」已經製造出非常嚴重的危害，不只影響到現在活在當世的這些人，也影響到所有未來的後代。眞正的發展還沒來呢！那個規模簡直沒有幾個人能想像得出來。如果這事眞的發生，我們將會看到放射性物質會在「熱」化學廠和核電廠間來回穿梭運送；再由核能電廠不停的送往廢料處理廠，然後再從那裡送到棄置區。

只要一次嚴重的意外事件就足以造成一次大災難，不管意外是發生在運送過程還是生產過程。而且全世界的幅射幅度會隨著一代又一代成長。除非所有遺傳學者都錯了，不然有害突變的數目也會同樣冷酷無情的成長，雖然毫無疑問這會來得晚一點。橡嶺（Oak Ridge）實驗室的摩根（K. Z. Morgan）強調，這種損害可能會非常難以發現，它會是器官功能的各式各樣衰退，例如活動能力、生育能力，或是各種感官功能之效率。「如果小劑量（幅射）在一件器官生命週期的任一階段有任何作用的話，那麼長期接受這個劑量的幅射要比一次接受大量照射的後果更爲嚴重……最後一點，即使對受到照射的人的存活能力沒有任何立即可見的效果，壓迫感和突變率的改變仍然可能發生。」

知名遺傳學家早就曾警告應該要採取一切可能步驟以防止基因突變的任何增加。知名醫界人士也一直強調核能的未來要看放射生物學研究的結果而定，而這項研究至今仍然不足。

知名物理學家則建議「解決未來能源供應的問題，應該採用較興建核子反應器這類大膽行爲較自制一點的方式來處理，而且未來能源供應問題目前一點也不急迫」。而且知名的政治戰略專家也在同一段時間裡警告我們，如果提煉鈽的能力擴散開來了，一如「艾森豪總統在他一九五三年十二月八日的『以原子換取和平』演說裡大張旗鼓的鼓吹推動」的話，我們就再也別指望能阻止原子彈的擴散。

但是所有這些有份量的意見在以下這場辯論中完全無置喙餘地：我們究竟是應該立刻推動一個大規模的「第二個核子計劃」，還是緊守著傳統性燃料，不管是對這種燃料的看法是正面還是反面，都不會讓我們一頭栽進完全不了解且已被承認具有無法估算的風險中。甚至連任何一項意見都不曾被提到過。可能會對人類未來產生關鍵性影響的整個辯論完全只著眼於當前的利益考量，就好像兩個收破爛的舊貨商在討價還價。

畢竟歸根究柢，是要讓空氣裡充滿煙塵好呢，還是讓空氣、水、土壤全都被放射線污染的好？我完全不想淡化傳統的空氣和水污染的惡處，但是在我們面臨「不同層次的差別」時我們必須要辨認得出它來：幅射污染是一個人類前所未見的、遠遠無法比較的更高「層次」的惡魔。我們甚至於可以問：如果空氣中充斥著放射性物質，那麼還堅持要乾淨的空氣幹什麼？而且縱算我們能保護得了空氣，如果土壤和水都被毒害了又有什麼意義？

甚至就是經濟學者都可以問：當地球，我們僅有的這一個地球，被可能讓我們兒女或孫子女變成畸形兒的物質污染時，經濟成長，也就是所謂的生活水準提高，還有什麼意義？難道我們還不曾從沙利竇邁悲劇（thalidomide：譯註：造成孕婦產下畸形兒的一種安眠藥）中學到任何教訓？對有這樣的基本性質的事物，我們怎能只是以溫和的保證，或像「既無任何（這一項或那一項新發明）對人體有害之證明，促請大衆注意之舉實乃最不負責任之措施」之類的官方警告來處理呢？我們又怎能只以短期獲利作爲考量的唯一基礎呢？比登（Leonard Beaton）曾如此寫道：

> 我們或許以為深恐核武器會擴散的人會用盡所有資源以盡可能防止此事之

發生。我們原預期美國、英國和蘇俄會花上大筆資金來試圖證明，比方說，傳統燃料並沒有那麽不堪作為能源……事實上……接下來所發生的事情一定會被當成是歷史上最無法解釋的政治怪事之一。只有社會心理學者才有可能解釋，為什麽擁有史上最可怕武器的人居然會設法推廣生產這種武器所不可或缺的工業……幸運的是……核能電廠至今仍寥寥無幾。

事實上一位知名的美國核能物理學家，韋恩堡（A. W. Weinberg），曾提供了某種程度的解釋。他說：「我們可以了解有些宅心仁厚的人之所以宣揚核能的正面效應，正是因爲負面部份實在是太嚇壞人了。」但是他也加上了這個警告：「但是原子科學家在提到核能對世界事務的衝擊時會這麼樂觀，也有很強的自利考量。我們每一個人都必須爲我們心中早已爲核子毀滅的工具所盤據一事先作辯解。（而且我們這些只搞核子反應爐的人所受到這種罪惡感包圍的程度，也只比我們那些搞核子武器的同袍們略輕一些而已。）」

我們早就應該想到，我們自我保護的本能，應當使我們能對因內疚而產生的科學式樂觀的逢迎看法，或是未經證實的金錢利益，產生免疫。一位美國評論家最近說過：「在這個時候重新審視過去的決策並有所更張，時猶未晚，因爲至少我們尚有做此選擇之餘裕。」一旦有更多的核能中心被興建，那麼不管我們應付得了應付不了它所帶來的災害，抉擇的空間就都消失了。

過去三十年裡的某些科技進步已經製造出一種完全無法忍受的災害，而且還在持續製造。在一九六〇年九月的美國第四屆全國癌症研討會上，加州公共衛生處的布雷斯洛（Lester Breslow）報告說在西部孵化區裡成千上萬的鱒魚突然得到肝癌，並且繼續報告如下：

> 影響人類環境的科技進步引進速度是如此之快，而所做的控制又是如此之少，人類迄至目前為止能逃過今年發生在鱒魚身上大規模的癌症真是一項奇蹟。

引述這些東西毫無疑問是將自己袒露在反科技、反進步的炮火之下。因此讓我在結論裡加上幾句對未來科學研究的話。

人活著不能沒有科技，一如人之不能違反自然而生存。但是最值得我們考量的是科學研究的方向。我們不能把這個一腳踢給科學家去處理。就如愛因斯坦自己所說的，「幾乎所有的科學家在經濟上全都得仰仗他人」而且「有社會責任感的科學家數量是如此之少」以致於不能由他們來決定研究方向。後面這句格言適用於所有的專家，因此這個任務就落在有知識的一般大衆肩上，像是全國潔淨空氣協會以及其他關心環境保護的社團之類的人。他們必須致力於民意，如此一來追隨民意的政治人物才能擺脫經濟掛帥的束縛，轉而注意眞正影響事情的因素。

而眞正値得注意的事，就如我所說的，乃是研究的方向。它應該是朝向非暴力性而不是暴力性；朝向與自然共存共榮，而不是爭個你死我活；朝向自然界一般常見的無噪音、低耗能、優雅、經濟的解決方式，而不是今日科學的吵雜不堪、大量耗能、殘暴、浪費的笨拙解決方式。

科技進步若繼續朝向日益增高的暴力方向發展，並以核能分裂爲其巓峰後又進一步繼續向核能融合前進，將使人類有滅種之危。但這並不是我們的命定之路。另外還有一條給予生命，增進生命之路，也就是自主自發的探尋並培育所有與上天賜予的龐大、神奇、無法全然爲我們所理解的大自然和平共存、較不具暴力性的有機方式之路。這個大自然我們也是其中一份子，而且很明顯也不是由我們創造出來的。

這是我在一九六七年十月在全國潔淨空氣協會所作演講的一部份。這個演講受到聽衆的高度回應；並報以熱烈掌聲，但是隨後卻被政府惡狠狠的抨擊爲「不負責任之極」。最令人受寵若驚的評語據說是來自時任電力部長的馬許先生（Richard Marsh）。他認爲他必須「反駁」作者。他說，這個演講，是當前有關核能與燃爆成本之辯論中最奇特而最無貢獻者之一。（每日電訊報，一九六七年十月二十一日）

但是時代是會變的。一份由一個正式任命的工作小組在一九七二年二月呈交給環境部長，並由英國政府文書部以**《污染：公害或報應？》**（*Pollution: Nuisance or Nemesis?*）之名出版的報告中有如下之說法：

> 主要的顧慮是將來的問題，而且是在國際環境下。全球的經濟繁榮似乎是與核能相結合。目前核能只占全球發電的百分之一。但是如果目前的計劃繼續發展，至公元二〇〇〇年時比率將超過百分之五十，相當於每天兩座新 500 Mwe 反應爐投入營運，每一座之規模都與史諾多尼亞（Snowdonia）之崔菲尼地方（Trawsfynydd）所建之規模相同。

而在核子反應爐之放射性廢棄物部分：

將來最大的問題是長壽的核能廢料之儲存問題……與其他污染物不同，幅射無任何方法可以消滅……因此除了永久性儲存外再無其他方法……在英國，目前是將鍶—90以液態形式裝入不鏽鋼桶後儲放於坎伯蘭郡（Cumberland）之温史凱爾地方（Windscale）。鋼桶必須持續以水冷卻，否則幅射熱將使温度提升至沸點以上。即使我們今後不再新建任何核子反應爐，我們也必須持續冷卻這些儲存桶許多年。但是由於我們預期將來會大量增加鍶—90，這個問題會遠較目前為難。不僅如此，預期轉換至快速滋生式原子爐（breeder reactor）將使情形更進一步惡化，因為該類原子爐將產生大量具有極長半衰期之放射性物質。事實上我們正有意且故意積存毒性物質，冀望有朝一日或許能有辦法對付它。我們正責成未來世代對付一個我們自身不知如何應付的問題。

最後，這份報告提出了一個非常明確的警告：

很明顯的一個危險就是，人類很可能在發現沒有任何解決方案之前，就已經把所有的雞蛋通通放進核能的籃子裡了。然後就會有要求忽視幅射危害，並繼續使用已建成的核子反應爐的強大政治壓力。在我們解決廢料處理問題之前減緩核能發電計劃的腳步只是應有的審慎作法……許多有責任感的人會更進一步。他們認為在我們還不曉得怎麼控制核廢料問題之前，根本就不應該再建任何核能發電廠。

那麼我們又怎麼去滿足日益增加的能源需求呢？

既然預定的電力需求非要有核能才能滿足，他們認為人類必須發展出一個較不浪費電力及其他形式能源的社會。不僅如此，他們更認為這種改向迫在眼前。

無論多大程度的繁榮都不值得讓我們爲此而積存大量無人知道如何使其變得「安全」，而且自有人類歷史以來，甚至是有地球以來，都沒有比此更大之無可計算之危險的劇毒物質。做這樣一件事就是犯下對生命的罪行，一項比人類所曾犯過任何罪行都更爲嚴重的罪行。認爲一個文明在犯下了這樣的罪行之後還能撐得下去，這種想法本身就是一個道德上、精神上、形而上學上的怪胎。

這意味著在處理人類經濟事務的同時卻完全不把人當回事。

10 人性化的科技

Technology with a Human Face

現代社會經由形而上學對教育的影響而成形，而教育則帶來了科技。因此如果不回溯到形而上學與教育，我們可以說現代社會是由科技所形成的。它一路歷經各種危機的顛躓，不論在那一方面都有災難的預言，而且也眞有崩潰的跡象。

如果由科技所形成，而且科技也將持續影響其形成的事物，若是出了問題的話，我們最好花點時間檢查一下科技本身。如果我們覺得科技越來越偏離人性，那麼我們最好考量一下是不是有可能弄到個更好一點的——**人性化的科技**。

說來奇怪，雖然科技的確是出自人手，但是它卻像是自有一套發展的法則與規矩，而這套規矩又與人類本性或與大自然生態大不相同。打個比方，**大自然總是知道何時該喊停，何處該喊停。比大自然成長的奧妙更神奇的是大自然知道何時應停止成長**。每一樣大自然的東西都有它的限度——無論是在體積、速度，還是暴力。結果是大自然體系——人也是其中一份子——有自我平衡、自我調整、自我淨化的傾向。但是科技就不是這麼回事，或許我該這麼說：對受到科技及專業分工所掌控的人就不是這麼回事。科技不認得自我設限這個原則——比方說，在體積、速度或暴力方面就是如此。因此它就不具有自我平衡、自我調整、自我淨化的美德。在大自然這個精密的體系裡，科技，特別是現代社會的超級科技，行爲就像是個外來客，而現在已有許多排斥它的跡象。

突然之間，也或許不見得完全出乎意料之外的，由現代科技所形成的現代社會發現它同時碰上了三個危機。首先，人類的天性起而反抗那些讓它覺得扼殺人性、減弱人性的不人性的科技、組織與政治型態。其次，支持人類生命的現存環境呻吟頭痛，並出現了部分崩解的跡象。第三，任何對此一議題有充分知識的人都完全清楚；我們在地球之不可復原資源，特別是化石燃料上之進展，已出現了嚴重的瓶頸，而且在可見的將來就會完完全全耗盡它。

這三個危機或病症裡的任何一個都可能致我們於死地。我並不知道這三個裡頭的那一個會是造成崩潰的直接原因。但有一點倒是很清楚，奠基在物質主義，也就是在一個有所限制的環境裡，無窮無休的擴張推展的生活型態撐不了多久的，而且它對擴展目標的追求越成功，它的壽命預期也就越短。

如果我們問說，過去這四分之一個世紀，世界工業的劇烈發展把我們帶到了那裡，答案可能有點令人沮喪。不管在那裡，問題似乎都冒得比解決方案要快得多，而且是不論貧國富國一體適用。

過去這二十五年的經驗裡沒有一點可以顯示我們所知悉的現代科技眞的有助於減輕世界上的貧窮，更不必提在許多所謂開發中國家已達到百分之三十，並有可能成爲許多富裕國家的另一特色的失業問題了。不管在什麼情形下，過去這二十五年雖然明顯可見但卻是虛幻泡影的成功不可能再重演——我提到過的這三個危機會保證這一點。所以我們最好正面應對科技這個問題：它到底在做些什麼？它又應該要做些什麼？我們能發展出眞能幫助我們解決問題的科技——所謂人性化的科技嗎？

在我們看來，科技的主要任務，就是減輕人類爲了生存而不得不做的工作之負擔，並發展其潛能。我們只要看看任何一件正在運作中的機械，就可以很容易的看出科技做到了這一點。比方說，一部電腦就能在幾秒裡解決要花上小助理甚至是數學家好長一段時間才做得好的事——如果他們能做得到的話。但是如果我們從整體社會的觀點來看的話，要讓我們接受這個簡單邏輯的眞理就沒那麼容易了。

我首次開始到世界各地旅行，造訪富國和窮國時，便造就了下述這個經濟學第一個法則：「**一個社會眞正擁有的休閒時間，似乎與其所使用節省人力的機器之**

數量成反比。」這個問題也許值得讓經濟學教授納入考題中，看他們的學生怎麼回答。但是不管學生如何回答，實際的證據可是非常明確。你如果從悠閒的英國到比方說美國或德國去，你會發現那裡的人們日子過得可比這裡緊張多了。要是你轉到像緬甸這樣的幾乎是在工業發展尾巴的國家去，你會發現人們簡直閒得不得了，可以好好尋尋開心。由於可以幫助他們節省人力的機器少了好多，他們能「成就」的當然也就比我們的少了很多。不過這是另一回事。他們肩頭上的生活擔子比我們輕，這個事實可沒有任何改變。

因此科技到底為我們帶來些什麼這個問題就值得好好探討一番了。它很明顯的大大減輕了某些工作的負擔，但在同時也增加了某些其他工作的負擔。現代科技最能成功的減輕甚至消滅的工作，就是人手與各種不同眞實材料接觸的手工藝生產工作。在先進的工業社會裡，這一類的工作簡直成了鳳毛麟角，而且要指望靠這種手藝混個舒服日子幾乎成了天方夜譚。現代的神經官能衰弱症狀可能有絕大部分得歸咎於這一點，因為對聖阿奎那（Aquinas）所定義的有手有腦的人類而言，沒有比能讓他好好的、以啓發性、生產性用上他的手和腦更讓他高興的事了。今天想要能享受這件小事情，是件非常非常奢侈的事情，他可得夠有錢才行：他得買得起好工具，擁有足夠大的空間。他還得有足夠的運氣來找到一個好師傅教他，同時還得有足夠多的閒暇來學習、來練習。他還眞的得有錢到不需要有份工作，因爲能滿足上開條件的工作豈止是鳳毛麟角而已！

現代科技取代人類手工藝之廣泛程度可由以下例子看出。我們可以先問問：有多少「社會總時間」，也就是我們所有人的每天二十四小時全部加總在一起，是眞正用在生產上。這個國家的人口裡只有一半不到的人，是快樂的在工作的，而其中只有三分之一是眞正在農業、礦業、建築和工業上生產。我指的是眞正的生產者，不是那些發號施令、整理紀錄、籌劃未來，或是配送其他人生產出來的東西的人。

換句話說，只有總人口的六分之一是眞正在做生產性工作。平均而言，除了他自己之外，他還要再養活五個人，這五個人裡頭有兩個是快樂的做著並不算是眞正在生產的工作，另外三個則根本無所事事。

再下一步，一個充份就業的人在扣掉假日、病假及其他各種各樣的缺勤後，只花了他五分之一的所有時間在工作上。所以「社會總時間」中花在眞正生產——也就是我所定義的這種狹義——的時間，大概是二分之一的三分之一的五分之一，也就是百分之三點五。其餘的百分之九十六點五「社會總時間」則是花在其他用途上，包括睡眠、進食、看電視、做一些並不是直接對生產有貢獻的工作。或者就是單純的多多少少人性式消磨時間打發日子而已。

雖然對這個計算不必太當眞，不過它倒是可以很明白的點出科技讓我們能做到什麼：它讓我們把眞正花在以最原始方式定義的生產行爲上的時間，減到社會總時間裡一個如許微小的比率，以致於這點時間簡直不再具有任何意義，完全無足輕重，更不要說還有什麼尊嚴之可言了。如果你用這樣的角度來看工業社會，你就不會訝異於發現有尊嚴、有名望的都是那些幫我們塡滿剩餘的百分之九十六點五社會總時間的人，主要就是藝人，但是也包括那些執行帕金森定律（譯註：Parkinson's Law，磨菇混日子）的人。事實上我們可以對學社會學的人提出下列說法：**「在現代社會裡，一個人的名氣和他距離生產線的程度成反比。」**

這還有一個更深一層的理由。將生產性時間侷限到只占社會總時間的百分之三點五會有個無可避免的結果，就是剝奪了人類從工作中所得到的一切滿足與喜悅。幾乎所有眞正的生產行爲都被轉變成毫無人味的瑣事，結果不但不能豐富人的內涵，反而使他更感空虛。有人說過：「在工廠裡，毫無意義的事得到了改進，而在那裡的人卻被腐化貶損了。」

因此我們可以說，現代科技剝奪了人們最喜歡的，手腦並用的啓發性、有用的工作，而給了他大量肢解破碎的工作，這些工作絕大部分都不是他喜歡的。它倍增了那些終日孜孜於幾乎不具生產性工作人們的數目。這些工作如果還有一丁一點生

或迂迴性也就不會發生。」的，而如果科技不是這麼的現代化，這種間接性產性，也只是間接性或「迂迴性」的，而如果科技不是這麼的現代化，這種間接性

馬克思在寫出下面這些話的時候可能早就料到這種情形了：「他們希望只生產有用的東西，但是他們忘了生產太多有用東西的結果則是製造出太多無用的人。」對這一點我們還可以再加上，特別是在生產過程既枯燥又乏味的時候。所有這些都確認了我們的疑慮，那就是，現代科技以它過去發展的方式，以及它現在正發展的型態，而且將來也確定會繼續這樣發展下去的情形來看，正越來越悖離人性，我們最好盤點一下現有的情況後，重新思考我們的目標。

我們可以說我們已經積累了大量的新知識，擁有不得了的科學技術可以去更進一步增加這種知識，以及龐大無比的實際運用經驗。所有這些都只是徒有其名的眞相而已。

我已經指出過，我們社會直接用在生產上的時間已降低到社會總時間的百分之三點五左右，而且整個現代科技發展的流向還會使它更進一步降低，趨近於零。（原註：這是一個數學觀念，趨近於零但永遠不會等於零）現在設想我們設立一個方向完全相反的目標——將它增加六倍，到百分之二十左右，這樣就有百分之二十的社會總時間會用來眞正在生產用品，不但要用到手，用到腦，而且自然還要用到

一等一的工具。多麼了不得的想法！連小孩子都能貢獻一份力量，甚至連老年人也是。以今日生產力的六分之一水準，我們將能生產和今天一樣多的東西。不管我們選擇做那一份工作，我們都有六倍的時間去完成——足夠讓我們去好好的做好它，去樂在其中，去生產出眞正的品質，甚至於把成果弄得漂漂亮亮的。

想想看這種眞正做工作的心靈療效，想想看它的教育價值。沒有人會再想要提高離開學校的門檻年齡，或降低退休年齡以把大家趕離勞動市場。每個人都可爲人提供一臂之力。每個人都可以從事在現在被認爲是最奢侈的特權享受，也就是在他自己選定的時間，以他自定的工作進度，用他的大腦雙手，自在的創作而益於社會——配以一流的工具。這會不會表示說我們工作的時間會陡然增加許多呢？不會的。以這樣方式工作的人會覺得工作就和休閒沒什麼兩樣。除非他們是在睡眠、進食，或偶爾根本什麼事都不做，否則他們總是高高興興的在做生產性工作。許多「只是徒然增加成本的工作」就從此消失不見。我讓讀者諸君自己去想像這一類的工作有那些。對那些沒有大腦的娛樂或其他興奮麻醉藥物的需求將會降到都快沒有了，而且毫無疑問的有心理症狀的人也會少很多。

有人或許會說這可是個浪漫的桃花源式願景。沒錯，今天我們在現代工業社會裡擁有的一切一點也談不上浪漫，跟桃花源更是八竿子打不著，這就是我們此時此地的情況。但是這個狀況出了很大的問題，而且看不出有任何持續下去的可能。我們如果還想活下去，而且也給我們孩子一個活下去的機會，我們非得有敢做夢的勇氣不可。我們如果一仍舊習，那麼我所提過的三個危機就不會消逝。除非我們能發展出一種和人類天性的眞正需要相搭配，和我們週遭的大自然健康相配合，和這個世界資源稟賦相配合的新生活方式，否則這三個危機只會越來越嚴重，最後在災難中終結。

這個要求的確很高，不是因爲能滿足這些決定性條件及事實的新生活方式難以了解，而是因爲當前的這個消費世界，就像是一個不管他覺得有多難受，卻也都無法戒得了的嗑藥族。這個世界的問題兒童——縱使我們不再引其他許多可以引用的例證，單只從這個觀點來看——都是在那些富裕的社會，而不是在那些貧窮的社會。

我們這些富裕國家居然還能在內心裡至少找到一絲對第三世界的關心，並設法減輕它的貧困，這可眞是上天庇蔭了。儘管動機夾雜不清，而對當地的剝削也不曾稍停，我還是覺得富裕國家最近的這個新態勢夠得上高貴二字。而且這樣做還救得了我們，因爲這些貧困國家的貧窮程度，讓他們幾乎不可能成功的接受我們的科技。他們當然經常試著這麼做，結果就得承受大量失業，人口大量移居都市，鄉村地區荒廢，以及不能忍受的社會緊張等悲慘的後果。他們事實上需要的正是我所談到的，而這也是我們所需要的——另一種科技，一種人性化的科技。這種科技不但不會讓人的雙手和大腦變成多餘，反而會讓它們變得比以前任何時候都更具有生產力。

甘地曾經說過，不能靠大量生產來幫助世界上的窮人，得靠大量人來生產才能幫助他們。以精密、高度資本密集、高度倚賴能源之投入、節省勞力之技術爲基礎的大量生產方式早就假定你是富裕的，因爲要建這麼一座工廠可需要大筆的投資。大量人來生產的方式則動員了所有人類都擁有的無價資源，運用他們聰明的大腦和靈巧的雙手，並以一流工具爲之支援。**大量生產的技術天生暴戾、損害生態、因大量使用不可復原之資源而注定難逃一死，並且把人類弄得一個個其笨如牛。**

由大量人來生產的方式在使用了現代知識與經驗中最好的一部分後，將有助於解構都市，符合生態法則，不那麼大量耗用稀少的資源，並且被設計成替人類服務，而不是讓人成爲機器的奴隸。我稱此爲中級科技，以顯示出它遠遠優於過去年代的原始技術，但同時卻又較富裕國家的超級技術要來得簡單、便宜、而又自由得多。我們也可以把它叫做自助式技術，或是民主式技術、人民的技術——一項人人都有資格使用，而不是只有已經富裕且有權力的人士才夠資格使用的技術。這一點在以後章節中將有更詳細的討論。

雖然我們擁有一切必備的知識，我們還是需要一個系統化、啓發性的努力，眞正開發出這個技術，並能被大家知道及使用，就我個人的經驗而言，要重新抓住直接與簡單，要比向更進一步的精密與複雜難得多。任何一位三流工程師或研究人員都能增進複雜性，但是要能使事物再度簡化可眞的得有點洞察的本事才行。而這種洞察能力對那些遠離了眞實、生產性工作以及自我平衡的大自然體系的人來講，可並沒那麼容易取得，而後者卻是從來不曾忘記範圍與極限的。**任何忘記了自我設限原則的活動都是錯誤的**。

在我們協助開發中國家的時候，至少我們是被強迫注意到貧窮所形成的限制，因此這個工作對我們全體而言就會是一個完整的學習，讓我們在試著幫助別人的同時，也得到了如何幫助自己的知識與經驗。

我想我們已經可以看出兩種不同態度的衝突，而這兩種不同的態度將會決定我們的未來。在這一端，我可以看到那些認爲可以用現有方法來應對我們三個危機的人，而且他們只會更加傾向以現有方法來應付這些危機。我稱這些人爲死命向前的一票。在另一端的則是一群尋找新生活方式，希望能回到人和世界的一些基本眞理的人。我稱他們爲回歸源頭的人。我們得承認，死命向前的這一票人就像魔鬼一樣，有最好的說辭或者至少是最通俗、最常見的說辭。他們說，你不能停滯不前，保持現狀就是落伍。你必須往前走。現代科技沒有什麼不對，只不過是還不完整而已，所以讓我們來完成它。歐洲經濟體最出名的首腦之一——孟梭特博士，他的說法可以算得上是這一群人的典型。他說：「更多、更進一步、更快、更富有，是今日社會的口令。」而且他認爲我們必須協助人們適應，因爲「別無其他選擇」。這是拚命向前衝的這一群人的眞正心聲。他們講話的語氣就像是杜斯妥也夫斯基（Dostoyevsky）筆下的宗教審判長：「你幹嘛要來擋我們的路？」他們指出人口的爆炸性成長和世界性饑饉的可能性。我們當然得大踏步向前邁進，不能怯場。

如果民衆開始抗議暴動，我們就得有更多的警察，並且把他們裝備得更齊全。如果環境出了狀況，我們就得有更嚴厲的防治污染法令，以及更快速的經濟成長，以便支付防治污染的各種費用。如果自然資源不夠了，那我們就轉用合成的。如果化石燃料不足了，我們就從慢速的核子反應爐轉向快速的滋生式核子反應爐，從核分裂轉向核融合。天底下沒有解決不了的問題。**向前邁進族的口號每天都衝上報紙頭條，傳播的訊息是：「一日一突破，危機不發作。」**

那麼另外一邊又是怎麼樣呢？這一邊是由那些深信科技發展已走錯了路，應該要重新調整方向的人組成的。「**回歸源頭的人**」這個名詞當然有其宗教上的涵義。因爲要對時尚以及時令新奇事物說上一聲「不」，並向一個看來似乎注定要征服全世界的文明質疑它的前提，還眞不只是需要一點點勇氣而已。所需的這份力量只能來自打心底湧起的一份堅信。如果力量的泉源只是來自對未來的恐懼，那麼它就有可能在關鍵時刻消逝無蹤。**眞正的「回歸源頭的人」並沒有最好的說辭，但是他有最高貴的說辭**，那就是新約的四福音書（譯註：馬太福音、馬可福音、路加福音、約翰福音）。對他來說，沒有比浪子回頭（譯註：prodigal son，耶穌講道時所用之寓言，見路加福音十五章十一節）這個寓言更能一針見血的指出他的情況，或是我們的情況的了。說來有些奇怪，（耶穌的）**登山寶訓爲如何描繪出一個得以存活的經濟體系提供了明確的指引**：

——貧困的人有福了，因為天國屬於他們；

——悲傷的人有福了，因為他們將能找到慰藉；

——溫柔的人有福了，因為世界屬於他們；

——忍飢受渴以求伸張正義的人有福了，因為他們將得到滿足；

——謀求和平的人有福了，因為神將以他們為子。

將（登山寶訓的）八福之訓與科技經濟之事扯在一起也許是過份了些，但難道我們不正是因爲這麼長久以來從未曾把這兩件事連在一起才會有這些麻煩的嗎？要辨識出八福之訓在今天對我們有什麼涵義並不困難。

——我們是窮人，不是半神半人；

——有的是讓我們悲傷的事，我們還不曾進入黃金歲月；

——我們要溫柔處世，心思平和，小即是美；

——我們必須心懷公正，讓正義得以伸張；

——而且所有這些，也只有這些，能讓我們成為和平使者。

回歸源頭的人看待他們自己的觀點，和奮力前進的人鞭策他們自己前進的動機並不一樣。如果說後者相信「成長」而前者不然，這就太膚淺了。就某種意義而言，每個人都相信成長的意念，而且也應當如此，因爲成長是生命的基本現象之一。眞正的重點乃是對成長賦予一個質量上的決定，因爲總是有許多應該允其成長的事物，而也有許多事物則應該予以削減。

同樣的，如果說回歸源頭的人不相信成長也是一樣的膚淺，因為成長是所有生命的基本現象之一。眞正的重點乃是要決定由那些因素形成了成長。而回歸源頭的人相信現代科技過去的成長方向——而且現在仍然繼續遵循這個方向發展——與進步正好背道而馳。這個方向朝向越來越大的規模，越來越高的速度，以及越來越增強的暴虐，而違反了所有的大自然和諧法則。因此才會有叫停盤點，重新釐定方向的呼聲。盤點現狀表示我們正在摧毀我們得以存在的唯一基礎，而重新釐定方向則是在我們想起人的生活究竟是什麼之後才要做的事。

每個人早晚都會直接或間接的在這一場大衝突裡表態。「讓專家來做決定」就是和大步前進的人站在一邊，而我們都廣泛接受政治太重要，不能通通交由專家處理這個看法。**今天政治的主要內容就是經濟，而經濟的主要內容就是科技。如果政治不能丟給專家處理，那麼經濟和科技也一樣不行。**

我們的希望落在一般人通常都能從一個較專家更廣闊的，也是較「人性化」的角度來看事情這一事實。尋常小老百姓的力量並不體現在展開新行動上，而在於同情並支持早已展開行動的弱勢團體身上。而這些小老百姓今天卻常覺得完全無能為力。這裡我將舉兩個和我們所討論事項有關的例子。一個是農業方面的，而農業至今仍然是人類在地球上最大的單一活動。另一個例子則與工業科技有關。

今天的農業對土壤、作物、牲畜使用越來越多的化學產品，這些東西對土壤肥沃度以及健康的長期影響極其令人質疑。提出這種質疑的人通常會面臨「**你是要餓死還是要毒死**」的說辭。但是在許多國家都有不用這些化學品，不會引起任何土壤肥厚度和健康顧慮，而又能有高收穫的農人。

在過去二十五年裡，一個私人自願性組織，土壤協會（The Soil Association），探討土壤、植物、動物和人類之間的切身關係，不但本身進行相關研究，也支助相關研究。並試圖讓社會大眾了解相關之發展。不管是那些不靠化學品而一樣能有高產出的農人，還是土壤協會，都得不到官方的支援或承認。他們被嗤之爲「搞糞肥的和神祕客」，因爲他們很明顯的不在現代科技進步的主流之內。他們的方式有著非暴虐式，並在大自然和諧的精密體系之前謙恭卑誠的烙印，而這卻和摩登世界的生活型態背道而馳。但是如果我們現在體認到現代的生活方式會把我們帶往萬劫不復的境界，我們也許會打算支持甚至加入這些先驅，而不是忽視或嘲諷他們。

在工業這一方面有一個中級科技發展團體（Intermediate Technology Development Group）。它有系統的研究如何協助人們自立自助。它的工作主要是對第三世界提供技術援助，但是它的研究成果也吸引越來越多關心富裕社會之未來的人的注意。因爲這個團體展現出中級科技，**一個人性化的科技，事實上是可能存活的，而且重新將人和他技巧的雙手以及有創造力的大腦，與生產程序整合在一起。它使用大量人力來生產而不是大量生產**。它也像土壤協會一樣是一個私人的自願性組織，依賴公衆的支助。

我毫無疑問認爲有可能對科技發展賦予一個新方向，一個將它帶回到人類眞正需要的方向。而這也意味著，**回到人類眞正的大小比例。人很渺小，所以小就是美。想成爲碩大無比就是自我毀滅**。那麼重新調整方向的代價又是如何？我們或許可以提醒我們自己：計算生存的成本根本就是荒謬。毫無疑問，任何值得的事物都有它的代價：調整科技的走向，使它服務人類，而不是摧毀人類，基本上要花費點想像力，還得放棄恐懼。

III | Small is Beautiful

第三世界

The Third World

11 發展 Development

數年前一份英國政府海外發展白皮書，提到對外援助的目標：

就我們能力所及協助開發中國家，為它們的人民提供運用其才能的物質機會，使之生活充實快樂，並穩定增進其福祉。

雖然我們懷疑今天我們所能使用的字眼是否會同樣樂觀，但是基本理念是一樣的，只不過可能會有一些醒悟：這項任務實際上要比原來所想像的困難得多——而那些新近獨立的國家也發覺到這一點。有兩個現象引起全球矚目——失業人口增加以及大規模移居至城市。對三分之二的人類而言，「生活充實快樂」而又能穩定的增進其福祉的目標，如果不是越來越倒退，至少也是遙不可及。所以我們最好再重新檢視整個問題。

許多人的確重新檢視這個問題，有人說問題出在援助太少了。他們承認有許多不健康、崩解的趨勢，但是建議說如果有更多大量援助的話，這些都有可能被彌補過來。如果可用的援助沒有多到人人有獎的地步，那麼他們的建議是集中使用在最有可能成功的國家身上。難怪這個建議得不到普遍支持。

這些幾乎是出現在所有開發中國家的不健康、崩解性的趨勢之一，亦即一個以越來越快的速度浮現的「雙元經濟」(dual economy)。兩種不同體系差異之大猶如兩個世界。這不是有些人富、有些人窮，但兩種人都有相同生活方式的問題，而是兩種不同的生活方式同時並存，其中一種生活方式中最謙微的成員，其每日所得是另一種生活型態中最賣命工作成員收入的百千倍都不止。雙元經濟體系中所產生的社會和政治緊張，明顯到不需再作任何描述。

在一個典型開發中國家的雙元經濟裡，我們可以發現百分之十五的人口居住在現代社會中，並集中於一兩處大城市裡，其餘的百分之八十五住在鄉下、小城裡。絕大部份投入發展的資源流進大城市裡，這就表示**人口裡有百分之八十五被擱到一邊去了**。他們會有什麼結果？只是假設大城市的現代化部份將持續成長，直到它幾乎吸收了所有人口為止——而這正是發生在許多高度已開發國家的情況——是完全不切實際。就連最富裕的國家，都在這種人口的不平均分配所必然帶來的重擔下呻吟。

在現代思想的各領域中，「漸進」這個概念扮演著重要的角色。雖然「發展」與「漸進」似乎是兩個同義字，在發展經濟學裡可不是這樣。不管進化論在特殊個案的意義如何，它的的確確反映了我們在經濟與科技發展上的經驗。假設我們參觀一處現代化的工業場所，比方說煉油廠好了。當我們在它龐大的廠區裡四處溜躂，穿越它令人驚嘆的複雜管線時，我們可能會懷疑人類心智怎麼有可能想像得出這樣的東西來。這些設備裡包含了多少知識、智慧和經驗？這怎麼可能做出來？答案是它並不是從那一個人腦袋瓜裡突然蹦出來的，它可是一步一步演進而來。剛開始的時候很簡單，然後就這裡加一點，那裡改一點，結果整個東西就改得越來越複雜。但是就連我們實際上在煉油廠所看到的，也可說只是冰山一角而已。

我們參觀時所未見的遠超過我們看得到的，讓原油流入煉油廠並確保各種調配的、包裝妥當的、加妥標籤的各種成品，經過最精細的配送體系到達難以計數的消費者手中。所有這些我們都看不到。我們也看不到在企劃、組織、財務、行銷背後的各種努力。而我們最不可能看到的則是所有這些事物的先決條件：由小學到大學到專門研究機構的偉大教育基礎。缺少這個教育基礎，則我們所看到的將不可能存在。就如我所說的，參觀者看到的只是冰山一角而已，在他看不到的其他地方，有更多的東西，而如果沒有這些「＋」，這個「－」就毫無價值。而如果這個「＋」不是由煉油廠所在的國家或社會所提供，那麼要嘛這座煉油廠根本無法運作，要嘛它是絕大部份時間都得靠別的社會支援的外來物。所有這些都很容易被忘記，因為現代的趨勢是眼見為真，而忘記了造出這個我們看到並讓它運轉的那些我們看不到的事物。

援助的相對性失敗或至少是我們對於援助的有效性的失望，這會不會和我們的物質主義哲學有關呢？這種哲學讓我們忽略了成功最重要的先決條件，而這些先決條件一般都是看不見的。還是說我們並沒有完全忽視這些先決條件，我們只是像對待物質一樣的對待它們——也就是把它們看成是可以按某些發展計劃來規劃、設定進度、並以金錢來購買的東西。換句話說，我們傾向以創造的觀點來考量發展，而不是以演進的觀點來考量它。

我們的科學家一再的向我們保證，週遭所見全是在物競天擇過程中，經過篩選一點一點進化而來的。連全知全能的神也未曾被認為有能力創造任何複雜的事物。我們被告知，**所有複雜的東西都是進化的結果**。可是我們的發展設計師似乎以為他們能比全知全能的神做得更好，能夠經由一個叫做規劃的程序，大筆一揮就創造出最複雜的東西，讓雅典娜（Athene）不是從天神之王宙斯（Zeus）的頭上迸出來，而是咚一下就無中生有蹦了出來，全身盔甲裝束妥當，光鮮亮麗，活蹦亂跳並且生氣十足。

當然了，偶爾也會有些極不尋常的事能被完成。我們總有能力在這裡或那裡搞出什麼名堂來。我們也總是有可能在一個前工業化社會裡，創造出一些超級現代化的小孤島。但是這些小孤島就得像城堡一樣被好好守衛住，而且得靠遠方飛來的直升機供給所需，不然它們就會被四周的大海淹沒。不管接下來發生了些什麼，也不管它們過得好還是不好，它們造成了之前我說過的「雙元經濟體系」。它們不可能被整合進四周且包圍它的社會，反而有破壞凝聚力的傾向。

在這裡我們可以順帶一提，連在一些最富裕的國家裡，都有類似的情形發生。在這些國家裡，我們也看到過度都市化，朝向「特大都會」的趨勢發展，而在富裕之中遺下大批被貧困啃噬的人群，一群「淘汰下來的」、沒工作也不可能被雇用的人。

一直到最近，發展專家才開始提及雙元經濟現象以及它的雙生惡魔——失業人口增加和向城市的大規模移徙。而在他們提到此一現象時，他們只是表示遺憾，並認爲這都只是過渡時期的現象。但同時人們也體認到，光靠時間並不足以療傷止痛。正巧相反，除非採取有意的反制措施，否則這個雙元經濟社會將會產生我所謂的「互相毒害過程」。在這個過程裡，都市中成功的工業發展將破壞了偏僻內地的經濟結構，而偏遠地區的反彈，則是把大量人口送入都市，毒死這些都市，讓這些都市到最後大到完全無法治理。世界衛生組織以及像戴維斯（Kingsley Davies）這樣的專家所作的估計預測會有兩千萬、四千萬，甚至六千萬居民的都市，那將會是一個令大多數民衆完全無法想像的「悲慘世界」。

有無其他解決方案？發展中國家不能沒有現代化部門是無庸置疑的，特別是和富裕國家有直接接觸的國家。要質疑的是，現代化部門可以被擴充到吸收了幾乎是全國的人口，而且還可以很快的做到這一點的這個假設。過去二十年來，當今的發展哲學一直是「對富人有益的事，也一定對窮人有好處」。這個信念應用範圍之廣簡直到了令人震驚的地步。不然我們看看美國及其盟國，以及在某些情況下的蘇俄，如何認爲有必要而且也明智的裝置了「和平用途」的核子反應器的開發中國家名單就可以知道了：台灣、南韓、菲律賓、越南、泰國、印尼、伊朗、土耳其、葡萄牙、委內瑞拉——所有這些國家的重要問題都是農業及鄉村生機之復甦，因爲它們絕大多數爲貧困所困縛的人民，並且都住在鄉村地區。

我們所有考量的出發點就是貧困，或者應該說是可稱之爲悲慘的貧困程度，這種貧困程度貶低了人的尊嚴，讓人變得一無是處。而我們的第一項任務就是承認並知道這種程度的貧困所設下的限制。我們粗糙的物質主義哲學再一次讓我們只看到「物質性的機會」（借用我曾引述過的政府白皮書的字眼），而忽略了非物質性的因素。我確信在造成貧困的原因中，物質性的因素——諸如自然資源不足、資本不足、基礎建設不足之類的因素——完全都是次要的。極端貧困的主要原因是非物質性的，它們導源於教育、組織，以及紀律上的某些缺陷。

發展不由物質而始，它始於人以及人的教育、組織和紀律。少了這三樣，所有資源都仍然只是潛在、有待開發的。我們看到只擁有最少自然資源的繁榮社會，而且我們也在戰後多次看到了這些不可見因素的重要性。每一個國家，不管戰爭造成了多大的破壞，只要有高水準的教育、組織以及紀律，都能產生「經濟奇蹟」。事實上只有對那些只看到冰山頂端的人來說才算是奇蹟。頂端已被敲成碎片了，但是它的基礎，教育、組織與紀律，還是在那裡。

這裡就是發展的眞正問題所在。如果貧窮的主要原因是由於這三個因素有了缺陷，那麼要解除貧困就得消除這些缺陷。爲什麼發展不能是個創造過程，爲什麼它不能被訂製、購買、規劃，爲什麼它必須是個漸進的過程，原因就在這裡。**教育並不會「躍進」，它是一個高度精細的漸進過程。組織也不「躍進」，它必須逐漸演變以適應變遷的環境。紀律的情形也差不多。**所有這三個因素都得一步一步演進，而發展政策的主要任務必須是加速推動這個演變。**這三個因素必須成爲社會全體的財產，而不是只有小小一撮人能享受到。**

如果援助是要引進某些新的經濟活動，那麼只有在它們能由大多數民衆的現有教育水準可以支持的情況下，才對社會有益，也才能存活，而且也只有在援助能增進並推廣教育、組織、紀律的更進一步發展時，它們才眞正的有價值。這裡也許會有個伸展的過程——但是絕對不會有一步登天的情況。如果引進的新經濟活動要依賴特別的教育、特別的組織、特別的紀律，而這些都是接受援助的社會所沒有的，那麼這些活動就不會帶來健康的發展，很可能反而會阻礙了健康的發展。它將始終是個無法整合在一起的外來體，而更進一步惡化了雙元經濟體系的問題。

由此可知，發展基本上不是一個經濟學者的問題，更絕不會是留給那些專業知識完全植基於粗糙的物質主義哲學的經濟學者來處理的問題。毫無疑問的，不管是有那一類信念的經濟學者都會在發展的某一個階段派上用場，也能在嚴格定義的職位上一展所長，不過這些都得在要求全員參與共享成果的發展政策的一般性指導原則都已經確實設定好之後才行。

對援助與發展所要求的新思路與舊有的思路不同，因爲新思路是將貧困當一回事。它不會機械式的只說「對富人有益的事，也一定對窮人有好處」。它會在乎人——由實用的角度出發。爲什麼要在乎人？**因爲人是所有財富的主要來源，也是最終的來源**。如果他們被自命不凡的專家和大剌剌的規劃者隨意擺弄的話，沒有一樣事會眞的有些什麼結果來。

下一章是作者爲一九六五年由聯合國教科文組織（UNESCO）在智利聖地牙哥所舉辦的「科技在拉丁美洲之發展及運用研討會」所發表的論文節錄版。當時，有關經濟發展的討論都將技術當作「已知」，而問題只在於如何將已知的科技移轉給尚未擁有它的人。最新的科技當然就是最好的科技，而這類科技可能不適於解決發展中國家當前最緊急的問題，因爲它無法適應由於貧困所造成的條件與限制而被嗤之以鼻。但是這篇論文卻成爲成立於倫敦的中級科技發展團體的創建原則。

12 發展中級科技以解決社會與經濟問題

Social and Economic Problems Calling for the Development of Intermediate Technology

緒論

今天在世界上有許多地方，富者越富而貧者越貧，既有的外援與發展規劃似乎都無法扭轉此一趨勢。事實上它們反而有火上澆油之勢，因爲錦上添花總易於雪中送炭，幫助有能力自助的人，要比協助無力自助者爲易。幾乎所有的發展中國家都會有一個現代化的部分，在這個部分的生活與工作條件與已開發國家相似，但是這些國家裡也會有一個非現代化的部分，大部分人口被納入其中，而這一部分的生活與工作條件，不但令人極不滿意，而且情況正在加速惡化。

此處重點集中於如何協助這非現代化部分中有關人的問題。這並非表示現代化之建設工作應予停止，毫無疑義的，在任何情況下，此一建設均應賡續。但此舉的確意味著除非今日絕大多數人民之福祉亦能有一健全之成長，否則現代化之成功不過是虛幻泡影，而這些人民，生活不但依舊貧困，展望前途，更是一片茫茫。

中級科技的需求

貧困大眾之情況

在絕大多數所謂發展中國家，其貧困大眾之典型情況如何？他們的就業機會少到不足以讓他們擁有工作而得以脫貧。他們若非低度就業，就是完全失業。縱有工作，其生產力亦低得令人難以置信。其中若干人擁有土地，但往往太小。許多人下無寸土，亦毫無任何取得土地之可能。他們既是低度就業或完全失業，因而漸漸流入大都市中。但大都市一樣未能提供工作，當然也就無法供應居住之所。但是他們對此仍然毫不在意。他們仍然湧入城市，因為在大都市裡找到工作的機會，似乎比在鄉下容易，在鄉下他們毫無工作機會。

鄉村地區公開或隱藏的失業情況，常被認為完全是人口成長的結果，毫無疑問此乃重要因素之一。但是持有此種觀點之人士仍須解釋何以增加之人口不能去做增加出來的工作。他們說這些人之所以不能工作，是因為他們缺乏「資本」。但是何謂「資本」？它是人類工作之結果。資本之不足可用以解釋生產力之低落，但卻無法用以解釋工作機會之不足。

事實上大部分人並無工作，或僅能打打零工，結果使得他們既貧困又無助，而且常常是絕望到寧可遠離家鄉，到大城市去找口飯吃。鄉村地區的失業造成了人口大量向城市遷徙，產生了一個連最富裕社會都難以因應的都市快速成長情況。鄉村的失業狀況變成了都市失業狀況。

對最需援手的人所提供的協助

這個問題因此可以簡化爲：要怎樣做才能使大城市外——在絕大多數情形下——仍然擁有占人口百分之八十至百分之九十的小城鎮及鄉村的經濟生活得以發展？只要發展的努力集中在大城市，在那裡最容易建起新工業，最容易覓得員工和管理人員，也最容易取得資金及市場以維持營運，那麼來自這些工業的競爭就會進一步瓦解及摧毀這個國家其餘地區之農業生產，造成大都市以外的地區，失業更加嚴重，並進一步加速促使絕望的人們，湧進無法容納他們的城市。這個「相互毒害的過程」將不會停止。

因此發展的努力中，至少若干重要的部分必須跳過大城市而直接在農村與小城鎮創設出一個「農工結構」。就此點而言，我們必須強調最主要的需求乃是工作場所，事實上需要數以百萬計的工作場所。當然，沒有人會說每人產出並不重要，但是最主要的考量不會是使每人產出最大化，它必須是爲失業及低度就業的人口創造出最多的工作機會。對一個窮人而言，工作機會是所有需求中最重要的一項，縱使是薪酬微薄而且相較之下生產力低落的工作也較無所事事爲強。引述一句艾當先生（Gabriel Ardant）的話：「先求普及，再求完善。」

> 重要的是對所有的人而言，要有足够的工作，因為這是消除反生產的反射效應並創造出一個新的心態——這是一個缺乏勞力，因此勞力必須作最佳使用的國家心態——的唯一方法。

換句話說，以產出或所得爲衡量標準，而不考慮職位數量的經濟計算，對我們所考慮的這個情況而言，並不合適，因爲它對發展問題採用靜態的處理方式。而動態的處理方式則須注意到人們的需求與反應。他們的第一個需求就是先有個能帶來某種收入的工作，不管這收入有多微薄。只有當他們體驗到所付出的時間與勞力具有價值後，他們才會有興趣使它們變得更有價值。因此讓每個人都有所貢獻，比只有少數幾個人能有極大貢獻要重要得多，即使是在某些特殊的情況下，前者之總產出要小於後者之總產出時，情形仍然應是如此。這種總產出較小的情況不會維持太久，因爲這是一個能產生成長的動態狀況。

失業的人總是處在絕望之中，他幾乎被迫走上遷徙之路。這是我們主張工作機會之提供乃是最基本之需要，也應當是經濟規劃之首要目標的另一個理由。少了這一點，人口向大城市之流動就無以緩和，更不必談停止了。

任務之性質

因此，當前之務乃是要在農村地區與小城鎮設立數以百萬計的新工作場所，在已開發國家所出現的現代工業，不可能達成這項任務是再明白不過的事。這些工業出現在資本富足而勞力不足的社會，因此不可能適用於勞力充沛而資本不足的社會。波多黎各即是例證。我們可以引述最近所作之研究：

> 現代工廠製造業之發展，只對就業提供有限之助益。波多黎各之發展計劃一向充滿活力且極為成功。但在一九五二～一九六二年期間由EDA支助之工廠，其平均就業數量之增加只在每年五千名左右。以目前之勞動參與率，扣除每年移往（美國）本土之淨移出率，波多黎各每年新增之勞動力將為四萬名之譜……

在製造業裡應當對至今仍存活在日本經濟體系，且對其充滿活力之成長作出具體貢獻之小規模、散處各處且使用較多勞力之組織，作更有想像力之探討。

我們可以在許多其他國家找到同樣強有力的例證，特別是印度與土耳其。在這些國家裡，雄心勃勃的五年計劃即使得以完全執行，在計劃結束後，我們常常是看到失業率較計劃開始時更高。

我們所需的眞正任務或許可以下列四點表示：

第一，工作場所應創設於民衆現在所居住的地區，而不是設於他們可能遷往之都會區域。

第二，平均而言，這些工作場所之耗資，必須小到足以在不須依靠無可能達成之資本形成以及進口之情形下大量創設。

第三，所使用之生產方式必須相當簡單，因此可以將對高技術人力之需求降至最低。此狀況不僅適用於生產程序，並適用於組織、原料供給、融資、行銷等各方面。

第四，生產應就地取材，就地販售。

只有在我們以「區域化」之方式來推動發展，並且有意識的發展並應用所謂的「中級科技」之時，上述四個條件才有可能達成。接下來即分別探討這兩項條件。

區域化或地區化之方式

現有的行政區劃，並不必然就是能對最需要幫助的人有所助益的推動經濟發展之最適合區劃。在某些情形下，此一行政區劃可能太小，但在今日絕大部分情形均嫌太大。以印度爲例，就政治而言它是個極大的單位，而從其他角度來看，此大一統之情況亦應維持。但是如果發展政策只對——或是主要以——「印度整體」爲規劃對象，則事情之自然演變將使發展集中在有限的幾處都會區域，集中在現代化部分。這對該國家占有百分之八十人口的大部分地區而言，獲益不大，甚至可能受害，因此我們會發現大量失業及人口大規模移往都會區域這兩個孿生惡魔。「發展」的結果就是少數幾個幸運兒的財富大量累積，而眞正需要幫助的人比以前更加孤立無援。如果發展的目的是在爲最需要幫助的人帶來協助，那麼這個國家裡的每一個「區域」或「地區」，就需要它自己的發展，這就是我們所謂的「區域化」方式。

我們可以再舉義大利這個相對之下較爲富裕的國家作爲例子。南義大利與西西里並不單單只是因爲「義大利整體」經濟發展成功之結果而得以發展。義大利的工業基本上集中在這個國家的北部，而它的快速成長不但沒有減低南部的問題，反而加重它的問題。**沒有一件事比成功本身更成功，同樣的，也沒有一件事比失敗更失敗**。來自北方的競爭摧毀了南方的生產，也榨乾了它所有的才智進取之士。我們必須刻意採取抵拒這種趨勢的行動，因爲如果一個國家中的任何一個地區被忽略了，它的情形就會比以前更糟，結果落入大量失業之情境，而迫使當地居民大量外移。全球情況皆如此，甚至在最高度發展的國家亦然。

要爲這件事實實在在的下一定義並不可能，大部分得視地理位置及當地情況而定。毫無疑問，數千人可能不足以構成經濟發展的一個「地區」，但是數十萬人，儘管散佈甚廣，卻有可能被當作一個「地區」看待。瑞士居民尚不足六百萬人，但全國卻被區分成二十個以上的「省份」（Canton），每一個省都是一個發展地區，結果是人口與產業之平均分佈，而且看不出有過度集中的傾向。

理想上，每一個「地區」都應該有某種向心力及認同感，並且有至少一個作爲地區中心之城鎮。除了要有一個「經濟結構」之外，尚須有一個「文化結構」，因此除了每處村落都有小學之外，幾個有市集的小城鎮便應有中學，而地區中心就必須大到足以擁有一所高等教育學府。國家越大，就越需要有一個內部「結構」，以及分散式之發展。如果這個需要被忽視，窮人就不必有什麼指望了。

合適科技之需要

很明顯的，除非使用合適的科技，否則這個「區域化」式或「地區化」式的方法絕無成功之可能。現代化工業要設立一處工作場所耗費不貲——平均而言均在兩千英鎊上下。因此貧窮的國家只建得起數量極少的此類工作場所。不僅如此，一處「現代化」的工作場所，只能在現代化的環境下，才能眞正發揮生產力。單是這個原因就足以使它不適合存在於由少數小鎭及鄉村地區所組成的「地區」了。在每一個「開發中國家」裡，我們都可以找到座落在鄉村地區的工業廠區，在那裡由於組織、融資、原料供應、運輸、行銷配套等等方面之不足，而使得高級的現代化設備絕大部分時間都閒置。於是便招來指責及批評，但這些都改變不了這項事實，大量珍貴的資本——通常都是以稀少的外匯購入的進口貨——就此付諸東流。

「資本密集」與「勞力密集」產業之區別在發展理論中早已耳熟能詳。雖然這種區分毫無疑義有其價值，但卻隔靴搔癢，未能切入問題核心。因爲它通常會假定人們對任何一種產品之生產技術已知且不能更改。如果我們接下來主張說開發中國家應該選擇「勞力密集」產業而非「資本密集」產業，之後我們並無法採取有意義的行動，因爲在實際上對產業之選擇將由其他更強有力之標準來決定，如原料基礎、市場、企業家之興趣等等。對產業之選擇是一回事，但在選定產業之後圈選所使用之科技，是另一件事。因此我們最好直接針對科技來討論，而不必以「資本密集度」或「勞力密集度」等名詞作爲各人主張不同而混淆了討論重點。

幾乎相同的情形也適用於這一類討論中常見的另一種區分，也就是「大規模」與「小規模」工業之分別。現代工業誠然常由大單位所組成，但是「大規模」絕不是它的基本特性。一項工業活動是否適合於某發展中地區之條件並不直接由「規模」所決定，而是由所使用之科技來決定。每處工作場所須耗資兩千英鎊之小規模企業，與在每處工作所花費相同成本之大規模企業同樣的不適用。

因此我相信直搗問題核心之最佳方式乃是探討科技。在貧困地區，經濟發展若想有成，只有使用我所謂之「中級科技」才有可能。歸根究柢，中級科技將會是「勞力密集」，而且適合使用在小規模工作場所。但無論是「勞力密集」或是「小規模」都並不意味著「中級科技」。

中級科技之定義

如果我們按照「每一處工作場所之設備成本」之標準來爲科技下定義，那麼我們可以將一個典型發展中國家的原有科技稱之爲——就符號意義而言——一鎊的科技，而一個已開發國家的科技就稱之爲一千鎊科技。兩種技術之間的鴻溝，大到兩者之間完全不可能有任何技術轉換。事實上，目前開發中國家試圖將千鎊科技摻入其經濟體系之結果，無可避免的將一鎊科技以令人吃驚的速度消滅掉，摧毀傳統工作場所之速度遠快過新建現代化工作場所之速度，使得貧困的人較以前更爲悲慘無助。如果要對最需要幫助的人提供有效的協助，我們就需要一個介於一鎊科技與千鎊科技之間的科技。我們稱此爲——同樣單純是取其符號意義——一百鎊科技。

這樣的一個中級科技會遠遠超過原有科技之生產力（原有技術很可能已在衰落之中），但是也會遠較現代工業高度資本密集之精密科技便宜。在這樣一個資本化的層次上，我們可以在短時間內建設起大量工作場所。而對當地少數具有企業心態的人而言，創建這樣的工作場所，將是其「能力之所能及」，無論是就財務方面、教育方面、性向方面、組織技巧方面，或其他方面均是如此。

最後這一點可以如此闡釋。

就目前而言，已開發國家中每一個工人之平均年收入與每一處工作場所平均資本比約爲1：1。這就表示說，一般而言，設立一處工作場所須耗費一人年（man-year），或是說一個人每年須儲蓄一月所得，連續十二年後才能擁有一處工作場所。如果比例爲1：10，那麼要建起一處工作場所就須耗費十人年（ten man-year），或是一個人要連續一百二十年，每年儲蓄一月所得才能擁有一處工作場所。這當然是不可能的事，由此我們可以得知：若是將千鎊科技移植到一處死守著一鎊科技的地區，那麼無論是那一種正常成長方式都不可能將這個科技散佈出去。它不可能有任何正面「示範效應」。我們可以從世界各地觀察到，它的「示範效應」完全是負面的。對那些人來說，千鎊科技根本是遙不可及，結果就是「認輸放棄」，而且往往是連之前他們所從事的也一併放棄了。

中級科技也較容易與使用它的環境相契合。設備將會相當簡單，因此上手容易，易於維護，而且可以現場進行修復。簡單的機具通常也較不倚賴高純度之原料或完全正確之規格，而且也較高度精密之設備更能適應（原料）市場之變動。工人更易於訓練、監督、控制，組織也較簡單，同時對於突發狀況也較容易挺得過去。

各種反對意見之探討

在中級科技這個概念提出後，有許多反對的意見。最直接的反對意見來自心理上的考量：「你想藏私，自己留下最好的，卻叫我們跟老掉牙的二流貨色為伍。」這種聲浪中來自那些並無急需，自己還能幫助得了自己，而且想一步登天，希望能藉由別人的協助一舉提昇生活水準的人。發出這種聲音的人不是我們在這裡所要關切的人。我們要關心的是無論在鄉村地區或都會地區都缺乏任何生存基礎、不但沒有「最好的」或「次好的」，甚至連最基本的生存工具都付之闕如的貧困大衆。這讓人有時不免懷疑，到底有多少「發展經濟學家」眞正了解窮人的狀況。

有些經濟學者與計量經濟學者相信可以由某些如資本產出比率之類的固定比率導出發展政策。這是他們的說法：可供使用的資本數量是已知的。你可以將它集中使用在少數幾個高度資本密集的工作場所，或是將它廣泛分散給大量的低成本工作場所。如果你選擇了後者，你所能得到的總產出就會比前一方案爲小，因此你放棄了可能達到的最高經濟成長率。舉例而言，卡爾德博士（Nicholas Kaldor）就說過：「研究結果顯示，最現代的機具，每投入一單位資本所產生的產出遠高於使用較多勞力、較不精密的機具。」在這裡不只是「資本」的數量被定在一個固定數量水準上，就連「工資總值」也被固定在一個數值水準上。因此這些數量就決定了「任一國家在任一時間所能使用的工資總值之上限」。

> 如果我們只能雇用有限數量的人來從事有酬工作，那麼就讓我們以最有生產力的方式來雇用他們，讓他們得以對國家產出做出最大可能的貢獻，因為這樣也會同時使經濟成長率達到最高。你不應該故意去削減生產力，只

為了如此可以降低每個工人所使用的資本的數量。在我看來這完全沒有道理，因為你會發現，如果每個工人可使用的資本增加了十倍，每個工人的產出量就會增加二十倍。無論從那一個角度來看，最新、更資本密集的技術都更好。

對這一類說法可以說的就是：它們很明顯的都只是些靜態的看法，沒有考慮到經濟發展的動態本質。要想給實際情況一個公道，我們就必須考慮人的反應與能耐，而不是把自己侷限在機器和抽象觀念裡。我們在之前已說過，假設將最精密複雜的設備移植到一個不精密的環境裡，卻還能充分發揮功效，正常而規律的運作，這是錯誤的。而如果設備利用不足，那麼資本／產出比率也就一定會低。因此將資本／產出比率看成是一個技術現象，就犯了邏輯上的錯誤，因爲它事實上受到很多其他因素極大的影響。

不僅如此，我們還要進一步質問，是否有像卡爾德博士所說，將資本集中在少數幾處工作場所，資本／產出比率就會上升這樣一條法則。沒有一個在產業界有一絲一毫經驗的人敢說他發現有這麼一個「法則」，我們也不曾在任何科學裡找到它的任何基礎。引進機械化與自動化的目的在增進勞動的生產力，也就是勞動／產出比率，而機械化與自動化對資本／產出比率的影響則可能是正面的，但也可能是負面的。我們可以引證數不清的例子來顯示：技術進步以增加資本為餌，消滅了工作場所，但是總產出卻都沒有任何增減。因此指稱一定數量的資本只要集中使用在最小數量的工作場所時就毫無例外一定會產生最大的總產出，這樣的說法並不正確。

這個說法的最大弱點是在，將一個低度就業經濟體的「資本」——甚至「工資總值」——當作「已知之一定數量」。在這裡，靜態的思考方式又導致了錯誤的結論。我已經指出，發展政策的核心考量，必須是為那些失業的消費者——不管他們的消費能力低到什麼程度——創造工作機會，而不是去創造什麼「資本」或「工資總值」。就業是所有其他一切事情的先決條件。一個無事可做的人其產出是零，而一個人即使裝備簡陋，他仍然會有產出，而這點貢獻就可能是對增加「資本」或「工資總值」的貢獻。兩者之間的差別並不如計量經濟學者所想像的那麼明確，因為「資本」的定義完全要看所使用的技術之層次而定。

讓我們考量一個非常簡單的例子。我們要在一個高度失業的地區挖土。可供選擇的技術種類甚多，由最現代化的挖土機具到完全不用任何工具，只靠萬能雙手都有。「產出」由於工作性質的緣故是固定的，因此很明顯可以看出，「資本」投入如果降到最低，資本／產出比率就會達到最高。如果不使用任何工具來做這個工作，資本／產出比率將爲無限大，但是每人生產力將低到不能再低的地步。如果使用最大限度的現代化技術，資本／產出比率將會極低，但是每人生產力就會很高。這兩個極端例子都不是我們所想要的，因此就要找出一個中間之道來。假定一些失業者的工作首先是製作包括兩輪手推車之類的工具，而其他的人則生產各式「計酬貨品」，而這些生產線又可使用自最簡單到最精密複雜各種層次的技術。每一種生產線的任務是找出一個不必購買昂貴而又精密複雜的設備，但又能達到相當層次生產力的技術。整個過程的結果將會是一個遠超過原先只做挖土工作的經濟發展。在從外界投入的總「資本」將會遠小於購置最現代挖土機具的耗費，而投入的（原先失業的）人力要較「現代化」方式所需要的更多之情形下，這個案子不但得以完成，而且整個社區都能走上發展之途。

因此我要說，將選擇合適的中級科技作爲中心議題的動態發展理論，爲建設性的行動，闢出了一條靜態的而只考慮經濟因素的發展理論所完全沒有注意到的生路。

而這則導出了對中級科技的第二個反對意見。它說這些聽來都很有可能，只可惜衆所周知的在低度開發國家裡，企業經營能力可是嚴重的不足。因此這項珍貴的資源就應該以最集中的方式使用，把它放在最有可能成功的地方，並給它這個世界所能提供的最好的資本設備。因此它認爲工業應該設在大城市或是靠近大都市的地方，弄出一塊整合的大工業區，並在每處工作場所配置可以達到的最高程度的資本化設備。

這個說法完全根據「經營能力」是個已知的一定數量這個假設而來，因此又再度露出它完全從靜態角度出發的觀點。而經營能力當然既非一定數量，而且這個數量也非已知。它基本上由所使用的技術層次來決定。沒有能力經營管理現代化技術的人，卻很有可能完全有能力成功經營以中級科技爲基礎所設立的小規模企業——原因我們早已解釋過。事實上依我之見，今天我們在許多發展中國家明顯看到的經營人才不足現象，正是複雜技術滲透到一個不夠複雜的社會後所造成之「負面示範效應」之結果。引進一個適合的中級科技，極不可能由於經營才能之不足而失敗。它也不會減低了對現代化部門之企業的經營人才之供給。正巧相反，由於它使得社會大衆對系統化科技式生產方式更加熟悉，結果將毫無疑問的增加對所需求的經營才能的供給。

除此之外還有兩個反對中級科技的說法。一個說它所生產的產品需要保護，一個說它的產品不適合出口。兩種說法全屬臆測之詞。事實上，許多在特定地區對特定產品所作之新（生產）設計研究及成本計算的結果，都可看出使用經過精心選擇之中級科技所生產之產品，實際上可以較相鄰最近之大都市其現代化工廠之產品便宜。這樣的產品能不能外銷尚待探討。這些失業的人目前並未對出口有所貢獻，主要的任務乃是在讓他們有個工作，這樣他們才能就地取材，並生產出可以就地銷售的產品。

中級科技之適用性

中級科技當然並非處處適用。有些產品本身就是高度精密之現代化工業之典型，因此除了由這樣的產業來生產外，再也不可能有其他生產方式。但是這類產品一般而言卻也不會是貧困大衆的急需品。貧苦大衆最需要的都是簡單的東西——建築材料、衣物、家用品、農具設備——以及讓他們的農產品有更好的收入。而在許多地方他們也最需要樹木、水源，以及儲糧設備，絕大多數的農業人口如果能得到協助自行進行第一階段農產加工，這個幫助效果就無可比擬。所有這些地方都是中級技術的理想應用之處。

除此之外，也有其他更積極的運用。我在此引述一份近期報告中的兩個例子：

第一個是最近國際性大公司的趨勢（而這個趨勢又因絕大多數非洲、亞洲、拉丁美洲國家之政策而加強。它們政策上要求在本國設立煉油廠，不管市場多小）。這些大公司設計每單位產出只須極小量資本投入，而產能也極低的小型煉油廠，每日產能只在五千至三萬桶煉油量。而這些煉油廠就和依傳統設計建造的更大、更資本密集的煉油廠有一樣的效率，成本也一樣的低。第二個例子也是最近為小型市場生產氨肥的「套裝工廠」。根據一些初步的資料，一個每日六噸產能的「套裝工廠」其每噸投資成本大約在三萬美元，而一個以傳統方式設計建造每日一百噸產能的工廠（對傳統設計的工廠而言，這是一個很小的產能）將需要每噸大約五萬美元之投資。

中級科技這個理念並不意味著只是「倒退」回歷史裡，去使用那些已過時的方法，雖然對已開發國家其百年前所使用的技術，進行系統化的研究可能眞的能得到啓發。我們太常假定西方科學，無論是純理論還是應用科學，主要都體現在由它所發展出來的工具或機器上，因此，拒絕了這些工具或機器，等於是拒絕了科學本身。這是再膚淺不過的看法。眞正的成就體現在知識的累積，而這些知識可以運用在許多地方，當前在現代工業上的運用只是其中之一而已，因此中級科技的發展乃是一項眞正踏入全新領域的行動，原先爲了節省勞力使用、削減工作職位而使用的複雜生產方式，以及龐大的成本得以避免，而技術將適合勞力過剩的社會使用。

中級科技的應用範圍極爲寬廣——如果還不能說是到處通行的話——這一點對任何一個肯稍微費點力氣看看它在今日的實際應用情況的人來說，都是極爲明顯的事。每一個發展中國家都可以找得到實例。事實上連已開發國家都可以找得出實例。那麼還缺了什麼環節呢？缺的只是這些既有勇氣又有能力身體力行中級科技的應用者彼此互不相知，互不支援，也無從對那些想效法卻不知如何起步的人提供協助。他們存在於官方及一般大衆所感興趣的主流之外。「歐洲或美國機具出口商的型錄仍然是技術援助的主要來源」，而一般而言，提撥援助的官方安排方式仍然對最新的現代化科技的大型計劃有著難以突破的偏好。

如果我們能將政府與民間的興趣，從那些大而無當的方案轉而投向貧困人們的眞正需要，這場戰事就能打得贏。一份對今日存在的中級科技的研究顯示出我們有足夠的知識與經驗讓每個人都有工作。印度普那（Poona）的戈海爾政治經濟研究院（Gokhale Institute of Politics and Economics）院長蓋吉爾教授（Gadgil）就對中級科技的發展方式提出了三個可能的方式。他的看法如下：

方式之一是利用較先進技術的知識，將傳統工業所使用的現有技術作合適的轉換。轉換意味著保留現有設備、技巧與程序的若干部分……這個提昇傳統技術的過程極端重要，特別是如何在轉換過程中保有一部分原有的科技，以防止由於技術所造成的失業是必須的時候……

另一個方式則是由最先進技術的終端開始，將其加以轉變適應，以符合中級科技之要求……在某些情況下，這個過程還包括了適應當地如燃料之種類或電力狀況等特殊情況所作之調整。

第三種方式則是直接為建立起中級科技而進行的試驗與研究。但是這樣做如果要有成效，就必須對科學家與技術人員訂下經濟條件上之限制。這些限制主要是在預定的營運規模、勞力與資本之相對成本以及它們的投入規模——包括可能的以及必須的。這種直接建立中級科技的努力必須建立在相關領域之先進科技的知識基礎上。但是它會較透過調整與轉變方式所得到的技術有更廣泛的應用範圍。

蓋吉爾教授更進一步提出要求：

國家實驗室、技術研究所，以及大型大學的科系裡從事應用研究的人員，必須將他們的研究集中在這一方面。在每一領域的先進科技的更進一步發展已經在已開發國家中得到充分的照應，卻沒有針對印度情形去做特別的調整與適應，我們也不會在任何其他國家受到注意。因此它們必須在我們的計劃中取得最優先的順序。中級科技應該成為全國的焦點所在，而不是像現在一樣，不受重視，只指定少數專家從事研究，而且彼此又無關聯。

我們也可以對那些跨國機構作相同的請求，這些機構很適合收集、系統化並發展已經存在於這個極端重要領域裡分散在各地的知識與經驗。

我們可以總結如下：

1. 開發中國家的「雙元經濟體系」在可預見的未來仍將存在。現代化部門將不可能吸納全體。

2. 非現代化部門如果沒有被定為特別發展規劃的目標，它就會繼續崩解。這種崩解將會繼續顯現在大量失業以及向都會地區之大規模移徙。而這將毒害了現代化部門的經濟生命。

3. 唯有在讓窮人掌握一個在認知貧困所造成的經濟侷限情況之下所可使用的科技——也就是中級科技，我們才能幫助他們使其得以自主。

4. 需要採取全國性以及超越國家層次的行動方案，以發展適合在開發中國家推動充分就業的中級科技。

13 兩百萬處村莊
Two Million Villages

除非我們刻意而堅決的將重點由物品轉到人身上，否則發展的第二個十年的結果不會比第一個十年更好。眞的，如果不作改變，援助的結果只會造成越來越大的破壞。

在我們談到推動發展的時候，我們心裡想到是什麼？人還是貨品？如果是人，那麼是哪些特定的人？他們是誰？他們在那裡？爲什麼他們需要幫助？如果他們沒有幫助就上不了路，那麼，他們眞正需要的又是那一類幫助？我們又怎麼樣和他們溝通？如果關心的是人，就會有數不盡的這類問題。而在另一方面，貨品就沒有這麼多問題了。特別是在計量經濟學者或統計學家處理它們的時候，商品甚至不再可一一辨識，而成了GNP、進口、出口、儲蓄、投資、基礎設施等。由這些抽象的東西可以建起令人印象深刻的模型，而這些（經濟）模型也很少有容納眞正人類的空間。當然了，「人口」會把他們包括進來，不過也只是把他們當作是一個除數的分母，在分子（也就是可供使用的貨品數量）決定後再派上用場而已。模型會顯示，發展（也就是分子的成長）在分母也成長的情況下，會停滯或倒退。

和貨品打交道要比和人打交道容易得多了——至少是因爲貨物沒有它們自己的想法，也不會有溝通上的問題。當重點放在人身上的時候，溝通問題反而更爲重要。誰會是施以援手的人，誰又是受援助的人？施以援手的人一般而言會是有錢、有教養（帶點特殊意義的用法）、住在城裡的人。最需要幫助的人則是貧窮、沒受教育、住在鄉下的人。這就表示有三道鴻溝將兩者分開：窮與富的鴻溝、受過教育與未受教育的鴻溝、城裡人跟鄉巴佬的鴻溝，這也包含了工業與農業的鴻溝。發展的援助其第一個問題就是如何爲這三座鴻溝搭起橋來。這可得需要大量的創意、研究和愛心。能適合於相對而言較富裕、教育程度較高的城市人其生產方式、消費型態、思想與價值體系，便不可能適合於窮苦、半文盲的農民。窮莊稼漢不可能搖身一變，就擁有高雅的城裡人的外觀和習性。如果人們不能適應這些方式，這些方式就得轉過來適應人。這是整個問題的關鍵所在。

不僅如此，**富人社會裡還有許多現象本身不但問題重重，而且也不適合窮人社會。窮人如果能成功的適應了這些現象，反而是敗亡的開始。**如果變動的本質會造成上一代再沒有什麼可以教導下一代的，而下一代也再也沒有什麼可從上一代承襲的，那麼家庭生活就會崩垮。所有社會的生活、工作與快樂都有賴於若干無比珍貴而又極度脆弱的「心理結構」。社會凝聚力、彼此合作、互相尊重，以及最重要的自信、面對逆境時的勇氣，以及吃得起苦頭的能力——所有這些以及其他更多的事物——一旦這個「心理結構」受到重創就會土崩瓦解、煙消雲散。一個人如果自認萬無一用就完了。沒有任何的經濟成長能補償得了這樣的損失——雖然這其實很可能是空話，因爲通常這些因素會阻礙了經濟成長。

我們的經濟發展學者所研究的令人愉快的理論，並未發現這些可怕的問題。發展的第一個十年裡所產生的失敗現象，被歸咎於撥配的援助不夠，或是歸因於開發中國家的社會或人口中所潛藏的某些缺失。研究當前文獻，就會讓我們以爲，具有決定性的問題爲援助是雙邊性或多邊性的，或是初級產品貿易條件的改善、貿易障礙之移除、私人投資之保障，或是有效的生育控制等才是眞正的問題所在。

我絕對不是在建議說這些問題都不相干，但是這些問題似乎未能切中要害。而環繞著這些問題所作的無以計數的討論，幾乎沒有提出任何具有建設性的行動。在我看來，問題的核心乃是世界上的貧困問題基本上是由於有兩百萬處村莊，因此也就是有二十億農村人口這個事實。解決方案不可能在貧窮國家的都市裡找到。除非偏遠地區的生活得以改善，否則世界的貧困問題不但無以解決，而且必將越來越糟。

我們如果繼續根據數量化的詞句，以及那些高度精簡了的名詞——如GNP、投資、儲蓄等等——來思考的話，所有重要內涵都會失去。這些觀念在探討已開發國家的時候有其用處，但對發展問題卻是毫無意義（而且它們在富裕國家的實際發展過程也不會扮演任何角色），只有當援助能幫助動員起受援國社會大衆的勞動力量並且在不「節省」勞力使用的情形下提昇生產力時，這個援助才能算是成功的。一般所稱的成功評斷標準，也就是GNP成長率，完全是誤導，而且事實上一定會導致除了以新殖民主義形容外，再也沒有其他名詞可以形容的現象。

我很不願意用這個字眼，因爲它聲名狼藉，而且似乎暗示援助者有此存心。眞的有此存心嗎？我想應該是沒有。但這卻讓問題變得更大而不是更小。無意中發展出來的新殖民主義反而較有意追求的新殖民主義更難以對付。只適合（令人懷疑）於富裕社會的生產方式、消費標準、成功或失敗的判定標準、價值體系、行爲方式，一旦在貧窮國家建立起來，就會把貧窮國家釘死在非靠富裕國家不可的情形上。最明顯的例子就是不斷增加的負債。這個現象衆所皆知，而心存善念的人導出一個簡單明白的結論，就是贈與比貸款好，而低利貸款又比高利貸款好。沒錯，但是日益增加的負債還不是最嚴重的問題。畢竟，當欠債的人還不起錢的時候，他乾脆就不還了——這是一個債權人一定要常存於心的問題。

比這更嚴重的乃是，當一個貧窮國家落入富裕國家的生產和消費型態後，所造成的依賴問題。我以最近在非洲造訪過的一座紡織廠為例說明。工廠經理相當驕傲的向我顯示，他的工廠所應用的科技水準乃是當今世上所能找到的最高層次技術。為什麼這麼高度自動化？「因為，」他說道：「非洲工人不習慣工業性的工作而會犯錯。自動化的機器可是不會犯錯的。」他解釋說：「今天所要求的品質標準使我的產品若不是完美無瑕就會沒有市場。」他以這樣的語句總結他的策略：「我的任務當然就是消除掉人這個因素。」但事情並未到此了結。因為使用了不合宜的品質標準，因此所有他的設備都得從最先進的國家進口。而這些精密的機器又要求所有的高階層管理人員以及維護人員也得是舶來品。連原料都得進口，因為土產棉花纖維太短，不能紡成高質棉紗，而設定的標準又要求使用高比率的人造纖維。

這個情形並非特例。任何一個肯費些心檢視實際的「發展」案子——而不只是研討發展規劃以及計量經濟模型——的人，都會知道這些不可勝數的案例：香皂工廠以如許高敏感度的生產過程生產香皂，以致於只能使用經過高度精煉的物料。

而這些物料又必須以高價進口，然而土產原料卻只能在同時以低價出口；食品加工廠；包裝工廠；汽車廠等等族繁不及備載——全都是有錢人的玩意。很多情形下土產水果被丟進垃圾箱，因為據說消費者要求完全根據外觀而訂定的品質標準，而這種品質標準也只有澳洲或加州的進口貨才有。那些地方可是投注大量的神奇科技才能確保每一顆蘋果都一樣大小，外表上也絕沒有一絲一毫破損。這樣的例子可以一路舉到無窮無盡。貧窮國家滑入——同時也被推入——接受了摧毀它們自立自助的生產方式以及消費標準。結果就是出於無心的新殖民主義以及貧苦大衆的前途無亮。

那麼要怎樣才有可能協助這兩百萬處村莊呢？首先是數量部分。如果我們把西方所有援助加在一起，扣除掉某些與發展毫無相關的項目後，除以生活在開發中國家的人民數目，我們得到一個每人每年不到兩英鎊的數字。如果把它當作所得津貼，這點數目當然微不足道，讓人覺得可笑。因此有許多人呼籲富裕國家應該在金錢上多貢獻一點——如果拒絕支持此一呼籲可就顯得行徑乖張了。但是我們能合理的預期達到什麼水準呢？每人每年三英鎊？還是每人每年四英鎊？既然是津貼，一種「公共濟助」之類的支出，就算是一年四英鎊也不比現在這個數字更不讓人嘲諷。

爲了能更進一步顯示出這個問題，讓我們來看看一小群眞正大把大把接受所得津貼的開發中國家——中東、利比亞、委內瑞拉等產油國。它們在一九六八年從石油公司收到的權利金和稅金高達二十三億四千九百萬英鎊，平均每人五十英鎊左右。這樣規模的資金流入，產生了健全而穩定的社會了嗎？產生了心滿意足的老百姓了嗎？鄉下貧窮現象逐漸消失了嗎？農業更加繁榮昌盛了嗎？工業化更加廣佈了嗎？儘管有些成功，但答案仍是個很確定的「不」字。光靠錢成不了事的。相較於質的考量而言，量的考量可是相當次要的。如果政策是錯的，金錢不會讓它變成正確。如果政策是對的，事實上，金錢就不會是個大問題。

現在再讓我們轉過來看質的部分。如果說我們從過去這十年或二十年裡的發展經驗中學到了些什麼，那就是這個問題可是個心智上的無比挑戰。提供援助的人——富裕、有教養、城裡人——知道怎麼照他們自己的方式辦事。但是他們知道怎樣去幫助兩百萬處村莊，二十億鄉下人——貧窮、無知、鄉巴佬——自立嗎？他們知道怎樣在大城裡做大事業，但是，他們知道怎樣在鄉下做上千件小事業嗎？他們知道怎樣拿一堆資本來玩，但是他們知道怎樣拿一堆人來玩嗎——剛開始還會是完全沒有受過任何訓練的勞力呢！

整體而言，他們並不知道。但是許多有經驗的人知道，因爲每個人都在他有限的領域裡累積經驗。換句話說，必要的知識，大體而言是存在的，但它並不是有組織、唾手可得的。它散處各地、毫無系統、毫無組織、而且毫無疑問也並不完整。

能提供的最佳援助是知識上的援助，是一份能派上用場之知識的禮物。知識的禮物勝過物質上的禮物多多，簡直沒得比。理由多得是。除非眞正下過工夫或做過犧牲，否則沒有一樣東西能算得上眞正是屬於「自己」的，所謂事非經過不知難。物質性的禮物讓受贈者不費吹灰之力、不作絲毫犧牲就可以任意處置，因此就很難會是「珍如己出」，常常很容易就被看成是天上掉下來的橫財。一份知識的禮物，一份知識財產的禮物，可就是另外一回事了。受贈者如果不眞正下點工夫處理這份禮物就沒了。處理這份禮物和讓它變成是自己的東西道理是一樣的，而且「防蛀防鏽」（保用終身）。**物質的禮物讓人變得依賴，而知識的禮物則使他們成爲自由之身——當然必須是正確的知識才行。**

知識的禮物其效用也維持得長些，也和「發展」的觀念更相關一些。就如同諺語所說的，**給一個人一條魚，你只是在很短的時間裡給他一點很小的幫助。教會他怎麼捕魚，他就能受用終身。**現在我們把這個說法提到更高層次：提供他捕魚工具，這得花上你大筆銀子，而且效果存疑。就算成效甚佳，這個人以後日子裡還得靠你提供替換零件。但是教他自行製造捕魚工具，你不但幫助他自給自足，而且還能自立更生，不再仰人鼻息。

因此，此事——以慷慨提供合適的知識禮物，有關自助方法之知識的一份贈禮——應當在援助計劃中占有越來越重的考量。這種方式相較之下也較為便宜，也就是說花下的金錢發揮效用的時間要長得多。一百英鎊也許能讓你為一個人配置若干生產工具，但是同樣的金錢卻可能讓你教導一百人怎樣為自己配置生產工具。也許在某些情形下一點物資上的「啓動」會有助於加速這個過程，但是這應該完全是附帶性質，只能居於從屬角色，而且如果選擇得當的話，需要這些物資的人，很可能還花得起錢來買。

將援助的方向從根本改變，調整到我所鼓吹的方向只需要在撥款上作極小的調整即可。如果英國目前的援外款項一年約在二億五千萬英鎊，那麼只要撥出百分之一啓動「知識禮物」並給相關的組織團體，我敢確信就會讓一切改觀，並在「發展」歷史上開啓一個全新的紀元。畢竟百分之一才不過是二百五十萬英鎊而已，但如果運用得當，卻足以有長足的發展，而且也可能使其他百分之九十九的資金得到意想不到的成果。

一旦我們將援助的任務設定爲主要是提供相關的知識、經驗、技術知識等，也就是說是心靈上的物品而非物質上的貨品時，我們可明白看出，目前有關海外發展援助的組織極爲不全。只要我們將主要任務設定在爲受援國所提出的各種方案找尋資金，而將知識多多少少看成是理所當然，那麼這種情形就一點也不令人意外。我在這裡所要說的乃是，知識的取得可不能當作是理所當然之事。事實上欠缺的正是知識這項因素。它是整個過程裡的缺口、「失落的環節」。我並不是說當下連一絲一毫知識都沒有被提供。眞要是如此那豈不是成了笑話。事實上技術知識的提供極爲豐富，但是所有這些都是根據一個假設而提供的，那就是對富裕國家有好處的也一定會對貧窮國家有好處。我之前已說過，這樣的假設是錯誤的，或者至少可以說只有很小一部分是對的，而絕大部分都錯。

所以我們現在再回到兩百萬處村莊上來，看看我們怎樣能讓它們得到相關的知識。要這麼做？首先我們就得自己先處理這些知識。在我們談論援贈之前，我們先得有可以贈與的東西。我們在自己國家裡並沒有數以千計的貧困村落，所以我們對在那種環境下有效的自助知道多少？**承認自己知識不足才是智慧的源起**。只要我們一直以爲我們知道——雖然實際上我們並不知道——我們就會繼續到窮人那邊向他們展示所有那些一旦他們發了財後就玩得起的神奇事物。這是到目前爲止援助失敗的主要原因。

但是我們對如何將知識及經驗組織起來並系統化是確實有點了解的。我們有許多設施，問題只在於我們是不是明確知道任務是什麼。比方說，如果任務是編製一份在熱帶地區國家如何建造低成本建築物的方法以及使用材料的指南，並且以此爲教材訓練開發中國家的建築業者如何運用合適的技術與方法，這點我們毫無問題做得來，或者——至少——我們也能馬上採取一切步驟，讓我們在兩、三年內能具有這樣的能力。同樣的，如果我們很清楚的知道許多開發中國家的衆多基本需要之一是水，而且如果能得到如何以低成本的自助方式來儲用、保護、輸送水之類的系統化知識，將能使數以百萬計的村民受益無窮的話——如果我們明確了解這一點並注意到了這一點，我們毫無疑問有能力及資源去集合、組織並且傳播所需的資訊。

我早已經提到過，貧困的人的需要相對來講算是簡單的，基本上他們需要的協助都是基本需求。他們如果不能夠自助，不能夠自立，那他們根本就活不到今天。但是他們自己所有的方法經常都太原始、太無效率、太沒效果。這些方法需要有新知識來升級，一些對他們而言是新，但不是對每個人都算新的知識。假定窮人都不想翻身是不對的。但是所提議的改變必須和他們現在正在使用的多少有某種程度的親切感，不然也就難怪對抱著「你給我閃一邊去，讓我來秀給你看你有多無用，而有了一大堆外國資金和稀奇古怪的舶來設備，能怎樣漂漂亮亮的露一手」心態的蹲辦公桌、城裡來的創新發明家所提議的翻天劇變，他們不但報以懷疑的眼光，甚至是抗拒不從了。

由於貧窮人民的需要相當簡單，因此需要進行研究的範圍也就頗爲狹窄。要有系統的進行研究完全不是問題，但是組織型態卻和我們今天所見的大不相同（今天的乃是以經費的分配爲主）。今天無論是在援助國或受援國，發展案子都是由政府官員來執行，換句話說，由行政官僚負責。無論是在訓練上或經驗上，他們都不是企業家或創新者，他們也沒有生產程序、商業要求、溝通問題上的專門技術知識。他們毫無疑問有個基本角色可以扮演，我們既不能——也不會——把他們踢一邊去。但是沒有別人，他們自己一樣不能成事。他們必須和其他的社會團體、工商業界人士密切合作。

這些人可是受過「生存訓練」的——如果到了領薪日他們不能證明自己物有所值，他們就得滾蛋！此外他們也得和專業人士、學界、研究人員、媒體工作者、教育界人士等等這些有時間、有能力、有資源，也有傾向去思考、寫作、溝通的人合作無間。發展的工作千頭萬緒，任何這三方面中的任一個團體都不可能單獨成事。

不管是在援助國或受援國都有必要組成我所說的A—B—C組合，A是行政體系（administrator），B是企業體系（businessman），C是溝通體系（communicator）——也就是勞心者，各式各樣的專業人士。只有在A—B—C體系眞正建立起來後，才有可能對令人震驚的發展問題造成眞正的衝擊。

在富裕國家各行各業裡有著成千上萬願意爲對抗世界貧窮問題貢獻一份心力，而不是只顧著去鈔票堆裡鏟鈔票的人，但是能讓他們貢獻心力的地方實在有限。而在貧窮國家裡，受過教育的民衆——這群得天獨厚的少數民族——又只是追隨富裕國家所設定的時尚——這是無心的新殖民主義的又一事證——結果只注意到除了直接和他們同胞的貧窮有關之問題外的所有其他問題。他們要有人給予強有力的刺激與指示，來處理他們自己社會的迫切問題。

將散居各處，包括本地與海外的志工人員動員起來，並整合成「A—B—C團體」，透過這樣的方式來動員來協助衆人自助所需的知識需要花點錢，但並不需要太多。就如我之前所提過，只要英國援外金額的百分之一就足以——非常足以——對這樣一個方案所需的經費提供很長一段時間的支助，所以毫無將援外方案弄得天翻地覆，乾坤顚倒的問題。要改變的是想法和運作的方式。只有新政策是不夠的，還要有新的組織方法，因爲政策不過是施行工具而已。

要推行此處所鼓吹的方式，不但要在援助國成立行動團體，也要在受援國成立——而這是最重要的。以A—B—C組合方式成立的行動團體，理想上應該是在政府機器之外，換句話說它們應該是非政府的義工組織。它們可以由已從事發展工作的志工機構設立。

已經有許多這一類的宗教性或非宗教性組織，並有大量的「草根」成員。而且它們很快就體認到「中級科技」正是它們在許多場合中所使用的，但是它們缺乏有組織的技術性支援。在許多國家的研討會都探討這些國家的共同問題，而且大家也明顯發現：除非將知識系統化的組織起來，同時也有一個系統化的溝通組織，也就是說，除非有一個可以被稱作「知識上的公共建設」，否則就是志工人員肯自我犧牲奉獻努力，也得不到應有的結果。

已經有初步的嘗試，而它們應得到政府及自發性募款組織的全力支持。至少應達成下列四個功能：

溝通的功能——讓每個田野工作人員或工作團體知悉在他們所介入的地理區域或「功能」組別上其他工作的進行情形，以便直接交換資訊。

資訊中介的功能——系統化的組合、傳播，適合於開發中國家使用之科技的資訊，特別是建築、水力、電力、作物之儲存與加工、小規模之製造、保健服務、交通等等項目之低成本生產方法。此功能之主要機能不是集所有資訊於一處，而是蒐集「有關資訊之資訊」或是「技術知識之技術知識」。

「反饋」之功能，也就是將開發中國家的田野工作者所碰上之技術問題，轉給具有解決此類問題之設施的富裕國家相關單位之功能。

創設並協調「次級結構」之功能，也就是說，在開發中國家之行動團體與驗證中心的發展。

這些都是得靠一再摸索嘗試才能完全弄清楚的事情。所有這些事情我們都不必從頭做起——很多都已經存在了，但是需要我們將它們整合起來並有系統的發展。開發援助將來的成功要靠將正確的知識組織起來並相互溝通。這個任務很明確，也做得到，而且完全在現有資源可做得到的範圍之內。

爲什麼有錢的要幫助沒錢的這麼難呢？現代社會的傳染病就是城鄉差距，一個財富、權力、文化、吸引力以及希望之間的不平衡。前者擴張過度而後者則萎縮不已。城市成了全能的磁鐵，而鄉村生活則失去了它的風味。但是就像健全的心理要靠健康的身體來支持一樣，城市的健康也要靠健全的鄉村地區來支持這個眞理卻是不變的。都市，縱使加上它所有財富，仍然只是次一級的生產者。基本生產，所有經濟生活的前提，則在鄉村發生。由於世代以來對鄉下人和原料生產者的剝削而造成的當前的不平衡狀態，在今天威脅到全世界所有的國家，而且對富裕國家的威脅較貧窮國家更大。重新恢復都市與鄉村生活的平衡可能是現代人所面臨的最大任務。

這可不僅僅是提昇農業產出以避免全球饑荒這麼簡單而已。除非整個鄉村生活水準能提高，否則大量失業與大規模的移居城市這兩大惡魔就沒有解決之道。而要提昇鄉村生活水準則要發展出一套農工文化，使得每個地區、每個社區都能為其成員提供多采多姿的工作選擇。

因此這個十年裡的關鍵性任務就是開發的工作做得更合宜，因此而變得更有效，這樣它才能往下直探世界貧窮問題的核心，直抵這兩百萬處村莊。如果農村生活的崩解繼續下去，那麼就不會有出路——不管砸下多少錢都是如此。但是如果開發中國家的農村人民能夠得到協助讓他們自助，我毫不懷疑一個眞正的發展將能繼起，每個大城市周圍就不會有一圈悽慘難看的違章建築小鎮，也不會有流血革命之類的殘忍的挫折。任務的確非常之艱鉅，但是等著被動員的資源也一樣的不可小覷。

經濟發展的內容比經濟學要深奧得多，也廣泛得多，更不要說是與計量經濟學相比了。它的根源不在經濟領域之內，而在教育、組織、紀律，而且不止於此，還有政治上的自主與全國對於自立更生的認知。這不可能靠外國技師有技巧的接枝行動，或是跟一般大眾失去接觸的本國菁英所能「生產」出來的。只有以廣泛、普及的「重建運動」，並強調充份運用到每一個人的熱誠、聰明、推進力、勞力來推動才能成功。成功不能靠科學家、技術人員，或經濟計劃設計者所產生出來的某種魔術得到。它只有靠包括了教育、組織，以及全體人民的紀律所形塑的成長來達成。那怕是只少一點點，都注定要失敗。

14 印度的失業問題——在倫敦與印度發展團體之談話

The Problem of Unemployment in India

在談到失業時，我所指的是，對整體的可用勞動力之低度使用或是毫不使用。我們可以想像一個從零到百分之百的生產力尺度，也就是一個失業的人到一個充份而且生產力得以作最有效發揮的人。對任何一個貧困社會而言，關鍵性問題就是如何提昇生產力。在考慮任何一個社會的生產力時，只考慮到受雇或自雇的人，而不計入那些失業，因此生產力爲零的人，是不夠的。

經濟發展基本上是一個能完成更多事情的問題。要做到這一點，有四個基本條件。首先，必須要有動機。其次，必須要有技術知識。第三，必須要有資本。第四，必須要有出路：增加出來的產出就需要有新增的市場。

就動機這一點而言，外人無從置喙。人們如果不想改善自己的生活，那麼最好不要去打擾他們——這應該是援助的第一個原則。圈內人可能有不同的看法，而且他們的責任也不同。對提供援助的人而言，有的是想要改善自己生活的人，他們只是不曉得怎麼做而已。其次就是技術知識的問題。如果有數以百萬計想要改善生活卻不知道從何做起的人，誰來告訴他們怎麼做？我們想想看這個問題在印度的規模有多大。我們談的可不是幾千人、幾百萬人，而是幾億人。這個問題的規模使得它不再是任何小打小鬧、小改善、小改革、小改進、小刺激所能解決的，而變成基本的政治哲學問題。

整件事情可用一個問題來總結：教育的目的是什麼？我想中國人在二次世界大戰前做過計算，要供應一個人上大學，得三十個農夫下田工作才行。如果這個人上了五年大學，到他畢業的時候，他已經消耗了一百五十人年的農夫人力了。這在道理上要怎麼說才說得過去？誰有權撥出一百五十人年的成果來讓一個人上五年大學？農人又能得回些什麼？這些問題將我們帶到歧路上來了：教育是「取得特權的護照」呢，還是一樣被人們當成僧侶所發下誓願一樣的東西：一個服務人群的神聖職責？前面這條路將受過教育的年輕人帶到孟買的時尚區域，在那裡其他許多受過高等教育的人早就已經來了，而他在那裡就可以加入一個互相仰慕的社會，一個「特權階級公會」，並且盯著他的特權而不會被其他未受教育的廣大同世代的人侵蝕掉。這是一條路。

另一條路則有不同的心態，結果導致不同的命運。那條路會將他帶回那些最後直接、間接爲他的教育付出了一百五十人年工作成果的人。在接受他們工作成果的供養之後，榮譽感驅使他必須有所回饋。

這不是一個新的問題。托爾斯泰寫下這些字句時就談到：「我騎在一個人的背上，掐住他脖子，逼他背著我，但同時卻也向我自己和別人確認說我眞的很替他難過，希望能盡力減輕他的負擔。」所以這是我們第一個要面對的問題。我們能不能建立起一個理念，不管你如何稱呼它，它都堅持受過教育的人必須要有所承擔，而不只是取得一張「特權護照」？這麼一個理念當然受到所有人類高層次教導的支持。身爲一個基督徒，或許我得以引述聖盧克（St. Luke）的話：「給予了更多的人，就被期望的更多。向他要的更多，是因爲他被託付的更多。」你或許可以說，這只是個基本的原理。

如果這個理念並不流行，如果教育是通向特權之路被視爲理所當然，那麼教育的內容基本上就不再是服務人群，而是服務我們自己：一批受過教育的人。這些享有特權的少數人將會希望被教育成與一般大衆不同，而且不可避免的會學到並教導錯誤的事物，也就是眞的讓他們有別於一般大衆事物，如鄙視勞力工作，鄙視基本生產活動，鄙視鄉村生活等等。除非是所有受過教育的人都將他們自己看成是國家的僕人——也就是最終而言是一般老百姓的僕役——否則就沒有足夠的人來領導，來教導解決全印度五十萬處村莊的失業或沒有生產力的就業所需的技術問題。事關五億人口。要協助人們得以自助自立，你需要至少兩個人來照顧一百個人，這就表示我們得培養一千萬人，而這個數目則是印度所有受過教育的人口。也許你會說這不可能。但是如果這眞的不可能，那絕不會是因為宇宙間有個什麼法則說這不可能，而是因為有些人類天生的、根深蒂固的自私天性，使得他們只肯受而不肯施。事實上有證據顯示這個問題並不是不能解決的，只是它只有在政治層面上才能得到解決。

現在我們再來看第三個因素，在動機與技術知識之後，叫做資本的因素。這個因素當然和技術知識息息相關。根據我的估計，印度現在馬上就需要有五千萬個新工作。如果我們同意說除非人們有些資本——以設備及營運資本的形式存在——否則就無法有生產力的工作，那麼問題就是：要創出一個新工作你拿得出多少資本？如果新創立一個工作要十英鎊，那麼五千萬個工作就要五億英鎊。如果新創一個工作得花上一百英鎊，那就需要五十億英鎊。而如果一個工作是如在英國與美國所需的五千英鎊，要新創五千萬個工作就需要有二千五百億英鎊。

我們所談到的這個國家——印度——其國民所得一年大概是一百五十億英鎊。

所以第一個問題就是對每個工作我們負擔得起多少？第二個問題，我們有多少時間來做？假定說我們要在十年裡創出五千萬個工作，我們能合理的預期國民所得（我已點明大約是一百五十億英鎊）中，有多少比率可以用作創立工作所需的資本基金？我會說，在不必作詳細計算的情況下，你能有百分之五就算你走運。因此每年有一百五十億的百分之五，十年下來，你會有七十五億英鎊可用來創設新工作。如果你要在這十年裡新創五千萬個工作，平均起來你可在每處工作場所花上一百五十英鎊。換句話說，如果在每處工作場所平均投資這樣的資本，每年你可以設立五百萬個工作場所。但是如果我們假定你說：「啊，不。一百五十英鎊太少了，最多只夠買一套工具而已，每處工作場所我們要一千五百英鎊。」那你就不會每年有五百萬個新工作，而只會有五十萬。而且如果你是說：「只有最好的才夠看。我們馬上就要有小美國，這就是說每處工作場所五千英鎊。」那你就不會一年有五十萬個新工作，更不必提五百萬個新工作，而只有大約十七萬個新工作。現在毫無疑問你已經可以看出來，我把這個問題大大的簡化了，因爲有對工作十年的投資，國民所得將會上升。但是我在計算裡也略去了人口的成長，所以我會說這兩個因素的效果在我的計算裡彼此互相抵銷了。

因此我的建議是，對任何一個在印度這種處境的國家而言，最大的集體性決定就是對技術的選定。我並不是在設定應該要怎樣的法則，我只是單純的說出：這就是生活的嚴苛事實。你可以爭論很多事情，但是對數字你沒得爭辯。所以你要嘛就是在高度資本化情形下有少少幾個工作，或是在較低的資本化情形下有許多工作。

所有這些和我所曾提到過的其他因素相關聯，如教育、動機和技術知識。印度大概有五千萬名國小學童，將近一千五百萬名中學生，而高等院校學生則有大約五十萬左右。除非在離校以後讓他們有些什麼事情可幹，好讓他們學以致用，否則維持一個這樣規模的教育機器當然就毫無意義。如果他們無事可幹，整個體系就成了一個恐怖的負擔了。這個教育體系的大致描述已足夠讓我們了解：我們眞的得照一年五百萬個新工作的方式來思考，而不是一年幾十萬個新工作。

直到最近，也就是五、七十年前吧，我們處理事情的方式若照今天的標準來看還眞夠原始的。在這一點上我倒要引述加爾布雷思（John Kenneth Galbraith）《新工業時期》（*The New Industrial Estate*）一書中的第二章。這一章中有一篇對福特汽車公司的迷人描述。福特汽車公司設立於一九〇三年六月十六日，核准發行之資本額爲十五萬美元，實際只發行了十萬美元，而眞正實收的現金只有二萬八千五百美元。所以這家公司手頭上所有的現金只在三萬美元之譜。公司在一九〇三年六月成立，第一輛車在一九〇三年十月面世，也就是四個月後。一九〇三年的員工人數當然很少——一百二十五人，而每處工作場所的資本投資在一百英鎊以下。這是在一九〇三年。如果我們現在一路往下推六十年，到了一九六三年，我們會發現福特公司決定要生產一款新車：野馬（Mustang），準備工作耗時三年半。工程和款式設計的成本要九百萬美元。爲這款新車重新調整機具設備的成本是五千萬美元。而在同一時間，公司的資產是六十億美元，平均是每一名雇員一萬英鎊，差不多是六十年前的一百倍之多。

加爾布雷思由此導出若干值得研討的結論。它們描述了這六十年裡所發生的事情。第一，一件事情由開始到完成所需的時間大大的增加了。第一輛福特車由開始生產到問市只花了四個月時間，而現在單單改個車款就要花上四年。第二，生產所需要的資本大幅增加了。在最早的福特工廠裡，每一單位產出所需的投資簡直微不足道。零件和物料只是短暫駐留，不需要高薪的專家來照料，只需要用到基本簡單的機械來將零件組裝起來，只要兩個人就可以舉起汽車骨架這一點有助於我們了解。第三，這六十年裡，工作彈性大幅降低了。加爾布雷思寫道：「如果福特和他的助手（於一九〇三年）在任何一個時點上決定由汽油引擎轉成蒸汽引擎，機具車間只要幾十小時就可以調整完畢。現在他們就算是只換個螺絲釘，都得花上好幾個月時間。第四，增加了許多專門人才。不只是在機械方面，企劃方面也有，以預測未來到最細微之枝節。第五，一個大不相同的組織，以整合所有這些無以計數的專門人才。這些人在這個複雜的整體裡，除了一小塊工作外，其餘什麼都不會。「事實上組織這些專門人才的工作複雜到得要組織專家的地步。較機器更爲龐大與複雜的企業組織，正是先進科技看得到的展現。」最後，就是長程規劃的必要性。這一項，我可以向你們保證，是個非常精細，也非常令人沮喪的工作。加爾布雷思如此寫道：「在福特早年的日子裡，未來就離眼前不遠。從設定投資生產的機器和物料，到物料以汽車成品現身之間的時間是以日計。如果未來就離眼前不遠，我們就可以假定它跟眼下沒有多大差異。」而規劃和預測就並不太難。

好，那麼所有這些結論是什麼呢？結論就是：科技越精密，一般而言，所要求的先決條件也就越多。當生活中的簡單事物——而我只關心這些事物——由越來越精密的過程來生產時，那麼必須要滿足的這六個條件就越來越超出了任何一個貧困社會的能力。單就食物、衣物、居住場所、文化等簡單的事物而言，最大的危險在於人們竟然自動假定只有一九六三年的方式才是相關的生產方式，而不是一九〇三年的方式，因爲一九六三年做事情的方式得先擁有大量的財富，而這卻是窮人可望而不可及的。在希望不至於冒犯我學術界朋友的情況下，我要說這一點幾乎完全被他們忽略了。在你需要數以百萬計的工作的時候，每處工作場所你花得起多少資本這個問題，幾乎從來不曾被人問過。要滿足過去這五十年或六十年的要求條件，事實上需要總量上的大幅提昇。人類歷史上所有事物都是連續性的發展，直到二十世紀初。但在二十世紀的前五十年在總量上有了大幅提昇，像福特之類資本由三萬美元到六十億美元的大幅提昇。

在開發中國家想找到一九〇三年水準的亨利福特就已經夠難的了，而要弄出一個超級亨利福特，由一無所有起步，一步登天到一九六三年的地步，簡直就是癡人說夢。沒有人能從這種基礎起步。這就是說，除非他已經有所成就，已經在那個水準上營運，否則沒有一個人能在這個基礎上有任何成就。這對我們了解現代世界是個絕對性的關鍵。在這個層次不可能有任何新創，只有推廣，而這就意味著說如果貧窮國家也交織在這一個層次裡的話，它們會比歷史上任何一個時期都更依賴富裕國家。它們只能為富裕國家塡塡牙縫，例如低工資讓它們能便宜的生產這樣那樣的不值錢的小東西。人們四處搜探，說道：「在這裡，這個或那個窮國家，工資這麼低，在這裡生產某些手錶零件或是化油器零件要比在英國便宜。那就在香港啦、台灣啦或是管它叫什麼名字的地方來生產吧。」貧窮國家的角色就是在富裕國家的要求下擔任塡補空檔補白的角色。因此可以看出在這個層次的科技上，不論是想達到充份就業還是獨立自主都不可能。對科技的選擇是所有的選擇裡最重要的一個。

奇怪的是，有些人說沒有什麼科技的選擇這回事。我曾經讀過一位來自美國的知名經濟學者的論文。他認爲只有一種方式來生產任何一種商品——一九七一年的方式。難道這些商品以前從來不曾生產過嗎？從亞當離開天堂以來，生活的基本事物就有所需要，也就被生產製造。他說唯一能被取得的機器就是最新版的。而今他所指的可能是能夠容易取得的機器便是最新版的。在任何一個時間只有一種機器比較會橫掃市場這一點倒是不假，而這造成了一種我們別無選擇，以及一個社會的資本數量決定了這個社會所能達成的就業量的印象。這當然是荒謬的。我所引述的這位作者也知道這很荒謬，所以他接下來就修正看法，並且指出了日本、南韓、台灣等等例子，而在這些地方人們以非常少量的資本設備達成了高水準的就業量與生產量。

選擇科技的重要性已經漸漸進入經濟學者和發展規劃者的意識。這有四個階段。第一個階段是對任何提到這一點的人報以嘲笑和輕鄙的拒斥。現在則進入了第二階段，人們口惠而實不至，但是潮流並未停止。第三階段將會是對科技選擇的積極動員，而第四階段則將是實際的運用。這個過程極爲漫長，但是我並不想隱藏在政治上有可能直接進入第四階段這個可能性的事實。如果有一個將發展視爲替人民而做的政治理念的話，那麼我們就立刻可以匯集數以億計人民的聰明才智，直接切入第四階段。

但是政治不是我插得上嘴的地方。如果大家漸漸的明白科技的選擇是至關緊要的事，那麼我們又怎樣才能從第二階段進展到第三階段，也就是從單純的光說不練，進到眞正的開始做點事情呢？就我所知，這個工作目前只有一個組織正有系統的執行，也就是中級科技發展團體（Intermediate Technology Development Group, ITDG）。我並不否認也有些工作在商業基礎上進行，但是並沒有系統化。ＩＴＤＧ將它的任務設定在找出有那些科技選擇。我在這個純民間團體的許多活動中將只舉出一個例子。以鑄造和木工爲例，金屬和木材是工業上的兩種基本原料。那麼按照資本密集程度由最原始的人們只使用最簡單的工具到最複雜的規模依序排列起來，有那些不同的科技可供使用？這可由產業簡介中顯示出來，而這些產業簡介則包括了在每一個科技層次的說明手冊以及一份附有供應商地址的設備名錄。

對這個活動所能做的唯一批評就是：做得太少，也做得太晚了些。在這個事關重大的問題上，竟只有一個小小的民間團體來做這件事，實在是太不夠了。這個世界上應該有數以十計、經費充裕的組織來做這件事。這個任務是如此之龐大，即使有若干重疊之處也無所謂。不管怎麼說，我都應該希望這件工作將在印度大規模進行，而我也很高興的發現已經有了起步。

現在我們再來看第四個因素：市場。這裡當然有個非常現實的問題，因爲貧窮就意味著市場極小，自由的購買力也非常之小。在過去，一切已有的購買力一直都是已先預定用途的，而如果我在一個貧困地區新生產涼鞋或鞋子，在我做好鞋子之後，我這些窮困的同胞不會有多餘的錢來買。有些時候開始生產要比找到市場來得容易，然後我們當然很快的就會得到勸告說爲外銷生產吧，因爲外銷的地區主要是富裕國家，而它們有的是購買力。但是我如果是在一個鄉下地方從零開始的話，我又怎能指望在世界市場上和人家競爭？

就我所知，對外銷這麼心縈於懷有兩個原因，一個是眞的，另外一個就沒有這麼好了。我先講第二個原因。它實在是殖民時期經濟思想的餘孽。沒有錯，都會式強權進入一塊領土，不會是因爲它對當地人民特別感興趣，而只是要取得爲其自身工業所需的資源罷了。我們爲了瓊麻而進入坦桑尼亞，爲了銅而進入桑比亞（Zambia）等等，到其他地方則是爲了貿易。整個想法都是由這些利益的考量而形成的。

「發展」表示開發原材料或食物的供給或貿易利益。殖民強權基本上只對供應和利潤感興趣，而不是對當地人民的發展有興趣，而這則表示它基本上只對殖民地的出口感興趣，不是對其國內市場有興趣。這種看法根深蒂固到連皮爾森報告（Pearson Report）都將外銷視為開發中國家成功與否的判定標準。但是人們當然不是靠外銷而活，他們為自己以及為彼此而生產的東西，絕對要比為外國人而生產的東西更重要得多。

但是另外一個原因就要眞實得多。如果我為了出口到富裕國家而生產，我就能把買得起視為理所當然，因為我自己這點小小的生產和已有的數量相比，根本是微不足道。但是如果我在一個貧窮國家開始生產一樣新產品，除非我能將購買力由某些其他產品轉到我的產品上來，否則我的產品可能就沒有市場。我們應該同時生產十二種不同的東西，這樣對十二個生產者的每一個人來講，另外十一個人就會是他的市場。這樣就會有新增的購買力來吸收新增加的產出。但是要同時展開許多不同的行動是極端的困難，因此傳統的忠告就會是：「只有為出口而生產才是合適的發展。」這樣的生產不但在規模上受到高度的限制，它的就業效果也是受到極高度的限制的。要在世界市場上競爭，一般來講就必須使用富裕國家的高度資本密集、節省人力的科技。不管在什麼情況下都不會有乘數效果（multiplier effect）：我賣出產品，賺進外匯，外匯則花在進口上（或是用來還債），如此而已，沒有下一循環了。

必須同時開始許多互爲補充的生產活動，給發展帶來了一個非常嚴重的困難，但是這個困難可以藉公共工程的「起動」來緩和。大規模公共工程的創造就業效果經常被人讚揚。就這一點，我想再加以說明的是：如果你能藉由外來資金資助的公共工程計劃，將新的購買力注入鄉下，則「乘數效果」能得到最大的發揮。公共工程所雇用的人會將他們的薪資花在「工資產品」上，也就是各式各樣的消費財。如果這些工資產品都能在當地生產，那麼由公共工程計劃所形成的新購買力就不會外流，而會在當地市場一再循環，結果總就業效果會非常好。公共工程是很值得我們做，而且也眞能帶來很多好處，但是如果它沒有造成本地自行生產更多的工資產品的話，新增的購買力就會流向舶來品，這個國家就會遭遇很嚴重的外匯困難了。雖然如此，由這個老掉牙的道理推論說，出口對發展特別重要仍然是誤導人的說法。畢竟對人類全體而言是無所謂出口之可言的。我們並不是由從火星或月球取得外匯來發展的。人類是一個封閉的社會，就這方面而言，印度已大到足以成爲一個相對封閉的社會——一個好手好腳的人足以工作並生產其所需的社會。

所有這些聽起來都非常困難，就某種意義而言，它也眞的是非常困難，如果是爲人民而做，而不是由人民來做的話。我們不要把發展或就業想成絕不是世界上最自然不過的事。它發生在每一個身心健全的人的生命裡。會有那麼個時候，時候一到他就開始工作。就某個意義而言，現在要工作比人類歷史上任何時期都更爲容易。爲什麼？因爲現在有更多的知識。現在溝通要更爲容易。你可以汲取所有這些知識（這就是印度發展集團設在那裡的目的）。所以我們不要讓我們自己被這些困難迷惑了，而要喚回我們一般的看法，那就是工作是世界上最自然不過的事。只是我們不要太過精明，結果反而妨礙了目的。我們總是在某些事物甚至八字都還沒一撇的時候，就有了一籮筐怎樣去把它最適化的主意。我認爲那個說「手頭有點什麼總比一無所有的好」的蠢漢子，可要比那個除非事情都弄得妥妥當當，否則就不肯去碰的精明仔要聰明得多了。什麼東西把我們擋了下來？理論、規劃。

我在規劃委員會（Planning Commission）就碰到過深信就算有十五年的時間，都不可能將印度願意工作的人投入工作陣容的規劃官員。如果他們說不可能在十五個月內辦到，我可以接受，因爲要支開官僚體系的零零碎碎總得花點時間。但是豎白旗認輸說不可能在十五年內做到最基本最初級的事情，這簡直是心智的大倒退。這種主張背後的道理是什麼呢？啊哈！道理極爲淸楚，很不得了的一個模型架構。他們說要讓一個人能工作，平均而言你得有這麼多的電力，這麼多的水泥，這麼多的鋼鐵。這簡直是荒謬。我很樂意提醒你們：一百年前電力、水泥和鋼鐵的數量幾乎微不足道（我也樂意提醒你們，建泰姬瑪哈陵可沒用到一絲一毫電力、水泥或鋼鐵，而且歐洲所有的大教堂也沒用到它們來建造。這是個心中的定見，認爲沒有最新的科技，你就什麼也不能做。這是我們必須克服的想法）。也許你又會說這不是個經濟問題，而是屬於政治的問題。這基本上是一個對世上芸芸衆生心懷慈悲的問題。這基本上不是一個徵召一般老百姓的問題，而是讓那些受過教育的人自動接受徵召的問題。

再舉一個例子。理論家和規劃者告訴我們說，能夠投入就業的人數由你所擁有的資本數量來決定，就好像你不能讓人去生產資本財似的。他們跟我們說科技沒得選擇，好像生產只始於一九七一年。他們說如果不用最新的方法就不經濟，好像說還有比讓人完全遊手好閒更不經濟的事。他們說有必要「除去人的因素」。

任何一個人所能蒙受的最大損失，就是失去了自己照料自己及謀生的機會。成長和就業之間並無衝突。甚至在現在和未來之間也沒有衝突。要能顯示出讓人工作的結果會造成現在和未來之間的衝突，你得弄出一個非常荒謬不合理的例子。已經發展的國家裡沒有一個能在不讓人工作的情況下發展。就一方面而言，說這些事情頗爲困難倒是不假。但在另一方面，我們可也絕不要對這個事實有所忽略：我們所談的是人的最最基本的需要，我們也絕不能讓所有這些大錯特錯而又非常困難的考量，阻止我們去做最基本、最直接的事。

現在我冒著被誤解的危險而在所有的可能例子裡，給你們一個最簡單的例子。就印度而言，上帝並沒有剝奪任何一個祂的孩子的繼承權，因而賜給了印度許多種樹木，種類多到世界上無一處可以相比擬。樹木的種類幾乎可以滿足人類的所有需要。印度最偉大的教師之一是佛陀，而在他對每一個良好佛教徒應盡職責的教導中，包括了至少每五年裡應該種下一棵樹並看到它存活長大。只要這一點能被遵守，印度的整個區域就會被濃蔭遮蔽，沒有塵埃，水份充足，樹蔭處處，有的是食物和原料。只要想想如果能樹立起一個理念，讓印度每個四肢健全的人：男人、女人、小孩，都有義務在五年裡每年種一棵樹，並看著它存活長大。這會在五年裡給你二十億棵長成的樹。任何一個人都可以隨便在信封背面做做計算，算出有心的推動這樣一個方案的經濟價值，會比印度任何一個五年計劃所承諾要達到的成果爲高。做成這件事不用花一分錢外援，也沒有什麼儲蓄和投資的問題。它們將能生產食物、纖維、建材、遮蔭、水份，幾乎是所有人類需要的東西。

我把這個留給大家去思考，而不把它當作是印度的龐大問題的最終答案。但是我要問：如果教育讓我們無法去想到馬上就可以做的事，那麼這算是那門子教育？什麼會讓我們想到在我們開始做什麼之前就需要先得有電力、水泥、鋼鐵？真正能幫得上忙的事不會是由中央做出來的。它們也不會由大的機關團體做出來，民衆卻能做得到。如果我們能恢復這份意識，那就是對世界的每一個人來說最自然不過的事，亦即就是善用雙手以生產，而且這並非人類才智之所不能及，那麼我認爲失業問題就會消逝，而且很快的我們就會問自己：我們怎麼有本事把所有該要做到的事都做到了？

組織與產權制度

Organisation and Ownership

15 能預告未來的機器？

A Machine to Foretell the Future?

本章談論可預料之情況的原因是，因爲它代表了我們所面對的最重要的形而上學問題之一。似乎從來沒有像今天一樣，有過這麼多的未來學者、規劃家、預測家、模型建造家。而科技進步所帶來最有魅力的產品：電腦，似乎也在提供還沒有人提到過的新的可能。人們到處都在談「可以預告未來的機器」。這不就是我們一直在等待的機器嗎？不管是什麼時候，人都一直想知道未來。

古代的中國人求助於《易經》，這本據說是人類最古老的書籍。即使在今天我們有些當代人士仍然如此。《易經》所根據的信念是：雖然萬物無時無刻不在變易，變易本身卻並不變易，而是遵循若干可循的形而上學法則。《舊約》〈傳道書〉說道：「每件事都有其道理在。……而且對每個目的均有其時……有毀壞的時機，也有建立的時機……有拋掉石塊的時機，也有聚集起石塊的時機。」或者我們可以說，有擴張的時候，也有鞏固既有基礎的時候。而智者的任務就是要了解宇宙的偉大脈動並順其道而行之。希臘人——我想絕大部分其他國家的人也是——求助於傳達神諭的女巫、神媒、先知、預言者之流時，中國人卻與衆不同的去查閱一本定出變易的必然，且放諸四海而皆準的典籍，書中指出我們應遵循大自然，而人類或是出於由智慧而得之洞識，或是飽經患難所得之洞察，而自願遵循的天道。摩登人類則直接找上了電腦。

雖然我們很容易將古代的神媒與現代的電腦拿來做比較，但是只有對比才有可能做到比較。前者完全只處理質的問題，而後者則只處理量的問題。古希臘德爾菲（Delphi）神殿上的銘文寫的是「**認識你自己**」，而電腦上的銘文則多半會是：「認識我」，也就是說：「揷上揷頭之前先好好看看使用手册。」也許我們會以爲《易經》和神諭女巫是形而上學、不切實際，而電腦模型則是「實在的」，但是預告未來的機器根據的是非常確定的形而上學假設此一事實仍然存在。它根據的是這個隱含的假設，那就是「未來就已經存在這裡了」，它已經以確定的形式存在了，因此只是需要有好的工具、好的技巧來讓它明朗可見而已。讀者諸君應該會同意說這可是個扯得非常遠的假設，事實上是一個與我們所有切身經驗都完全牴觸的最不尋常的假設。它意味著人類沒有任何自由度，或是說不管在什麼情況下，我們都不可能改變預定要發生的過程。我們不能對我在本書中一直強調的一件事實視而不見，那就是這樣的一個假設，就像所有不管是明明白白的還是隱諱不明的形而上學論點一樣，都有其決定性的實際後果。問題就是很簡單的：這到底是眞的？還是假的？

在神創造了宇宙而人生活於其中時——根據現代科學的說法，這可是個曠日費時的工程——我可以很容易的想像到他是這麼跟自己說的：「如果我讓每件事都可以預料得到，那麼這些我賜予他們一副好腦袋瓜子的人類，毫無疑問將能學會預見每一件事，因此他們就不會有動機去做任何一件事，因爲他們會體認到未來早已完全決定，不可能被人類的任何行動所影響。反過來講，如果我讓什麼事都不可能預料，慢慢的他們就會發現無論怎麼做成決定都不會有任何道理在，結果就會像第一個情況一樣，他們對什麼事都提不起興致去做。這兩種狀況都不合道理。因此我一定得造出一個兩者皆有的狀態。有些事可以預見，有些事卻是無法預料得到的。那他們在別的事情之外，就還會有一個非常重要的任務：找出來哪件事是哪種情況。」

而這眞的是個非常重要的任務，尤其是在人們想設計出一個能預料未來的機器的今天。在任何人作出預言之前，他應該要能提出一個讓人信服的理由，說明爲什麼他的預言裡所提到的那些因素是先天上可以預言的。

而規劃者當然是根據這個假設：未來並不是「已經就在那裡了」，他們並不是在和一個已經預先決定好了——因此也就可以預料得到——的系統打交道，他們可以根據他們的自由意志決定事情，而且他們的計劃會使得未來和沒有計劃的情況不一樣。可是，或許比所有其他人都想要有一部能預知未來的機器的，正是這些做規劃的人。只是他們可曾想過：這部機器會不會在他們的計劃施行之前，順便就預告一下結果？

語意學澄清之需要

不管這會是什麼，我們都很清楚：可預料性這個問題不僅重要，而且多多少少也有些關聯。我們高高興興的談到估算、規劃、預測、編製預算，談到普查、方案、目標等等，而且我們傾向於把這些名詞看成是互相通用，而且每個人都會了解它們的意義是什麼。結果就是極大的混淆，因為事實上我們有必要做些基本的區分。我們所使用的這些名詞也許指的是過去，也許指的是未來；它們也許指的是行動，或是事件；它們也許指的是確定的事，或是不確定的事。三對這樣的可能組合的數目是二的三次方，也就是八種組合，因此我們真的應該要有八個不同的名詞，這樣我們才能確確實實的知道我們在說些什麼。可是我們的語言並沒有這麼完美。

1 行動
過去的
確定的

2 行動
過去的
不確定的

3 行動
未來的
確定的

4 行動
未來的
不確定的

5 事件
過去的
確定的

6 事件
過去的
不確定的

7 事件
未來的
確定的

8 事件
未來的
不確定的

一般而言最重要的區分在行動與事件兩者之間。因此我們可以把這八種可能的組合排列如上：

行動與事件之間的分別就猶如主動與被動之間的區別一樣的基本，或是如「在我控制之下」或「不在我控制之下」之間的區別。對規劃者控制不了的事情用上「規劃」這個字眼根本就是荒謬。而對規劃者而言，事件根本就是這麼發生了。他或許能夠預測到事件的發生，而這也很可能會影響到他的計劃，但是它們不可能是計劃的一部分。

過去與未來兩者的區分對我們的目的而言有其必要，因爲事實上「計劃」或「推估」之類的字眼會應用在兩者的任何一種情況上。如果我說：「我若不有個計劃，就不會去巴黎」，這可能是說：「我會先看看街道圖熟悉一下」，這就是狀況五的情形。或者它也可能是表示說：「我會事先準備好一套計劃，規劃好要到那裡去，花多少時間，花多少錢」——狀況二或狀況四。如果有人說「計劃方案是不可或缺的」，就値得我們去弄淸楚他指的到底是前者還是後者。這兩者基本上就不一樣。

同樣的，「估計」這個表示不確定性的字眼，可用在過去也可適用於未來。在理想的世界裡，將不必再推估已經發生的事情。但在眞實世界裡，就連原則上可以完全查明的事情，都有極大的不確定性。狀況三、四、七、八代表了四種不同型態的推估。狀況三所提的是我在過去所做的事。狀況七則是過去所發生的事情。狀況四指的是我打算要做的事，而狀況八則是我預期會發生的事。事實上狀況八是完完全全跟字面定義相同的預測，而與「規劃」風馬牛不相及。可是有多少預測卻常常是以計劃的面目出現！——反之亦然。英國一九六五年的「國家計劃」就是一個好例子，而且一點也不讓人訝異的，最後是一事無成。

我們能確定會發生的行動和事件嗎（狀況二及狀況六）？如果我在掌握所有相關事實後做出了一個計劃，而且下定決心一定要完成它——狀況二——在這種情況下，也許我可以將未來的行動視爲確定的。同樣的，在實驗室進行科學研究時，如果處理的是經過小心隔絕了外來具必然性系統的影響，未來的事件就可以說是確定的。可是眞實的世界卻不是一個有決定性的系統，我們也許能篤定的談論到過去的行動或事件——狀況一或狀況五——但是只有在假設的情況下我們才能這樣篤定的談及未來的事件。換句話說，我們可以對未來做一些條件性的叙述，比如說：「如果某某趨勢再持續若干年，那麼結果就會是如何如何。」這不是一個預測或預言，這兩者在眞實社會中一定是不確定的，而只是一個試探性的計算。而這種計算因爲是有條件性的，所以就具備了數學上的確定性。

由於我們今日身處在這麼一個語意學的泥淖裡，結果造成了無窮無盡的混淆。就如我們之前所提過的，我們用了「計劃」這個字眼，然而仔細檢查，卻可以發現它所指的卻是完全不在規劃者控制範圍之內的事。所謂的「預測」在細細探究後卻發現它是個條件性的叙述，換句話講，試探性的計算。後者則被誤解爲預測或預言。所謂的「估計」細看之下卻是計劃。諸如此類不一而足。我們在學校的老師如果能教導他們的學生作出以上所討論的各種區分，並爲各種狀況定出一個確確實實的字眼，那他們就眞的是在做一件最最必要而且眞正幫得上大家忙的事了。

可預測性

我們現在再回到主題——可預測性——上來。預言或預測——這兩個名詞似乎是可以互相替換使用——眞的可能嗎？未來並未存在，我們怎麼可能對不存在的事有什麼知識？這個問題問得太有道理了。若按照字面上最嚴格的意義來說，知識只能和過去有關。未來永遠是在成形之中，但是它大體上是由現有的事物來成形，而對現有事物我們知道的很多。結果呢？如果我們對過去有紮實而廣泛的知識，未來在大體上就可以預料得到。大體上，但絕不是全部，因爲在未來形成的過程裡，一項叫做人的自由度這個神祕而無法壓抑的因素加了進來。這個自由據說是根據造物者——神的形象而塑造出來的一項自由：創造的自由。

說來奇怪，在實驗科學的影響之下，今天許多人似乎只用他們的自由來做一件事：否認它的存在。有天賦的男女從放大每一個「機能」、每一個「不可避免的結果」、每一樣人類的自由度並不存在或似乎看不到的事情上，得到莫大的喜悅。每一次有人找到新的不自由的證據——生理學、心理學、社會學、經濟學、政治學的——更進一步指出人對他們今天之狀況或是他們正在做的事情，不管有多麼的不合人性都無能爲力，只是順勢而爲的時候，就有一波波得勝的呼喊發出。當然，拒絕了自由就是拒絕了責任：沒有行爲，只有事件；每件事都是就這麼發生了，沒有人得負責。而這則毫無疑問是我之前所提過的語意學上的混淆其主要原因。這也是我們很快就會有一部預言機器的信念之緣由。

說實在的，如果什麼事都只是該發生就發生，如果沒有任何人類自由度、選擇、人類的創造能力和責任等因素，那麼所有事情都完全可以預料得到，除非碰上臨時性或突發性的知識上的限制。沒有自由度的結果會使人類行爲適合用自然科學來研究，或至少用自然科學的方法來研究，而對事實之系統化觀察的結果也將迅速導出可信的結果。布朗教授（Phelps Brown）在他接任皇家經濟學會（Royal Economic Society）會長職務的致詞中談到「經濟學的低度發展情形」時，似乎正是接受了這樣的觀點。他說：「我們自己這門科學似乎都還沒達到它的十七世紀。」在相信經濟學從形而上學的觀點上看來和物理學一樣的情形下，他認同並引述了另一位經濟學者摩根斯坦（Morgenstern）教授的說法：

> 十七世紀發生在物理學上的重要性突破，尤其是在機械學方面的，是完全由於之前在天文學上的發展才有可能發生。這是由幾千年來有系統、科學化的天文觀察來支持的……經濟學上不曾發生過任何這一類的事。在物理

學上如果沒有泰邱（Tycho）卻想指望有柯卜勒（Kepler）或牛頓出現，是很荒謬的事——而我們沒有理由指望說經濟學會發展得更容易一些。

布朗教授因此作結論說，我們得對人類的行爲觀察上許多許多年。「**而在此之前，我們的數學化都還不能算是成熟。**」

從形而上學的觀點而言，經濟學和物理學不同是因爲人類自由度和責任感的加入，使得人類事務無可預料。當然只在我們或其他人根據計劃行事的時候，我們才得以預知。但會有這樣的結果正是因爲計劃本身就是執行自由選擇的結果——做成了選擇，所有其他的選擇全被一筆勾銷了。如果人們嚴格遵循計劃行事，那麼他們行爲之可以預測，只是因爲他們選擇放棄照表行事以外的其他選擇的自由之故。

大體而言，所有免於人類自由度之侵襲的事物，例如星體的運動，是可預料得到的。而受到人類自由度之影響的就無可預料。這是不是在說所有人類行動都不可預料？不是的。因爲絕大多數人在絕大多數時候都不使用他們的自由，而完全機械化行事。經驗告訴我們，當我們處理的是一大群人的時候，在許多方面他們的行爲的是可以預料得到的。因爲在這一大群人裡，不管是在那個時間，都只有一小群人會用他們的自由度，而他們通常都不會明顯的影響到整體結果。可是**所有眞正重**

要的創新和變革，通常都起自於眞正使用到他們創作自由的那一小群人。

社會現象需要由不使用自由度而得到某種程度的穩定性和可預測性這一點是正確的。這表示說絕大部份的人對某種狀況的反應，除非眞的有扭轉情勢的新因素，否則並不會隨著時間的推移而有什麼太大的改變。

因此我們可以做以下的區分：

(a)只有在人類自由度為零，也就是在「次人性」本質的情況下，完全可預測性（原則上）才會存在。可預測性的限制完全來自知識和技巧上的限制。

(b)大多數人做「正常」事物（例行公事）的行為模式，相對之下是可以預測的。

(c)受到消除了所有自由度的計劃所控制的人類行動，相對之下具有完全的可預測性，例如火車時刻表。

(d)個人所做的個人決定，基本上而言是無可預料的。

短期預測

在實務上所有的預測都只是經過已知的「計劃」修正的外推結果。但是你怎麼外推呢?你要倒推多少年回去?假設有成長的紀錄的話，你究竟要外推那一項?平均成長率?成長率的增加部分?還是每年增加部分的絕對值?事實上沒有規則可循(原註:如果有季節性或循環性情形的話，當然就得至少倒推回一年或一個循環。但是要倒推回多少年或多少個循環就完全是個人判斷了)，純粹是「感覺」或判斷。

知道用同一套時間序列來外推的各種可能方式會有非常不一樣的結果這件事並不壞。這樣的知識會防止我們對任何一種外推法有過當的信任。與此同時，也與此同理，發展較佳的(或者意圖如此)預測技巧可能會弄巧成拙。短期預測時，比方說明年，精煉過的預測技巧所得到的結果很少會和粗糙技巧所得到的結果有什麼顯著的差異。經過了一年的成長之後——你能預測什麼?

(a) 我們碰到了一個(暫時性的)上限;

(b) 成長維持原有的速率，或是更高一點，或是更低一點;

(c)開始下降了。

看來很清楚，在這三個基本方案之間的選擇不可能是根據「預測技巧」而來，而只能是根據得到相關資訊以後所作的判斷而來。當然這也得看你所處理的是什麼東西而定。如果你有的是一項快速成長的項目，比如說電力消耗，那麼你的三個選擇方案就會是維持相同的成長率、較快的成長和較慢的成長。

要幫助我們對未來形成一個健全的判斷，與其要靠預測技巧，倒不如說是靠對目前狀況的全盤了解。如果知道現在的表現情況（或成長率），受到了明年很不可能再度出現的不正常因素的影響，我們當然就必須把這個因素考慮進來。「和去年一樣」的預測也許意味著「眞正的」成長，或是考慮到今年的特殊因素後的一個「眞正的」衰退。而預測者當然得明白指出到底是那一樣。

因此我相信所有的努力都應該用來了解現在的情況，來辨認出，並且在必要時消除掉現況裡「不正常」，而且不會再發生的因素。做到這一點之後，預測的方法就幾乎不可能再是粗糙的。無論再怎麼精益求精，都不可能對我們要作的基本判斷——明年和今年一樣嗎？還是更好？或是更壞？——有任何助益。

在這一點上，也許會有人反對說有了電腦的幫忙，短期預測應該有很大的可能性，因爲電腦很容易迅速的處理大量資料，而且將它們以某種數學方式表現出來。藉著「反饋」的方式幾乎可以將數學表現的結果做到即時更新，而一旦你找到一個很準確的數學表現方式，電腦就能預測未來。

我們得再一次檢視這種主張的形而上學根基。什麼是「很準的數學表現方式」？不過是過去的一系列數量變化以精準的數學語言優雅的展現出來罷了。但是我——或是這個機器——能如此精確的描述這一個系列並不能代表說這個型態會持續下去。只有當(a)沒有任何人類自由度，以及(b)造成我們所觀察到的型態的原因沒有任何變化的可能時，這個型態才有可能持續下去。

我應該接受這樣的說法：非常明確、非常強勁的（穩定、成長或衰退）型態應當能指望它是可以再維持一段時間，除非確知會出現有可能改變這個型態的新因素。但是我認爲要能偵測出這種明確、強勁而又持續的型態，非電子的人腦在一般情形下會比它的電子對手更便宜、更快，也更可靠。或者換個方法來說，如果一個人眞得用電腦來運用高度精緻的數學分析方法來測出是否有這樣的型態的話，這個型態就太微弱、太隱晦，不適合作爲眞實生活中推論的基礎了。

粗糙的預測方法——在將現實狀況經過調整，剔除不正常的因素後——不太容易導出僞裝出似眞的樣子或者僞裝出一副鉅細靡遺的樣子之錯誤。一旦你有了一個式子，又有了一部電腦，你就會有無比的誘因去榨出最後一滴檸檬汁以呈現未來的景象。而這副景象又是如此的精確、簡直跟眞的沒啥兩樣，讓你不由得不信。但是一個手頭拿著一張想像出來的地圖，卻以爲他手裡眞的有一張地圖的人，會比一個完全沒有地圖的人更糟。因爲他會在可以問路的時候不去問路，在一路上也不會去注意到各種細微之處，也不會不斷的運用他的智慧和感受去爲他的前途方向尋找任何蛛絲馬跡。

作出預測的這位先生可能還很精確的了解，他作預測時所根據的假設。但是使用到預測結果的這位仁兄可能就不知道，整個龐然大物的建築站得住腳站不住腳，往往只是由一個無法驗證的假設來決定。他只是深深感受到作出來的結果之完整無缺、深深感受到每樣東西似乎都「加得起來」，以及類似的感覺。如果預測是以很不夠藝術化的方式呈現，比如說寫在信封背面上，他就會有更大的可能去了解到它的貧乏本性，以及不管有沒有預測，都得有人對未知的未來做個大膽決定的這個事實。

規劃

我已經強調過，計劃和預測不一樣。它只是個意願的呈述，說明規劃者——

或是他們的老闆——打算做些什麼。規劃（我認為應該用這個名詞）與權力密不可分。有任何支配權力的人都自然而且也必須要有某種藍圖，也就是說，他應該慎重的運用權力，知道自己在幹些什麼，要往前看著點。在這樣做的同時，他必須考量到其他人可能會做些什麼，換句話說，他若不做點預測，他就沒有辦法做個有意義的規劃。只要被預測的事情是「可預測的」，也就是人類自由度使不上力的事，或者是龐大數量的人群所做的等因奉此之例行公事，或是行使權力的人已經設定好的計劃方案，那麼這個工作就簡單明瞭，沒有任何花招。不幸的是要預測的事經常都不在這三者範圍之內，而是由個人或少數人所做的個人決定。在這種情況下預測不比「得到靈感的猜測」好到那裡去，而任何預測技巧的改進，都幫不了忙。當然有些人會猜得比別人好一些，但這絕不會是因為他們的預測技巧更好，或是有更好的機器設備來協助他們作運算的緣故。

那麼在自由社會裡的「國家計劃」又是什麼意思呢？它不可能指的是將所有權力集中在一點，因為那意味著自由的終結：眞正的規劃是和權力的擴充相結合的。在我看來，在自由社會裡「國家計劃」這個名詞眞正有意義的涵義應該是：所有支配相當程度經濟權力的人，對其意圖之最完整的可能性之敘述，而這些敘述則由一個中央單位收集並校正。這樣一個組合的「計劃」彼此之間的不一致與矛盾，提供了極有意義的考量觀點。

長程預測與可行性研究

我們現在轉到長程預測，也就是五年以上的預測。我們必須要弄清楚，變動既然是時間的函數，越長遠的未來就比較短期的未來更難以預料。事實上所有長期預測都多多少少有些荒謬，除非它泛泛到只是呈述一些明顯可見的事。結果還是一樣，現實上還是常常得對未來「有個看法」，因爲有決定要做，而且也得做長期的承諾。難道就沒有什麼幫得上忙的解決辦法了嗎？

在這裡我要再一次強調預測和「探測性的估算」或「可行性研究」之間的差別。在前者我會說二十年的情形會是這個或那個什麼的。而在後者我只是探尋若干假定趨勢的長期效果。很不幸的是在總體經濟學裡，可行性研究很少超過最基本的初級層次這一點完全正確。人們滿足於依賴一些連印刷它們的紙都值不了的預測。

我提幾個例子可能有點幫助，今天很盛行談論低度開發國家的發展問題，而爲了這個目的就產生了無以計劃的（所謂）「計劃」。如果我們根據在全球所激起的預期的話，似乎是可以假定數十年之內，這個世界上的絕大多數人就能多多少少生活在和今天西歐人所生活的一樣的水準。目前在我看來，如果有人針對這個問題做一個很合適、很仔細的可行性研究，將會很有啓發性。他或許可將二〇〇〇年定爲到期的一年，再由此向前倒推回來。必需的食品、燃料、金屬、紡織纖維等等的產出爲多少？工業資本的存量爲多少？當然了，在他一路研究下去時得引進許多假設，而每一個假設就會是另一個可行性研究的題材。然後他可能就會發現，除非他引進超越了所有合理概率的假設，否則他就無法爲其方程式求得解答。這可能會非常有啓發性，可想而知，這可能會導出這麼一個結論，雖然我們非常肯定那些絕大多數民衆生活在不忍卒睹的悲慘境遇的國家，應該要有極爲像樣的經濟發展，但是在不同的發展型態之間還是可以有個選擇，而且有些發展的方式可能顯得比另一些方式更爲可行。

所有供應量有限而又不可補充的原料，主要是化石燃料和金屬，似乎特別需要以有良心的可行性研究爲後盾之長期性思考。舉例而言，目前似乎就有以石油取代煤的情形。有些人似乎認爲煤只有出局的下場。運用了所有可收集到的煤、石油、天然氣儲藏量的證據，不管是已證實的還是只是假設會有的，所做的審愼可行性研究將會是極端具有啓發性的。

在人口成長與食物供應部分，到目前爲止我們有僅次於可行性研究的一些報告。這些報告主要來自聯合國組織。這些研究可以更進一步，不只提出在一九八〇年或二〇〇〇年所能達到的糧食生產水準，還可以對現在的報告裡所做的，要達到這些水準所須採取的特別步驟，作更詳盡的說明。

所有這些事情裡最基本的需要則是一個完全屬於心智層面的，明明白白了解預測和可行性研究之間的差別。把這兩樣搞混了的話，就絕對是統計文盲的象徵。就如我所說的，長期預測是小孩玩大車，做自己根本沒能力去做的事，但是長期的可行性研究卻是個謙虛卑謹、不裝模作樣的報告，我們如果不拿它當一回事，後果可就得自己承擔了。

這個工作能不能借助如電腦之類的更多的機器，使它更順利進行的問題再度被提起。我個人是很懷疑。在我看來，在一個判斷比任何其他事物都更來得需要的領域，卻無窮無盡的堆疊上各種機器輔助設備，可眞是帕金森定律（Parkinson's Law）的主要推動力量之一。沒錯，電腦只要幾秒鐘或幾分鐘就可以在不同的假設下作出大量的排列組合，非電子式的人腦可就得花上好幾個月工夫。但是重點是非電子式的人腦根本就不需要去嘗試做這種工作。憑著判斷力，它可以集中在幾個足夠概括出合理機率範圍的決定性因素上。有些人以爲有可能弄出一部長期預測的機器。當前的「新消息」可以不停的輸入，而它就能不停的修正原先的預測。這樣一部機器在他們看來也頗能幫得上忙。這種機器當然有可能做得出來，但是它能幫得上忙嗎?每條「新消息」都得斷定它和長期是不是相關，而一般來說都不可能馬上就能做出一個判斷。而且我也看不出將長期預測以機械化的例行公事方式不停的修正有什麼意義。只有在需要做長期的決定或修正長期決定時才用得著預測，而絕大多數情形下都是極爲少見的。如果要這麼做的時候就值得審愼、有良心的收集最好的證據，根據累積的經驗逐一判定，最後再使之覺得合理。這麼一個費工費事又不確定的過程能靠一部機器就抄起捷徑，根本就是在自己騙自己。

如果是與預測不同的可行性研究，有時候用機器迅速測試一下改變假設後的結果倒是不壞。但是得有人說服我：一支計算尺和一個複利表還不足以做這份工作。

不可預測性和自由度

如果我對經濟預測之類事物「自動化」的有效程度抱負面看法的話，對於電腦之類工具在其他任務上的價値我倒是並不低估，比如說解解數學問題或是跑跑生產資料。後面所說的這些事情屬於眞正的科學或是它的運用。它們的主題是非人類，或者也許我該說是次人性的。它們的正確度正是缺少了人類自由度，缺少了抉擇、責任和尊嚴的象徵。一旦加入了人類自由度，我們馬上進入了另外一個截然不同的世界，任何機械化設施的擴大使用都有極大的危險。對於意圖湮沒兩者之間差別的趨勢，應該極力加以拒斥。誤導社會科學去接受並模仿自然科學所使用的方法，造成了對人性尊嚴的極大傷害。經濟學並不是一門精精確確的科學，事實上，它或者應該是，更偉大的智慧的一支。應用經濟學更是如此。克拉克（Colin Clark）曾經一度聲稱「長期的世界經濟均衡以它們自己特有的方式發展而來，完全不受政治和社會變動的影響」。靠著這個形而上學之異端的力量，他在一九四一年寫了一本叫做《一九六〇年的經濟學》（*The Economics of 1960*）的書。要說他所描繪的局面和實際上真正出現的局面完全風馬牛不相干並不公平。事實上就人（得）在大自然不變的一組物理定律下使用他的自由這個事實而言是有相似之處。不過我們從克拉克這本書所得到的教訓卻是：他的假設錯了。事實上，世界經濟均衡就算在更長的時間裡，都受到政治和社會變動的高度影響。而克拉克所使用的複雜、聰慧的預測方法，只不過是產生了一個僞造的結果而已。

結論

這樣我得到一個令人快活的結論，那就是生命，包括經濟生命，還是很值得過活的，因爲它不可預測的程度大到足以令人興味盎然。不管是經濟學者還是統計學家都不能把它「五花大綁」。在大自然之物理法則的限制範圍之內，不管是好是壞，我們還是自己以及集體的命運之主宰。

但是經濟學者、統計學家、自然科學家、工程師的專業知識，甚至連哲學家的專業知識都有助於澄清限制住我們命運活動範圍的極限。未來無法預測，但卻可以探測。可行性研究能告訴我們：我們大概是往那個方向上走。而這在今天比以前任何時候都來得重要，因爲「成長」已成爲橫掃全球的經濟學基礎了。

現代的行動派在急著想要獲取基本上是不確定之未來的可靠資料時，他可能讓身邊圍滿著越來越多的預測家大軍、讓身邊堆疊起越來越高似山一般的事實資料，好讓越來越神奇的機械發明有得消化。我只怕結果會是一場僞裝大賽，一場越來越不可思議的帕金森定律的明證。最好的決策還是得由穩定、鎮靜的從頭到尾的觀察情況的人，用他成熟的非電子化頭腦所做成的判斷而來。**「停、看、聽」可是一個要比「去看看預測怎麼說」好得多的座右銘。**

16 大型機構理論

Towards A Theory of Large-scale Organisation

我們幾乎每天都聽到購併。英國加入歐洲經濟體（European Economic Community）以更開放其市場，讓更大的公司行號來服務。在社會主義國家，國有化造成了龐大的組合，以與資本主義國家所曾出現的相匹敵，甚至凌越之。絕大多數經濟學者以及企業效率專家支持這股大型化的潮流。

與此相對的，絕大多數社會學家和心理學家則持續不斷的警告我們它所隱藏的危害——當個人覺得他不過是大機器裡的一顆小螺絲釘，當他上班時的人際關係變得越來越非人性化時，對個人尊嚴所造成的危害。危害也會發生在效率和生產力上，導因則是日益膨脹的帕金森式官僚體系。

而在同時，現代文學作品則描繪出一幅令人戰慄的對立的美麗新世界：我們和他們，因彼此互相猜忌而撕裂，在下層的痛恨上層人士的威權，而居高位的則看不起底下的人。大眾對他們的統治者報以不負責的態度，而統治者則徒勞無功的嘗試以精準的組織與協調、金錢誘因、獎勵、無以計數的訓斥和威脅來推動事情。

毫無疑問，所有這些都是溝通上的問題。但是唯一眞正有效的溝通方式是面對面的直接溝通。卡夫卡（Franz Kafka）讓人夢魘的小說《城堡》（*The Castle*），描述了遙控的毀滅性效果。政府雇用了土地測量員K先生，但是沒有人知道他怎麼被雇用的，他又是爲什麼被雇用。他不斷的想要澄清他的地位，因爲所有他碰到的人都告訴他：「很不幸的，我們並不需要土地測量員。這裡連一個都用不上。」

所以拚了老命想跟主管官員面對面談談的K先生接觸了形形色色且頗有些份量的人。但是別人告訴他：「到現在爲止，你連一次都還沒有眞正碰到我們的主管呢。所有這些接觸都不實在。但是因爲你的無知，你都把它們當眞。」

他完全沒有做到一絲一毫眞正的工作，然後他接到了一封從城堡來的信：「你迄今爲止所做之測量工作已爲我所知悉……切勿荒廢怠惰！要圓滿完成任務。任何中斷皆將令我不快……我不會忘記你的。」

沒有一個人會眞正的喜歡大型機構。沒有人喜歡從一個承上級之命的上司承受命令，而那個上司的上司又是承另外一位上司的命令，而那位上司的上司的上司又是承另外一位上司之命……就算官僚體系所定出的規定是了不起的人性化，還是沒有人喜歡被規定所統治。這也就是說，沒有人喜歡在抱怨時所獲得到的答案都是千篇一律的：「規矩可不是我定的，我只是執行而已。」

可是看來大型機構似乎是就此落地生根了。因此就更有必要思考它，並且爲它提出一個理論。潮流越是強勁，就越需要一個有技巧的領航。

基本任務是**在大型機構內部發展小巧的局面**。

一旦大型機構呱呱落地，通常都是經過好幾個階段的集權化與分權化，就好像鐘擺盪過來擺過去。不管是什麼時候，只要我們碰上了這樣的對立，雙方都各有極具說服力的說法時，就值得我們更深一層探討問題，而不是一味妥協，你一半他一半的解決掉。也許我們眞正需要的並不是非此即彼，而是兩者並存。

眞實生活中充滿了這個我們非常熟悉的問題，雖然對將他們絕大部分時間都花在實驗室裡的問題的人來講，這個問題可是極爲罕見。在那些問題裡所有外部因素都小心的消除掉了。因爲不管我們在眞實生活裡做了些什麼，我們都必須公平對待包括一切所謂外來因素的狀況。而且我們也總是得同時面對秩序和自由的要求。

任何機構不論大小，都必須有某種程度的明確和秩序。如果什麼事都沒有秩序，就什麼事都做不成。但是這樣的秩序是靜態的、沒有生命的。因此也一定得有足夠的迴旋空間及範圍以突破已有的秩序，來做一些從不曾做過的事，一些秩序的維護者從來不曾預期到的事，人類創造性的想法所弄出來的全新、預料不到也不可能被預料得到的結果。

因此，**每一個機構都必須不斷的達成秩序的井然有序，以及創造性自由的雜亂無章**。而大型機構天生具備的特殊危險就是它天生傾向秩序，而犧牲了創造性自由。

以自由與秩序這一對爲基礎，我們還可以再扯出好幾對對立的情形。集權主要是秩序的產物，分權則是自由的產物。講求秩序的人以會計人員爲其典型，一般來說管理階層也算得上。而有創造性自由的人則是**企業家**（entrepreneur）。**秩序需要才智，也有助於效率之提昇，而自由則需要直覺，同時也爲直覺打開了門扉，並導致了創新**。

機構越大，對秩序的需要就越明顯，也越不可免。但是這個需要如果被照顧得太有效率、太過完美，以致於不爲人留下一絲一毫空間去發揮他的創造直覺——所謂的企業家式混亂，這個組織就會變成奄奄一息，成了了無生機的沙漠。

這些考慮形成了我嘗試導出一個大型機構理論的背景。現在我就以五點原理的形式導出這個理論。

第一個原理叫做**「附屬的原理」**（The Principle of Subsidiarity），或**「次要功能的原**

理」（The Principle of Subsidiary Function）。這個原理的著名解釋如下：「將一個較次一等機構花較少時間就可以做得到的事，指定給一個較高層的單位花上較多的時間來做不但不公平，同時也是一樁惡行，而且擾亂了正常的秩序。因爲每一件社會行爲在本質上都應該是幫助社會上的各個份子，絕不是摧毀、吸收了它們。」這些語句是針對整個社會而說的，但是同樣也可以適用於一個大型機構裡的各個不同層級。較高的一層絕對不能根據它的層次較高自然就更睿智，能更有效的執行下層所執行的工作而吸納了下一層的功能。忠誠只能是由較小的單位向較大（也較高層）的單位發展，而不是倒過來——而忠誠則是任何一個組織之健全程度與否的基本元素。

次要功能的原理，意味著舉證的責任是由那些想要剝奪下層的功能，因此也就剝奪了其相應自由與責任的人來承擔的。他們必須證明下層無能力圓滿實現這些功能，而上一層的人眞的能做得更好。（繼續之前的引述）「發號施令的人要確定一個逐級下達的命令，越能遵循次要功能的原理，而在各級單位間完整的傳遞，社會權威及有效程度也就越強，而整個社會也就越快樂、越繁榮。」

極權與分權的對立問題現在被我們拋在背後了。次要功能的原理教導了我們：如果下層機構的自由度和責任能小心封存的話，中央就會得到權威和有效性，結果就是整個組織將會是「更快樂、更繁榮」。

這樣的結構要怎樣才能達成呢?從管理者的角度看來，也就是從秩序的觀點看來，這會顯得不夠整齊，跟口令一下，動作一致之一淸二楚的邏輯相比，可眞是非常的不討好。大型機構會由許多半自治的單位組成，我們可以稱它們爲準公司（quasi-firm）。每一個準公司都有大量的自由度，好給創造性和企業家精神最大的可能機會。

這樣一個組織的結構可以用一個抓著一大把氣球的人作代表。每個氣球都有它自己的活力、上升力，而這個人並不主導，只是站在它們背後，但卻牢牢的將每條繩子抓在手裡。每個氣球不但是一個行政單位，同時也是一個創業單位。萬衆一心的組織對比之下猶如一棵耶誕樹。樹頂有一顆星星，一大堆果實和其他有用的東西則在底下衆星拱月。所有事情都來自層峰，而且靠層峰裁決。只有層峰才有眞正的自由和勇於創新的精神。

因此主要任務乃是一一檢視組織的行動，並且盡可能在合理範圍內設立最多數量的準公司。舉例而言，歐洲最大的商業組織之一，英國國家煤炭局，就發現可以爲它的露天開採煤礦、磚廠、煤產品以不同的名字設立各種準公司。但是整個過程並未到此爲止。它的運輸、地產、零售業務就衍生出特殊、相對之下自成一體的組織，更不要說那些以多元化爲名而成立的各色企業了。煤炭局的主要業務，礦坑掘煤，在十七處區域加以組織起來，每一處都具有準公司的地位。我們前面已引述過的著作將這樣的結構化之結果描述如下：「因此（中央）才能更自由、更有力、更有效的去做所有那些屬於它要做的事，因爲只有它才有能力去做。這些事情有：在情況要求而且必須如此做時去指揮、監看、催促以及加以限制。」

要想讓中央管控既有意義又有成效，就得應用到我們稱之爲**「辯白的原理」**（The Principle of Vindication）的第二個原理。辯白的意思就是：對非難與指責要能辯白；證明正確、值得；找出理由支持自己的立場；支持某些單位的立場。因此這個原理很清楚的描繪了中央主管單位對下屬單位所要盡的最重要職責之一。好的管理總是作例外管理。除了特殊情形之外，下屬單位必須能免於非難，而且能得到上級的支持。這就表示說，例外狀況必須作相當明確的定義，這樣準公司才能毫無疑問的知道它自己做得究竟是好還是不好。

最徹頭徹尾的管理者，也就是講求秩序的人，在所有事情都在控制之下時就很快樂。有了電腦爲助，他們現在真的能這麼做，而且能堅持幾乎是對無可計數的導致盈餘或虧損的項目都要負會計責任——產出、生產力、多種不同的成本項目、非營業支出等等。這固然很合邏輯，但是真實生活卻不只是邏輯而已。如果有許多項目都列入計算盈虧的標準裡，那麼每一個下級單位都會因爲一兩項項目而被追究，例外管理就成了笑話，沒有一個人敢肯定這個下屬單位怎麼能活得下去。

在理想的情況之下，辯白的原理在商業機構裡將只接受一個會計責任的標準，那就是獲利能力。當然這個標準要受限於準公司能否遵循中央所頒定的一般性準則與政策。在眞實世界裡，理想鮮少能達成，但這並不折損它的意義。它意味著任何偏離了理想的情況，都得提出來特別加以討論，看其是否在道理上站得住腳。除非會計責任區分的標準之項目，能維持在很小的數目上，否則原創能力和**企業家的**創新精神就不可能在準公司繁榮昌盛。

雖然獲利能力必然是最終的給分標準，但是它卻不一定都能機械式的加以運用。有些下級單位可能風水特佳，另外有些則是門向極爲不利。有些可能得對整個團體提供服務，或是一些不計盈虧都得做到的特殊義務。碰上這樣的情形時，獲利能力的計算都得在事前，先以我們所說的地租或補貼做一些調整。

如果有一個單位擁有特別而且絕不可能逃離掌握的優勢，那它就得支付適當的地租，但是如果它得承受無法避免的劣勢，那麼就得給它特別的差價或補貼。這樣一個體系可以有效平衡不同單位之間獲利機會的差別，使得盈利可以成爲績效的有意義指標。如果需要有這樣的平衡但卻沒有施行，那麼幸運的單位就是睡在羽絨褥子上，而其他的單位可能就是睡釘床囉。這不管是對士氣或對表現而言，都不會是件好事。

如果按照辯白的原理，一個機構採納以獲利能力作爲會計責任的主要判定標準——在必要情形下，獲利能力須以地租或補貼加以調整——那麼例外管理就有可能了。這樣中央就可以將精神集中於「在情況要求而且必須如此做時去指揮、監看、催促以及加以限制」。

例外情形可以很清楚的界定出來。中央有機會在兩種例外情況下介入。第一種情形發生在中央和下級單位對於地租或補貼的內容無法達成協議時。在這樣的情況下，中央得對下級單位做一個全面的效率審核，以對這個單位的眞正潛力得到一個客觀的評估。第二個機會則發生在做過地租或補貼的調整之後，下級單位仍然虧損時。這個單位的管理階層此時的處境就很不保險了：如果中央的效率審核結果非常不利，管理階層就會被撤換。

第三個原理是**「辨識的原理」**（The Principle of Identification）。每個下級單位或準公司都得有資產負債表和損益表。從秩序的觀點看來，有損益表就夠了，因爲從這個表裡我們就可以看出這個單位在財務上有沒有對團體做出貢獻。但是對創新者而言，資產負債表是必備之物，即使只是做內部使用而已。爲什麼一份整個機構的資產負債表不夠呢？

業務要在一定的經濟實體上推動，而這個實體則隨著虧損而減少，隨著盈餘而成長。會計年度結束時，這個單位的損益情形如何？它流進組織整體洪流的總帳裡了。對單位來講，它就不見了。少了一份資產負債表或類似的玩意兒，單位每一個會計年度伊始時都是從零開始。這是不對的。

單位的成功應當能引致單位更大的運作空間和更大的財務運作空間，而失敗——以虧損表示——就應該導致緊縮和限制行動空間。我們希望強化成功，敵視失敗。資產負債表顯示了當前結果所造成的經濟實體的增加或減少。這使得所有相關單位都根據營運對經濟實體的影響來評斷。利潤或虧損都繼續計算下去，而不是一筆勾消。因此每一個準公司都應該有各自的資產負債表，表裡利潤就當成是對中央的貸款，而虧損則變成了向中央的借款。這點在心理上非常重要。

現在我再來談第四個原理，我們可以稱它做**「動機的原理」**（The Principle of Motivation）。人們根據他們的動機行事早就是老掉牙而又明顯不過的老媽媽經了。對大型機構來講，以它的官僚架構、它的遙遠而沒人情味的操控方式、它的諸多抽象空洞的條文規章，以及最重要的一點，由於它的龐大軀體而導致無從被人了解時，動機就成了中心問題。在頂層，管理階層沒有動機的疑問。越往下走，這個問題就越來越尖銳。這裡可並不是個深入探討這個巨大而困難問題的地方。

以大型機構為典範的摩登工業社會，對這個問題想得太少了。管理階層認為人們只是為錢工作，為每週結束時領的那份薪資賣命。沒錯，這一點到某個程度而言都是正確的。但是在一個工人被問到為什麼上星期他上工四班（譯註：每天工作十六小時）時回答說：「因為三班制的工資讓我入不敷出。」每個人都被震住，感覺到被人將了一軍。

心靈上的混淆付出了它應有的代價。我們訓誡說努力工作、節制慾望的美德，同時卻又描繪出不必工作，不須節制，無限制消費的烏托邦畫面。在我們請求大家更努力一點卻被很不客氣的報以「干我屁事」時，我們訴苦。但在同時我們卻又鼓吹不用人力的自動化，以及讓電腦解除人腦工作負擔的美夢。

最近一個雷斯（Reith）講師宣稱如果少數人就「能餵養、維持、供應大多數人，再讓那些無意加入生產洪流的人置身其中就沒有道理」。許多人毫無意願置身其中，因為他們的工作並不讓他們感覺有趣，既沒能帶給他們滿足，也沒有帶給他們挑戰，而且在他們眼中看來，除了每週結束時能給他們帶來一份薪資之外，再無其他意義。

不管這個結果會是如何，一個大型機構的健全與否，要倚賴它能否把持得住動機原理的能力而定。任何一種不考慮到這個最基本眞理，而建起的組織結構都不太可能成功。

我的第五個，也是最後一個原理，乃是**「中道公理的原理」**（The Principle of Middle Axiom）。大型機構的最高管理階層，不可避免的蹲踞在一個非常困難的地位之上。雖然它遠離事件發生的現場，它卻得爲組織裡發生，或未發生的所有事件負責。它可以利用指示、規則、規定來處理許多早已行之多年的功能，但是對新發展、有啓發性的想法要怎麼辦？對進步、超乎標準的優異表現的創新活動，又該怎麼辦？

我們回到起點來。**所有眞正的人類問題，都源起於秩序和自由之間的矛盾。**矛盾表示兩種法則之間的衝突；權威之間的牴觸；兩個似乎同樣有道理的法則或原理之間的對立。

棒極了！這才是眞實的生活，充滿了矛盾，超出了理性。沒有了秩序、規劃、可預測性、中央管控、會計責任制、對從屬下指示、服從、紀律——少了這些沒有一樣成果能顯現，因爲所有事情全都崩解了。可是如果沒有雜亂失序所形成的寬容、快樂的放棄、創新精神對未可知、未可估計的探險，沒有了風險跟賭運氣、衝擊連官僚式菁英碰都不敢碰的啓發性想像——沒有了這些，生命不過是個笑柄，一個恥辱罷了。

中央很容易打理秩序問題，而要打理自由度和創造力可就沒這麼簡單了。中央有建立秩序的力量，但是沒有一種權力有本事激發出創意。那麼最高管理階層又怎麼來促成創新和進步？假定它知道應該要做些什麼，那麼管理階層如何在組織裡做到這些事？這是中間公理原理幫得上忙的地方。

公理是一個一發表立刻就得到贊同的自明之眞理。中央可以發佈它發現的眞理——譬如說這樣事或那樣事是「正確的事」。若干年前，國家煤炭局所發佈的最重要的眞理就是集中產出，也就是將採煤集中在少數幾處礦區，每處礦坑的產出得有所增加。每個人當然立刻就舉手贊成。可是，不令人意外的，幾乎沒有什麼下文。

這樣的一種變革需要做很多功課，每個煤坑也要做很多新思考、新規劃，而且有很多天然的障礙和困難要克服。中央，在這裡就是國家煤炭局，怎樣去加速改變呢？它當然可以傳播新規矩。但是如果大家都同意了，那又有什麼用處？由中央來說教，維持了下級單位的自由度和責任，但卻使得「他們光說不練」的指責變得有理。或者中央也可以發出指示，但是既然中央遠離了營運現場，就又會坐實了「它又想由中央遙控營運」的指責，而犧牲了自由以換取秩序，並且喪失了下級單位的參與——而這些人正是和實際狀況最密切關聯的人。不管是諄諄善誘的軟管理辦法，還是下命令的硬管理辦法，都不合乎狀況的要求。眞正需要的是介乎兩者之間的中道公理，一個不太像命令的上級命令。

國家煤炭局在決定集中產出時，設定了開發新採煤場的最低標準，附帶了一條但書，那就是任何一個煤區如果認爲有必要開發一個低於這個標準的採煤場，這個決定就必須登載入特別爲這個目的而設的簿册，而且得回答下面三個問題：

為什麼這處採煤場不能配置成足以滿足最低規模要求？

為什麼非要開採這一小片煤？

規劃的採煤場預估的獲利能力如何？

這是眞正而且有效應用中道公理原理的方法，而且有著幾乎像魔術一樣的效果。產出的集中眞的做到了，因而對整體產業產生了優異的效果，中央終於在勸誡之外找出了另一條路子，而又沒有減損下級單位的自由度和責任。

另一個可以找到中道公理的地方是在衝擊統計（Impact Statistics）這個項目裡。

一般正常情況下，統計資料是爲了蒐集者需要——或者他認爲他需要——某些數量資訊而蒐集的。衝擊統計的目的卻不一樣。它是爲了要讓提供統計資料的人，也就是下級單位的承辦人員，去注意到他在別的情況下會忽略的若干事實而起的。這項工具在採煤業，尤其是在工業安全方面，應用得很成功。

發現中道公理始終是項成就。頒訓是很容易的，頒佈指示也沒有難到那裡去。但是要讓最高管理階層如何能發揮下級單位的創造性想法，而卻又不至於窒礙了它們的自由度和責任倒不是一件容易事。

我解說了五個我認爲和大型機構理論有關的五個原理，並且賦予每個原理大概能算得上是有點魅力的名字。所有這些有什麼用處？難道這只是個心智的遊戲嗎？有些讀者毫無疑問會這麼想。另外一些人——這一章正是寫給這些人看的——或許會說：「你把我多年想寫下來的寫出來了。」好極了！我們之中有許多人多年來就在和大型組織所造成的問題中奮戰不懈，而這些問題也越來越尖銳。而要想奮戰成功，我們就得有個理論，一個由原理所建構起的理論。但是原理又是打那兒來的呢？它們是從觀察和實際的了解而來。

就我所知，將理論與實際的必要互動作最好的結合的是毛澤東。他說：到廣大群衆裡去，向他們學習；將他們的經驗綜合成原則和理論。然後再回到廣大群衆裡去，要他們實踐原則和方法以解決問題並得到自由和幸福。

17 社會主義
Socialism

無論是理論上的考量或是實際上的經驗都讓我認為，社會主義之所以有趣，純然是因為它的非經濟價值，以及它壓倒經濟學這門宗教的可能性。一個把百萬富翁當作文化英雄的拜金社會有沒有社會主義化結果都是一樣。

這就難怪所謂先進社會的許多社會學家——這些社會學家不管他們自己知不知道，其實他們自己本身就是經濟學這門宗教的信徒——今天是否要懷疑國有化已經不是重點。它造成了一堆麻煩——所以幹嘛還要理會它？只是消滅了私有財產並沒有帶來壯麗的結果：所有值得去爭取的事物，還是得拚老命耐心的去爭取，而在追求財務上的存活能力之同時，又加上還得追求更高層次的社會目標，則造成了許多矛盾，許多表面上看來像是對立的情況，並給管理階層加上更重的負擔。

如果國有化的目的基本上就是要達到更高的經濟成長、更高的效率、更好的規劃等等，那就注定要失望。完全以私慾貪婪為出發點來主導整個經濟體系的運作，在改變世界這一點上可是顯現出無比巨大的能力。這是馬克思所深深體認到的：

布爾喬亞階級只要一占上風，就會結束所有的封建式關係、族長式關係、田園詩式關係，而讓人與人之間除了赤裸裸的自利之外，再沒有其他的聯結……

小資產階級藉著所有生產工具的迅速改進，藉著溝通工具的巨大改善，將所有國家都帶進文明領域，連最野蠻的國家也不例外。（共產黨宣言）

私有企業理念的力量來自它的「簡單明瞭」。他們把整個生命簡約成一件事——利潤。生意人若視為一個單獨的個體時，也許還是對生命中其他方面有興趣——甚至對真、善、美都有興趣——但是作為一個生意人，他關心的只有利潤。就這一點而言，私有企業的觀念完完全全的合乎市場這個概念——而我在之前的章節中曾將它稱為「個人主義與不負責任之制度化」。同樣地它也完全適合現代之凡事數量化，而不在乎質量不同之差異的這個趨勢，**因為私人企業才懶得在乎它生產了些什麼。它只在乎從生產賺到了些什麼。**

如果你把現實從萬千層面簡約到一個——只有一個——層面，所有事情就都顯得全然透徹了。你知道要做些什麼——什麼賺錢就做什麼。你也知道不要做些什麼——什麼不賺錢或讓你少賺錢的就不要去做。在此同時，衡量成敗也有了一個百分之百完美的尺度。我們不要以詢問某個特定行動是否有助於增進社會財富、全民福祉，是否豐富了道德、美學或文化內容的問題，來蒙蔽了這個議題。只要找出它這樣做值不值得就好。只要去找找看有沒有其他更便宜的方式就好。如果有，選那個更便宜的方式。

事業有成的生意人常常是令人震驚的原始，這一點其實毫不讓人意外。他們生活在一個經由簡約過程而變得原始的世界。他們和這個簡化版的世界甚是登對，而且也滿足於斯。而當眞實世界偶爾也讓它的存在爲他們所知，並且強迫他們去注意它的另一個面貌，一個他們的哲學所不知道的面貌時，他們就會變得徬徨無助，不知所云。他們覺得自己暴露在無法估計的危險下，在「不健全的」力量之下，並且肆意的預言全面性的災難。結果是他們通常對從生命的意義和目的出發更有意義的行動都置之不理。對他們而言，比如說一家企業，不以私有爲基礎的事物，就不可能成功這一點，早就蓋棺論定了。如果它居然成功了，那一定會有個惡意的說法——「剝削了消費者」、「隱藏的補貼」、「強迫勞動」、「壟斷」、「傾銷」，或是嚴重負債到見不得人，而且將來總有一天會突然曝光。

不過這可是岔離主題了。重點是私有企業理論的眞正力量在於它毫不留情的簡化，而這正好和科學的優異成就所創造出來的心態完全調和。科學的力量一樣來自於將現實的許多層面「簡化」成某一個層面，而基本上是將質的部分簡化成量的問題，但是就如十九世紀科學強有力的只專注在眞實的機械層面的作法，卻因為眞實層面中有太多與此並不吻合而不得不被放棄一樣，將經營生涯強力的集中在「利潤」這一層面也不得不被修正，因為它忽略了人的眞正需要。社會學家能推動這個發展可眞是歷史性的成就，結果是今日受到啓發的資本家最常掛在口頭的一句話就是：「現在我們都是社會主義者了。」

這就是說，今天的資本家希望能否認他所有活動的最終目標之一乃是利潤。他說：「啊，不，我們做了很多其實我們不需要做的事。我們設法保存田園之美，我們進行可能無法回收成本的實驗」等等。所有這些說法都很耳熟。有的時候它們有道理。有的時候則沒道理。

我們這裡所關心的是，我們可以這麼說，「老式」的私有企業只追求利潤。因此它對目的作了最有力的簡化，並為成敗定出最完美的判斷標準。而在另一方面（讓我們假定）「新式」私有企業追求許多目標。它試圖考量到生命的所有層面，而不只是賺錢的那一面。因此它就沒有對目的作到有力的簡化，也沒有可靠的判定成敗的標準。如果是這樣的話，「新式」的以大型股份公司面貌出現的私有企業和公營企業之間的差別只有一項，即就是它對股東提供了沒賺頭的收入。

很明顯的，資本主義的主角不可能兩全其美。他們不能一邊說「我們現在都是社會主義者」，而同時又認爲社會主義行不通。如果他們自己都追求賺錢以外的目標，那麼他們就不能好好的主張說，只要賺錢以外的其他考慮被放了進來，他們就無法有效的管理這個國家的生產工具。如果他們能夠不靠賺錢這個粗糙的評分標準來管理的話，國營工業也一樣可以。

反過來說，如果所有這些全是騙局，私有企業除了利潤以外（眞的）什麼也不顧，如果它對其他目標的追求，事實上完全得看賺不賺錢而定，而且完全看它高興怎麼花賺來的這些錢的話，我們越早弄清楚這一點越好。在這種情形下，私有企業還是可以聲稱它擁有這種簡化所得到的力量。它反對公營企業的理由就會是，公營企業正因爲同時要試著滿足多個目標所以才注定了會沒有效率。而社會學家反對私有企業的理由則是傳統上所使用的理由，也就是正由於將所有經濟活動都完全歸因於私人貪慾的動機這種簡化才貶低了生命。這個理由基本上並不從經濟層面來考慮。

對公有制的全然拒斥就表示了對私有制的完全肯定。這樣的武斷程度就和正好相反的最狂熱之共產黨一樣的武斷。但是雖然所有的過激主義都有心智上的弱點，一個對用來達成不那麼確定目標的手段帶著狂熱的主義則是不折不扣的低能。

我們之前提過，經濟生活——實際上是整個生命——的關鍵之處，就是它不斷的需要在現實中調和，按照嚴格的邏輯而言，根本不可能調和這種對立。在總體經濟（整個經濟體系之管理）裡，必須總是要同時擁有規劃和自由，不是經由虛弱、死氣沈沈的妥協，而是無拘無束的體認到兩者的合法性和必須性。同樣的在個體經濟層次（個別企業之管理），一方面必須要有完整的管理責任和威權；但是同樣也必須要有工人對管理決策有民主而自由的參與。同樣的，這也不是一個以心不甘情不願的妥協方式，使得雙方都不滿意的降低對立的問題，而是要同時承認兩者。完全集中在一端，比方說規劃，就會產生史達林主義（獨裁），而完全集中在另一端則會產生混亂。對任何一種情況的正常回答會是將鐘擺擺到另一個極端去。但是通常的回答並不是唯一可能的回答。一個寬宏大量、心胸寬闊的心靈上的努力——正好與存心找碴、惡毒凶狠的批評相反——將能讓一個社會至少在一段期間內能找到一個調和雙方而又不至於貶抑任何一方的中道。

這個道理同樣可以運用在經營企業上目標的擇定，一個極端——以「舊式」的私有企業爲代表——是對簡約以及可以測定成敗的需要，而這則最能由只問「獲利」不問其他來滿足，而另外一個極端——以原先「理想」的公營企業爲代表——則是需要在推動經濟事務時，要有全面且廣泛人性層面的考量。前者如果被嚴格遵循的話，就會導致人性尊嚴的完全摧毀無遺。後者則會造成像混亂一樣的沒有效率。

對這一類的問題沒有什麼「最終的解決之道」，只有每天根據明確體認到兩種對立情況都存在的情形而做的當下的解決方案。

所有制，不論是公有制或私有制，都只是大框架裡的一個小元素，它本身並不能設定在框架內所要追求的目標。就這一點而言，說所有制並不是決定性的問題是正確的。但是我們也必須體認生產工具私有化，會嚴格限制了選擇目標的自由，因爲它被逼著追求利潤，因此傾向於對事務抱持狹隘而自私的觀點。公有制則在目標的選擇上賦予完全的自由，因此可以適用於任何選定的目的。私有制是一個本身就決定了它應用範圍的工具，而公有制卻是一個本身的適用範圍及可能達成的目標並不明顯，而必須用心去選擇的工具。

因此，如果國營企業所追求的目標就像資本主義生產體系一樣的狹隘、一樣的侷限於除了賺錢以外一概不聞不問的話，那麼公有制還眞沒有什麼強有力的說辭，這才是英國的國有化在當前眞正的危險所在，而不是任何想像的效率不足問題。

國有化的敵人其宣傳攻勢由兩個極爲不同的運動組成。第一股力量試圖說服一般社會大衆以及國營事業員工，在生產、分配和交易工具的管理上唯一值得重視的事就是利潤。任何偏離這個神聖標準的事——特別是國營企業的偏離——都會對每個人帶來不可忍受的負擔，並且要爲整體經濟體系裡任何一處出了問題的地方負責。第二股力量則是說既然國營企業的行爲舉止並沒有什麼特別的不同，因此也就沒有辦法爲達到更好的生活之進步作任何承諾。任何更進一步的國有化行動都是教條式、沒有任何轉折的明顯例證，由一群沒受到教導，無法教導，也不具有提問題能力的失意政客所組織起來的純純粹粹「攫取」行爲。如果這個計劃也得到讓國營企業幾乎無法賺到錢的政府，其國營企業產品價格政策所支持的話，這個小計劃就有更有可能成功。

我們必須承認這個策略再加上對國營企業系統化的抹黑宣傳攻勢，對社會主義的思想還眞產生了點效果。

原因既不是出在原先的社會主義啓示的錯誤，也不是出在任何國營企業行徑的眞正失敗——這一類的指責還眞站不住腳——而在於社會主義者自己的毫無願景。

他們不會恢復願景，除非他們再度高瞻遠矚，否則國營化就無法達到它的功能。

生命懸於旦夕的不是經濟而是文化，不是生活水準而是生活品質。經濟和生活水準一樣能由一套資本主義體系來照顧，只要再加上點規劃和重新分配所得的稅制之修改就行了。但是這樣的一套體系只會摧毀了文化以及生活品質的根基。

社會主義者應該堅持不要只是把國營企業做得比資本主義者更為資本主義化——這個嘗試他們也許做得到，也許做不到——而是要由此演進出一個更民主化、更有尊嚴的企業管理體系，對機器的更人性化的運用，以及對人類發明才能和努力之果實的更明智的運用。如果他們能做到這一點，未來就在他們掌握之中。如果他們做不到這一點，那麼他們所說的就不值得任何一個自由子民，花上一分一毫力氣去聽。

18 產權制度

Ownership

「很明顯地，眞的沒有一種體制或機器的改變，能避開由人類天性之自我本位主義、貪婪、愛吵嘴所組成的社會抑鬱症的原因。它所能做的乃是創造一個不鼓勵這類性質因素的環境。它並不能肯定人們會遵照著他們的原則而活。它所能做的乃是將他們的社會秩序根據這些原則來建立，如果他們願意的話，他們可以提昇生活的層次，而不是向下沈淪。它無法控制他們的行動。它可以提供一個讓他們心有所屬的目標。而既然他們心之所屬在此，他們的實際行爲就會與此一致，當然有時也會有些例外。」

托尼（R. H. Tawney）這些話是幾十年前寫下來的。今天它們仍然具有議題性，只是今天我們不只關切社會抑鬱症，而且最迫切的，還關切威脅到人類生存的生態體系或生物環境的病症。在之前各章所討論到的每個問題都指向「體制還是機器」的問題——雖然我也一直主張沒有任何一套體制或機器或經濟原則或理論能自行發展出來，它毫無例外的建築在一個形而上學的基礎上，這也就是說，建立在人對生命的基本看法，它的意義和目的上。我談到過經濟學這個宗教，對物質之占有、消費和所謂生活水準的這種偶像式崇拜，以及深以「我們父祖輩時的奢侈品已經成爲我們的必需品」這個事實爲榮的這種命運已定的趨勢。

體制就是人類最基本態度的化身，既不更多一些，也不更少一點。的確有些化身會比別的化身更完美一些。物質進步顯示現代的私有企業體制一直都是追求個人致富最完美的工具。現代私有企業體制靈巧的運用了人類貪婪和妒忌的驅策作爲動機的動力來源，但卻藉由凱因斯經濟理論對經濟的操控，一點點重新分配所得的稅制，以及工會的「抗衡力」，而克服了自由放任（laissez-faire）最爲人所知的缺陷。

這樣一個體制有可能應付我們現在必須面對的問題嗎？答案清楚得不必再講任何道理，貪婪和妒忌要求物質層面上不停且永無止境的經濟成長，而對環保不作適當的考慮。這一類的成長是不可能與有限資源的環境水乳交融的。因此我們必須研究私有企業體制的基本特性，以及推升到可能切合新狀況的其他系統的各種可能性。

私有企業體制的本質就是生產、分配和交易工具的私有。因此難怪私有企業的批評者會致力於將私有制轉換成爲所謂的公有或集體所有制。而在很多情況下他們也成功的做到了這一點。所以我們首先就先來看看「產權」或「財產」的意義。

對私有財產第一個，也是最基本的區別，就是(a)作爲有創造性的工作之幫手的財產，和(b)取代了創造性工作的財產。前者有其正常、健康的一面——一個做事的經營者的私人財產，而後者則有其不自然、不健康的一面——一個繼承了家業、不事生產的社會寄生蟲的私人財產。托尼非常清楚的看出了這兩者基本上的差異，因此才會說「不先指出到底談的是那一種型態的財產就說贊成或反對就是怠惰」。

因為腐化了勤勞原則的並不是私有制，而是不與工作相結合的私有制。而某些社會主義認為土地或資本的私有一定是有害的看法純然是賣弄文章，就如同那些保守派會將所有資產以神祕的神聖態度進行投資一樣的荒謬。由第一類財產所建立起來的私營企業自然就會是小規模、個人化、地方性的。它並不承擔更大的社會責任。它對消費者的責任可以由消費者自己來督導。社會法令和工會的警覺會保護員工。小型企業不會創造出巨大的私人財富，可是它的社會效用卻龐大無比。

我們馬上就可以很明顯的看出：在私有制問題上，規模大小是個決定性的因素。當我們從小型規模擴大成中型規模時，所有權和工作之間的聯結就減弱了。私有企業會漸漸變得與個人無關，而成為當地一個顯著的社會因素。它甚至還不只在當地具影響力而已。私有財產這個觀念變得越來越有誤導之勢了。

1. 雇用了支薪經理人員的老闆，不需要本身也得是經營者才能夠擔任他的職務。因此他的所有權從功能上來講並不具必要性。如果他分配給自己的利潤高過他應得的薪水，對他所擁有資本的回報也高過市面上向外面借到同額資本所需付出的利率的話，這就成了剝削。

2. 高利潤若非來得偶然，就是全體員工的成就，而非老闆個人的功勞。因此，如果全由老闆自己來分配既不公平，也會造成社會分裂。它應當由組織全體人員分享。如果它被「再注入資本公積中」，那麼它就應該是由大家集體擁有的「自由資本」，而不是自動歸入到原有企業主的財富裡。

3. 中級規模導致了人際關係的疏離，對管理帶來了新的問題。在小型企業裡由於老闆自己也捲起袖子來幹，因此獨裁都不會是個嚴重的問題，因為整個企業幾乎就像個家庭。而當企業規模超過了某一個——非常小的——規模之後，就再也和人性尊嚴以及實實在在的效率搭不上調了。這時候就需要有意識去系統化的發展出，一套容許組織所有成員對管理能作某種程度真正參與的溝通與諮詢體制。

4. 這家企業在當地的社會地位和份量以及它廣佈的分支機構，要求它在原有的組織成員之外，更要進一步有某種程度的「所有權社會化」。這個「社會化」可藉由定期撥出部分盈餘從事公益或慈善活動，以及自外界聘任董事而達成。

在英國和其他資本主義國家裡都成功推動過這些活動的私營企業，它們因此克服了當私人擁有的生產工具之規模超過了小型規模時，所造成的應該被反對的、導致社會分裂的效果。北罕敦夏（Northamptonshire）瓦爾斯頓（Wollaston）的史考特貝德公司（Scott Bader & Co.）就是其中之一。該公司的試驗及其經驗的詳細呈述將留在下一章。

在大型企業方面，私營的想法就成了荒謬悖理之事。財產在實際意義上既不是，也不可能是私有的。托尼再度清楚指出：

這種財產或許可以被稱為被動的財產，或者是等著被取得、等著被剝削，或等著被用來取得權力的財產，以有別於被所有者主動用在他本行的生產上或用來維持家計的生財工具。對律師來講，第一種財產當然是和第二種財產完全一樣的是私有的財產。但是經濟學者是否能把這個叫做「財產」可就很難說了……因為它和給予所有者掌控他辛辛苦苦工作的成果之權利並不是同樣的一件東西，而是完全和這個權利相反的東西。

對大型企業的所謂私人所有權和小地主、小手藝人，或小企業主的簡單財產絕不能畫上等號。它就如托尼所說的，和「直到大革命才廢止的，搶去法國農民部分收成的封建田賦」是同樣性質的東西。

所有這些權利——專利權、地租、壟斷利潤、所有各種形式的剩餘——都是「財產」。對這一類權利最致命的批評……包含在通常用來為財產作辯護的說法中。它說國家機構的意義，就是在透過讓工作者可以牢固穩當的受取他辛勤工作的成果之方式來激勵大家勤奮賣命。可是在另一方面，正是因為保存一個人因其努力工作而得來的財產是件重要事情，因此他因別人的工作成果而得到的就應該被剝除這一點也就同等的重要。

總結起來：

a.在小型企業裡，私有財產是自然、有刺激生產效用、而且也合理的。

b.在中型企業裡，私有財產就功能而言已非屬必要。「財產」這個概念變得牽強附會，不會刺激生產，而且也不合理。如果只有一個東主，或是只有少數幾個股東，就可以，也應該，將這份特權自願的讓出給人數更多的真正工作的人——就如貝德公司的例子。如果有數量極大的不記名股東的話，這種慷慨的行為就不太可能出現。但就算是這種情況，進行立法也能為此鋪出一條路來。

c.在大型企業裡，私有財產不過是為了讓沒有貢獻的東主達到寄生在別人工作成果上之目的而產生的遁辭罷了。這不但不公平，而且也是扭曲了企業中各種關係的一項不理性因素。我們再一次引述托尼的話：

「如果團體裡的每一位成員都在可以拿回點什麼的條件下，拿出點什麼貢獻到共同工作成果裡，他們還是會為了出多少、拿回多少而爭吵……但是，如果總數知道了是多少，每人可以拿回多少也被接受了，那就沒得吵了……但是在企業界每個人可以拿回多少並沒有完全確定下來，因為有人沒出一點力氣卻想拿回點什麼。」

剷除大型企業的私人所有制有許多種方式，最著名的方式一般被稱之爲「國有化」。

但是國有化既不是個得體的字眼，也不是沒有歧義的字眼。如果使用得當的話，它只是表示由一個代表……消費大衆的團體之所有權。沒有一種語言能有一個字眼，清脆俐落的表達出帶有公共服務功能的團體其各種可能形貌。結果是「國有化」這個不帶任何色彩的字眼，就幾乎不可避免的被賦予各種極為特別的意義。在實務上它的意義等同於一種特別的管理方式，在這種管理方式下，國家所雇用的官兵坐上了今天企業界的董事的位子，並執行那個位子所擁有的所有權力。因此那些希望將企業界維持在現行體制之下運行，也就是為股東謀福利而不是一個服務大衆的行業，就以公營一定沒有效率的理由攻擊國有化。

在英國有好幾家大型企業都已經被「國有化」。它們顯示出了一家企業的品質由經營它的人來決定，而不是由不管事的所有主決定這個明顯的眞理。但是儘管這些國營企業成就卓著，卻仍然被某些享受特權的團體絕不寬容的痛恨追逐著。不停的反對它們的宣傳有可能誤導了並不抱有同樣恨意，而且應該更清楚事實眞相的人。私營企業的發言人從不厭倦於問起國營企業的「對股東的責任」問題。這可眞有點諷刺，因爲這些只爲公衆利益服務的企業，其會計責任早已有了高度的發展，而公然聲稱只爲私人利益而活的私營企業其會計責任則根本就不存在。

財產所有權並不只是一項權利，而是一捆權利。國有化並不是只把這捆權利由甲轉到乙，也就是從私營企業轉到「國家」，不管我們對此怎麼定義。它是一個對這一捆權利裡的各項權利如何排序定位做出精確抉擇的問題，而這一捆權利在國有化之前都被認爲是屬於所謂的私人業主。因此托尼簡潔的說：「國有化就是制憲的問題。」一旦私有財產的法律途徑被清除掉之後，就有自由來重新安排所有事情——合併或拆解，集中或分散，集權或分權，建制大單位或是小單位，一個單一的體系，聯邦式的體系，還是完全沒有任何體系。托尼是如此形容的：

對公有制的反對，到目前為止還算得上是聰明的反對，實際上主要是反對過度的中央集權。但是對過度中央集權的補救方式並不是維持讓私人擁有不起作用的財產，而是公有財產所有權之分散。

「國有化」消滅了私有財產權，但它本身並沒有像字面意義的創造出任何「所有權」——雖然在法律意義上是如此。而且它本身也沒有決定原來所有權的下場，以及誰來行使這份權利。因此就某種意義而言，它純粹是一種取消了原有安排，並創造出一個作新安排的必要性和作出新安排的機會之抵銷性措施。這些經由「國有化」才變得可能的新安排，一定得適合每一個特殊狀況的需要。但是我們可以對所有提供公共服務的國營企業提出幾個原則。

首先，將事業與政治攪混在一起是危險的。這樣的一個混合通常會產生沒有效率的事業和腐敗的政治。因此國有化法不管對那一種情況，都要小心的條列出並且定義政治這邊，例如部會首長或任何其他政府部門，或國會對企業這邊，也就是董事會，所能行使的任何權利——假如有此類權利的話。

其次，提供公共服務的國營企業應該隨時要注意達成利潤目標——但是得要為了生存下去而吃喝，絕不是為了吃喝而活——而且要積貯盈餘準備。它們永遠不可對任何人分配任何盈餘，連對政府都不可以。超額利潤——這也就表示積聚了過多的盈餘準備——應該以降低售價的方式來避免。

第三，國營企業應該有法律義務以「在各方面服務公共利益」。而對「公共利益」的詮釋則由企業自己來界定，並且企業也根據它自己所作的詮釋來制定企業本身的架構。假裝國營企業就像為私人股東服務一樣的只關心利益，然後讓政府獨自去詮釋什麼是公共利益，是沒有用的。不幸的是，這種想法卻侵入了英國如何經營國營事業的理論裡，因此這些企業就被要求以營利為目的。而只有在政府要求它不以營利為目標時才可以這麼做，同時政府也會因此而補償它。將它的功能作這麼乾淨俐落的區分也許是理論家可以做的事，但在眞實世界裡卻沒有任何意義，因為它摧毀了國營企業管理階層的精神支柱。除非能深深滲透入管理階層的日常行為中，否則「在各方面都能服務公共利益」就毫無意義，而且這既不能也不應該受到政府的控制，更不要說由政府提供財務上的補償了。我們不能否認，偶爾也會有追求利潤和服務公衆利益相衝突的時候。但這只不過是表示經營國營企業要比經營私有企業要難得多。不需要做更高的要求就能達到一個更好的社會之想法，是自我矛盾的妄想。

第四，要讓「公共利益」能在國營企業裡被體認而且被保護，就有必要做出一種安排，使得所有的合法利益，也就是員工、當地社會、消費者，以及競爭對手的利益都得以表達並發揮其影響力，特別是假如競爭對手也是國營事業時，更需要如此做。要能有效施行這一點仍得靠大量的試驗才行。沒有一處地方有完美的「模式」。問題總是如何在保衛這些利益的同時，卻又不至於損害到管理階層的管理能力。

最後，國有化的最主要危險是規劃者沈迷於過度集權。一般而言，小型企業要比大型企業更好。先創出一些小型單位，然後再將若干功能集中在較高階層——如果對較佳的協調之需要屬首要之務的話，會比先經由國有化弄出一個大型企業——而這到目前為止幾乎毫無例外都是這麼做的——然後再試著將權力和責任下放給較小的單位要好得多。

沒有一個人比托尼對這個問題看得更透徹，了解得更清楚。因此再一次引述他的話來為本章作結似乎是再合適不過了：

因此根據功能而不是權利所建起的社會組織意味著三件事。首先，它意味著有服務表現相伴隨時，財產權會得以維持，沒有的就會被廢止。其次，它意味著生產者會和生產所要服務的社會有著直接的關聯，這樣他們對那個社會的責任才會明確，不致混淆不清，而不像現在，他們直接臣屬於興趣只在賺取、不在服務的股東的情形下，社會責任完全失落了。第三，它意味著維持服務的義務會落在那些提供這種服務的組織的頭上，而且在消費者的監督和批評下，那些組織應當在執行業務時，發出足够的聲音，以確保這個義務得以履行。

19

新型態的所有權制度

New Patterns of Ownership

加爾布雷思提到富裕的私人部門和髒窮的公共部門。值得注意的是據說他所指的是美國——一個與傳統看法一致的全世界最富足的國家。一個全球最富足的國家其公共部門，怎麼可能比世界上許多在經過人口數量調整以後的GNP，要遠小得多的國家其公共部門還要髒窮？如果現有的經濟成長水準都不能讓它的公共部門免於髒窮——或者甚至是隨著經濟一起成長——那我們又怎麼可能合理的預期更進一步的成長會讓這個問題緩和下來，甚至是消除不見？我們又怎麼解釋經濟成長率最高的國家都是人口密度最高，而公共部門的髒亂卻也是達到讓人震驚地步的國家？如果英國的GNP能成長百分之五，也就是大約每年二十億英鎊，我們能將這筆多出來的財富的大部或全部用來「實現我們國家的抱負」嗎？

肯定不會。因為在私有制之下，每一份財富只要一出現，就立刻自動的被私人分光了。公家政府沒有一分一毫屬於自己名下的錢，而不得不將自己貶低到從它的公民荷包裡掏挖公民們認為本來就該是他們的錢。難怪這就導致稅務員和老百姓之間無止境的鬥智了。而有錢人在收費高昂的稅務專家的協助之下，一般都會比窮老百姓要占上風。而為了要堵住「漏洞」，稅務法規就越來越複雜，而對稅務顧問的需求也就越來越大——因此他們的所得也就越來越高。而當納稅人覺得他們的收入被拿走了一部分時，他們不但用盡心思鑽各種合法節稅的空隙——更不要說非法逃稅——也不停的叫嚷著要削減公共支出。無論富裕的私人部門和髒窮的公共部門之間的差別有多顯著，「多徵稅好作更多的公共支出」絕對不會是個討好的競選口號。

除非我們能在生產工具所有權的結構上就認知到公共支出的需求，否則這兩者之間的矛盾永遠沒得解決。

這並不只是公共部門髒窮的問題，像是我們在許多精神病院、監獄，以及數不盡的其他公家經營的服務單位，和機構所發現到的髒窮狀況一樣。大筆公共資金用在所謂的「公共建設」，而效益則由私人企業笑納的時候，倒也有其光明的一面。對任何一個在「公共建設」不足或根本就不存在的貧困社會開創或經營企業的人而言，這一點可是耳熟能詳。

他沒得仰賴便宜的運輸或其他公共服務；他或許得自己掏腰包建設許多在一個

公共建設高度發展的社會裡，用不著他花一毛錢或是只要花很少錢的東西；他不能指望用受過訓練的人——他得自行訓練他們；一堆諸如此類之事。不管社會是富是窮，任何一個社會的所有教育、醫療、研究機構都爲當地的私人企業帶來無可計算的利益，這個利益當然不是由企業直接付錢取得，而是透過付稅的方式取得。

而我們在前面已經提到過，稅賦卻是被抗拒、憎恨、反對，而且常常被有技巧的躲掉了。私人企業從「公共建設」所得到的利益所支付的代價，不能讓政府直接以利潤的方式收取，而得在私人部門分配了利潤以後再去徵收的方式，不但是非常的沒有道理，而且也導致無窮無盡的複雜化和神祕化。

私人企業聲稱他們是憑自己本事賺到利潤，而卻有一大塊被政府抽稅抽走了。一般而言，這並不是眞相。眞相是私人企業很大一部分的成本是由政府來承擔的——因爲是它來支付公共建設——因此私人企業的利潤在表彰私人企業的成就這一點是大大的灌水的。

除非公共支出對私人企業獲利的貢獻在生產工具的所有權結構上得到體認，我們就沒有任何實際有效的方法來反映眞實的情況。

因此我將舉出兩個例子以顯示如何可以——或有可能——改變所有權結構，以滿足上述兩項基本批評。第一個例子是在改革過的產權結構基礎上，實際營運的一家中型企業。第二個例子則是如何改革一家大型企業的產權結構的假設性方案。

史考特貝德共同利益體

貝德（Ernest Bader）在一九二〇年創立史考特貝德公司（Scott Bader Co., Ltd.），時年三十。經過了二次大戰期間多種考驗與試煉後，他在三十一年後擁有了一個雇用一百六十一人的中型企業，年營業額六十二萬五千英鎊，淨利超過七萬二千英鎊。他由白手起家，公司現在成爲聚酯樹脂的領導生產廠商，並且也生產其他如醇酸樹脂、聚合物、可塑劑之類的精密產物。在年輕的時候他就不甘於做一輩子上班族，對「勞力市場」、「工資制度」等概念極爲厭惡，特別是資本雇用了人，而不是人雇用了資本的概念。在成爲雇主以後，他從未曾忘記他之所以能有今天，除了他自己的努力以外，所有他的合作伙伴，以及無庸置疑的有幸讓他得以營業的社會，也都貢獻了一臂之力。他說：

> 多年前當我決定自己搞，不再當個上班族的時候，我體認到我跟將人分為一邊是被人管的，一邊是管人的資本主義哲學槓上了。但是真正的障礙是出在公司法身上。它的法條給了股東獨裁的權力，並設立了由他們所控制

的管理層級。

他決定在他的公司內引進「根據一個試著讓產業切合人類需要的哲學」而來的「革命性變革」：

問題分兩部分：(1)怎樣在不損及獲利的情況下，在我們公司裡組織或組合起最大程度的自由、快樂和人性尊嚴；(2)用一般而言可以被產業界的私人部門接受的方法來做到它。

貝德馬上就發現，如果不做到兩件事，就不可能做到決定性的改變。這兩件事是：一、所有權的改換。單單只是分享利潤是不夠的，而他在一開始就讓利潤分享。二、自願接受某些自我否認的規定。為了要做到第一點，他成立了史考特貝德共同利益體（the Scott Bader Commonwealth）並（分兩次，第一次在一九五一年轉入百分之九十，第二次在一九六三年轉入其餘百分之十）將他的公司，史考特貝德股份有限公司（Scott Bader Co., Ltd.）的所有權轉入其中。而為了要做到第二點，他和他的新夥伴，也就是利益共同體的成員，他的前雇員，同意制定一部不只是規定了私人企業所擁有的「一捆權力」的分配方式，並對公司措施的自由作了下列限制的憲章：

第一條：公司將保持在有限規模之內，如此公司所有成員才能衷心擁護公司。公司將不會成長至超過三百五十人或附近之數。如果環境情況要求公司成長到超過此一限制，此一要求即會以新設按史考特貝德利益共同體之方式組織其完全獨立之單位的方式進行。

第二條：公司內對最高酬成員至最低酬成員之間支付的稅前工作酬勞比例不得超過一比七，無視於年齡、性別、功能與經驗上之任何差異。

第三條：既然利益共同體的成員都是合夥人而不是雇員，因此除非犯下嚴重個人過錯，否則其他合夥人就不得將其開革。但是他們當然可以在預先通知的情況下自願離職。

第四條：史考特貝德股份有限公司的董事會將對利益共同體負責，根據憲章所訂定之規定，利益共同體有權利，亦有義務確認或撤銷董事之任命，並同意其酬勞水準。

第五條：利益共同體不得分配超過史考特貝德公司淨利之百分之四十——至少保留百分之六十之淨利以支付稅負及史考特貝德公司之內部資金需求——而分配之淨利中，利益共同體將分配一半給公司之工作同仁，其餘一半則作為公司以外之其他慈善用途。

最後，史考特貝德股份有限公司之任何產品，均不得售與已知將此產品應用在與戰爭有關之目的的顧客。

在貝德和他的同事引進這些革命性的變動後，大家不客氣的預言說一個在集體所有，並且自己對自己行爲加上某些限制的基礎上營運的公司不可能活得下去。事實上雖然困難，甚至是危機和挫折都不曾少發生過，它卻變得越來越強大。在面臨高度的競爭下，它的營業額從一九五一年的六十二萬五千英鎊增加到一九七一年的五百萬英鎊。淨利則由每年七萬二千英鎊成長到每年三十萬英鎊，員工總數則由一百六十一人增加到三百七十九人。（在二十年裡）發放了超過十五萬英鎊的紅利給員工，同額的金錢則由利益共同體捐贈給公司以外的慈善用途，而在同時又成立了幾家小的新公司。

每個想這麼做的人都可以聲稱，史考特貝德股份有限公司的商業成功，很可能是由於「特殊環境因素」。不只如此，我們也可以找到和這家公司一樣成功，甚至比它更成功的私人企業。但這不是重點所在。如果這家公司在一九五一年以後就失敗的話，它就只會被當成一個驚人的警告。以傳統標準來衡量的成功並不能證明貝德公司這一套「制度」照傳統標準來看更優異，它只是證明了這套制度並非與傳統標準必然起衝突。它的價值正在於能達成一般不被包括在商業標準以內，而只被一般商業行為視為次要，甚至於是完全忽視的人性目標。換句話說，貝德制度克服了私有財產制度的簡化主義，並將產業組織變成為人所役，而不是讓它把人當成增進資本所有者財富的工具。這裡引述貝德本人的話：

> 共同所有，或共同利益體，乃是利潤共享、共同合夥或共同擁有，或任何其他讓個人在一個共同的企業裡，有一份屬於自身利益的制度之自然發展結果。它們正在朝著共同擁有事物的道路上邁進。而且我們將會發現，共同所有有它特有的優點。

雖然我沒打算深入探討自一九五一年以來這二十年多年來的日子裡，理念、新管理方式和合作方式之漫長演進，但是從這個經驗裡總結出若干一般性原則，卻對我們不無助益。

第一個就是將所有權由一個人或一個家族——在這個例子裡是貝德家族——手裡轉到一個集體（也就是利益共同體）手裡的行爲，是如此從根本上改變了「所有權」的本質，以致於我們將這種移轉看成是造成了私人所有權的消滅，比看成是集體所有權的建立要好。

一個人，或是少數的一群人，及某一實質資產之組合之間的關係，是和一個由很大數量的一群人所組成的利益共同體，及同樣一個實質資產組合之間的關係大不相同。所有者人數的急遽變化，造成了所有權的涵義在質上的深遠變化一點也不令人訝異，而在像貝德公司這種將所有權歸給集體，也就是利益共同體，而沒有爲任何利益共同體的成員設定任何個人的所有權時更是如此。

在貝德公司說利益共同體擁有史考特貝德股份有限公司，在法律意義上講是正確的。但是如果指稱利益共同體的任何一位成員，以個人身份在利益共同體裡享有任何形式的所有權，則不但在法律上來講是錯誤的，而在事實上也不是如此，事實上所有權被管理資產的特殊權利與責任所取代了。

第二，雖然沒有任何人取得任何財產，貝德和他的家族的確放棄了他們的財產。他們自願放棄了變成鉅富的機會，我們不需要成爲完全平等主義的信徒才能看得出今天不管在那個社會裡，鉅富都是一個很大的禍害，不管你怎麼定義完全平等主義。某種財富和所得的不平等毫無疑問是「自然的」，而且就功能而言也說得過去。同時也沒有幾個人不會承認這一點。但是這個問題也和所有人類的事物一樣，要看差異大到什麼程度。過了頭的財富，就和權力一樣，易於形成腐化。就算這些富翁不是「躺著也發財」，就算他們比任何人都更勤奮，他們工作的型態還是和別人不一樣，有不同的一套標準，而且和一般社會大眾有所區隔。**他們以實踐貪婪的方式腐化自己，而又以激起大家妒忌的方式腐化了社會上其他的人。**貝德從這些觀察中看出了這樣的影響，因此拒絕成爲鉅富，也因此能建立起一個眞正的共同生活體（Community）。

第三，在貝德實驗中，以最明確的方式向我們顯示出所有權的轉換是必須的——少了這一樣，所有事情全都變成假的——同時，它也顯示出所有權的轉換也只是個所謂的啓動機制——它是達到更高層目的之必要條件，而不是充份條件，利益共同體了解到，一個企業組織在社會上的任務並不只是賺錢，賺最多的錢，成長，成爲強勢企業而已。利益共同體有四個同等重要的使命：

(A)經濟使命：贏取讓設計、製造、服務的方式可以讓公司賺到利潤的訂單。

(B)技術使命：以最新的產品設計獲取訂單，並獲得利潤。

(C)社會使命：讓公司員工在工作參與過程中，有得到滿足和發展的機會。

(D)政治使命：為其他男男女女提供了一個經濟上健全、社會方面負責的例子來鼓勵他們改變社會。

第四點，達成社會使命這一項帶來了最大的挑戰和最大的困難。在公司存在的這二十多年裡，利益共同體經過好幾次制定憲章的過程。我們相信以它一九七一年的新憲章，這家公司已經演化出一套同時結合了有效經營管理和眞正民主體制的組織架構。在這裡我不畫出貝德公司的組織圖來表示出不同的「器官」（organs）怎樣和其他部門聯繫起來，因爲活生生的眞實情形無法在紙上表現出來，也不可能靠複製紙上模型表現出來。在此引用貝德本人所說的話：

我情願帶領任何一位有興趣的人士，參觀我們點綴著化學工廠和實驗室的四十五英畝大的古老田園式房子的產業，也不願辛辛苦苦的去寫一篇惹出的問題和它所提供的答案一樣多的文章。」

貝德公司的演變一直是——而且也會繼續是——一個學習過程，而自一九五一年以來所發生的事情其基本意義就是：它讓每一個和史考特貝德公司有關的人，在謀生、賺份薪水、協助公司賺錢、「讓大家日子都過得更好」的合乎經濟理性方式行爲等使命之外，還能學習到身體力行等更多其他的事情。

在貝德公司，每個人都有機會將他自己提昇到更高的人性層次，而這不是由個人私自去追尋和公司目標毫不相干的自我超越的目標來達成——這些他可以在任何環境下做，甚至是最墮落的環境都行——而是在實際情況裡卻是自由自在、高高興興的配合著公司的目標一起推動來達成。這一點需要學習，而學習過程是要花時間的。絕大部分，加入貝德公司的人，都對這個機會作了回應，而且也一直持續在回應。

最後，我們還可以說，分配盈餘的半數必須用於公司以外的慈善用途這一點，不但更進一步幫助了資本主義社會易於忽略的許多地方——協助青年、老人、殘障，不爲人所注意的人之各種工作——而且也給了利益共同體成員對社會情況的覺醒，激起他們的良知。而這很少能在傳統型態的企業組織中做到。就這一點而言，值得一提的是公司特別作了一些措施，以確保利益共同體不會變成一個將個人的自私自利轉換成為集體自私自利的組織。公司設立了一個理事會，地位猶如立憲之君主，而在理事會中，公司以外出身的理事具有決定性之力量。理事乃是憲章之理事，對經營並無權力干涉。但是如果在公司的各個民主和功能性部門之間發生了基本議題上的嚴重衝突時，他們就能夠，也有權仲裁糾紛。

我們在開始的時候提到過，恩奈斯特貝德要在他的公司裡弄出一個「革命性的變化」，但是「**要以可被私人企業部門接受的方式來做**」。他的革命沒有流血。沒有一個人前來抱怨，連貝德本人或他的家人都不會。而在週遭充斥著罷工的情況下，貝德公司的人可以驕傲的宣稱：「我們沒有罷工。」而且雖然公司裡的人都知道公司現在的情形離利益共同體的目標還有一段距離，外界觀察者卻不能不同意貝德所說的這些話：

> 我們這麼多年來在貝德公司想努力建立起一個基督徒式生活的經驗，對我們有極大的鼓勵。它對我們的人際關係帶來很好的結果，也提高了我們生產的質與量。

我們現在希望繼續在已有的基礎上更進一步，能在建造更好的社會，以服侍上帝，和服務人群上作出紮實具體的貢獻。

然而雖然貝德先生的寧靜革命應該「大體上能爲私人企業部門接受」，事實上它卻不會被接受過。有數以千計的人看著當前事態的潮流而要求有一套新的「教規」（dispensation），甚至連企業界也不例外。但是貝德公司——以及少數其他幾家公司——仍然是在貪婪和妒忌所統治的大社會裡，少數幾處神智清醒的小島。看來不管我們怎麼提示做事情的新方法，「老狗就是學不了新把戲」是眞的。但是有一點也是眞的，那就是每天都有「新狗」出生長大，而他們將會注意到史考特貝德利益共同體所顯示出，**已經證明是可以做得到的事情**。

社會主義化的新方式

在一個經濟事務必然吸引了大衆注意力的社會裡，似乎有三個主要的抉擇：生產工具的私有與各種不同形式的公有或集體所有的抉擇；市場經濟體制與各種不同方式的「規劃」體制之間的抉擇；以及「自由」與「極權」之間的抉擇。不消說，在這三對極端之間，在眞實生活裡總是有某種程度的混雜——因爲就某種程度而言，它們與其說是對立，倒不如說是互補——但是這個混雜會顯出傾向這邊來還是倒向那邊去。

我們可以發現，那些強烈傾向私人所有制的人，幾乎毫無例外的主張說，非私人所有制不可避免的也必然會伴隨著「規劃」和「極權」，而「自由」若不以私有財產制和市場經濟體制為基礎，就連想都不必想。同樣的，接受各種形式的集體所有制的人就會聲稱——雖然較不像前者那麼教條式的——這一定會需要有中央規劃。他們聲稱只有在社會主義式的所有制和規劃制度下，才有可能得到自由。私人所有制和市場經濟體制所聲稱的自由，只不過是「朱門酒肉臭，路有凍死骨的自由」。換句話說，每個人都主張以他自己的這套「體系」達到自由，而且指責所有其他「體系」無可避免的一定會伴隨了專制、極權，或導向這兩者的無政府狀態。

所有根據這幾類說法而來的各種爭論，帶給我們的熱罵通常要比啓發多，就如發生在所有由一個概念架構導出「眞實情況；而不是由眞實情況中導出一個概念架構的爭論一樣，如果有三個主要的非此即彼的選擇，那麼就會有二的三次方或八個可能的組合。預期在眞實生活裡所有可能性都會發生——不是在這段時間裡，就是在另一個時刻，或者甚至是同時在不同的地方出現——總是合理的。這三種我所提到的抉擇的八種可能組合條列如下。（我以自由對極權作為排列的基準，因為由本

狀況1 自由
市場經濟體制
私人所有制

狀況2 自由
規劃經濟體制
私人所有制

狀況3 自由
市場經濟體制
集體所有制

狀況4 自由
規劃經濟體制
私人所有制

狀況5 集權
市場經濟體制
私人所有制

狀況6 集權
規劃經濟體制
私人所有制

狀況7 集權
市場經濟體制
集體所有制

狀況8 集權
規劃經濟體制
集體所有制

書所用的形而上學觀點來看，這一項是最主要的考慮。）

指稱唯一的可能狀況是狀況1或狀況8是荒謬的。從被觀念所驅策的宣傳家眼裡看來，這不過是最簡單的狀況罷了。感謝上帝，眞實生活要比這有想像力得多了。不過我讓勤快的讀者去辨認史上或現實中上述八種狀況的例子，而且我也會建議政治學的教師拿這個給他們的學生做練習。

我眼前的目的是希望能爲大型企業設計出一套產權制度的「體系」，而使得我們得以達到一個眞正的「混合經濟體制」。因爲我們如果是以世界上已經工業化了的這一部分的實際狀況作爲起點，而不是以所有可能性都還存在的零作爲起點的話，那麼「混合」的狀況要比「純粹無雜」的狀況更適用於未來的多種迫切狀況。

我之前已經提出過，在所謂先進國家裡的私人企業，從這個社會用公共支出所建的公共建設——無論是有形的還是無形的——得到了極大的利益。但是公家雖然爲私人企業支付了相當大一部分的成本，卻沒有直接參與它的利潤分配。所有這些利潤在一開始都分配給私人了。之後公家才以從私人口袋裡掏走部分私人所分配到的利潤方式，來試圖彌補公家本身的財政需求。摩登生意人從不疲於指稱與抱怨說，他在相當程度上是在「爲國」工作，既然盈利稅課走了很大一部分他認爲眞應該是只屬於他，或他的股東的利潤，那麼國家就是他的合夥人。這也向我們建議，公家在私人利潤上的那一份——換句話說，營利事業所得稅——可以換成是公家在私人企業中所擁有的那一份股權——至少就大型企業而言，不管是在什麼情況下都是如此。

根據下列說明，我主張公家應該得到私人大型企業所分配之盈餘的半數，而且公家不是以利潤稅的方式取得這一份利潤，而是以占有這家企業半數股權的方式取得。

1. 首先，得先定義以下所要討論到的企業之最低規模。既然每家企業在它的員工數超過了某一個程度後，就喪失了它私密和個人的性質，而在實質上變成了一家公共企業，最低規模最好可能是以雇用員工數量來定義。在某些特殊情形下可能有必要按資本使用量或營業額來定義。

2.所有達到——或超過——最低規模的企業都必須是股份公司。

3.有必要將這些公司的所有股份轉換成美國式的無固定面值股票。

4.已發行的股份，包括優先股和任何其他代表股權的紙張都應該有等額的新股發行。這些新股由「公家」持有，這樣私人持有的每一股原有股份都有一股相同權利的新股由公家持有。

根據這樣的方式，就不會有什麼「補償」的問題發生，因爲照嚴格的字面意義而言，並無所謂「徵用」的問題，而只是將公家徵收利潤稅的權利，轉換成直接取得產生了可稅利潤的經濟資產。這個轉換是對無論在什麼情況下，公家也就是非屬於資本家的社會力量，都對「私人」經濟財富的創造，扮演了一個重要角色。而由公衆的貢獻，所創造的資本就應該被承認是屬於公衆的財產，而不是私人的財產。

隨後就會出現的問題可以分成三類。第一個，所謂的「公家」到底是什麼意思?新發行的股份要給誰，誰又會是這裡所說的「公家」的代表?第二個，持有這些新股有些什麼樣的所有權的權利？第三，由現有制度轉換到新制度，對國際及其他方面之處理方式，募集新資本等方面所產生的問題。

有關第一個問題部分，我建議新發行的代表百分之五十股權的股票，應該由企業所在地的團體持有。目的是使得公衆參與所得到的分權程度達到最大，並使企業和它們所在地的社會機能的整合也達到最大。而這家企業是從當地得到無可計算的效益的。因此在X地區營運的企業之股權，應由可以代表X地區人口的一個地方組織持有。但是最適合行使新股所含有的權利的，不必然就得是地方民意（政治性）代表或地方政府官員。在我們進一步探討人員問題之前，我們需要先對這些權利作更詳盡的定義。

這就讓我來到第二類的問題。原則上，所有權所包括的權利一般可以被區分成兩類——管理權利和金錢權利。

我確信，在一般狀況下，如果「公家」干涉或限制了現有企業管理階層的行動自由以及責任的全部承擔，結果不但不會有一點點好處，反而會帶來許多壞處。因此企業的「私人」經理應該享有全權，而公股的管理權利則應該保持不用，除非是在發生了特殊情況時。這就是說公股在一般情形下並沒有投票權，而只有取得資訊和觀察的權利。「公家」應該有在企業董事會裡安置一名或數名觀察員的權利，但是觀察員在一般情形下沒有任何決策權。只有在觀察員覺得公衆利益要求他介入現有管理階層的行爲時，他才能向一個特別法庭申請起動靜止的投票權。支持介入的理由必須能讓法庭接受，然後法庭就會根據證據判決此一全憑表面證據來判定之案件（prima facie case）。一旦判定成立，法庭就會起動公衆持有之投票權一段時間。這樣一來，由公衆持有的新股份所掌握的經營權利，在正常情況下就只會是個幕後的可能，只有在「公家」採取某種特定、正式、公開的程序後，才會成爲眞實的東西。而且就算在特殊狀況下採行了這些步驟，而公衆股份的投票權也被起動了，新狀況也只會維持一段短時間。因此什麼情況算是功能的正常分割，什麼時候算是功能的不正常分割，就不會有什麼疑問。

大家經常以爲指派高級或中階公務員進到管理階層去，私人企業在經營時就會保護得了「公衆利益」。這個信念常常是國有化所提議的重要條文，但是在我看來不但眼光淺窄而且窒礙難行。要使企業比現在更注意到「公衆利益」的最有效方法，不是將管理責任一分爲二，而是讓企業對公衆更負有責任、更透明化。公衆管理和企業經營是兩個極端——就算加上報酬和職位保障的考慮也是如此——而試圖將兩者混爲一談的結果只會帶來惡果。

在「公家」所擁有的經營權，在一般情形下應是靜止不用的同時，金錢權利則應該從一開始就要行使——這很顯然非得如此，因爲它們取代了原先要課徵的利潤稅。所有分配盈餘的半數將自動流入持有新股的「公家」手中。但是公股在原則上是不可轉換的（就好像徵收利潤稅的權利不能當作資產來出售一樣）。它不能被換成現金。至於它能不能被用來當作公共貸款的抵押品，倒是可以以後再討論。

在這樣簡略的說明了新股所擁有的權利以及所包含的職責後，我們現在可以回到人事問題上。整個規劃的大目標是將大型企業和它四周的社會盡量整合在一起，這個目標也管到我們在人事問題的解決方案上。由對企業持股而來的經營權利和職責以及金錢權利之行使，一定要遠離政治糾紛。而在此同時，也不能交給以不一樣的考量而任命的行政官員手中。因此我建議這些權責應當屬於一個特別的公民團體。在這裡我將之稱做「社會諮議會」（Social Council）。

這個團體應該在當地按照如下的寬鬆規定組成，既不必經過選舉，也用不著政府的任何協助：諮議會有四分之一成員由地方工會提名；四分之一由地方職業公會提名；四分之一以如同揀選陪審團成員的方式自當地居民中挑出；每名成員任期五年，每年改選五分之一。

社會諮議會的權力及行動權，除了受法律之限制外，再無其他限制。它當然要對大眾負責，而會議紀錄也要公佈。也許可以考慮給予地方當局若干對社會諮議會的「預備權力」以作爲民主程序的保障，就好像社會諮議會對個別企業的管理階層有預備權力一樣。這就是說，地方當局有權對本地的社會諮議會派出觀察員，而且在有嚴重不滿的衝突時，向合適的「法庭」申請暫時介入權。這裡我們要再一次明確指出，這樣的介入只能是例外狀況而非常態，而在所有正常情況下，社會諮議會都擁有完全的行動自由。

社會諮議會應當對那些流到它這裡的，來自各企業公股所分配的盈餘，有完全的控制權。這些基金的支出要以立法制定一般性的準則，但是這些準則應該堅持地方高度獨立和自行負責的精神。但馬上就會出現的反對聲浪可以下面這些話來答覆：基金交由地方政府控制或是照目前的一般情況，由中央政府控制，其結果一樣不會給我們更好的保證。相反的，我們似乎可以完全的假定，各地的社會諮議會既然是眞正代表了當地的社會，就更能期望它會比當地或中央的公務員，更能關心資源是否投入社會之所需。

現在我們再來看第三個問題。由現行體制轉變到我們這裡所提議的體制，並不會帶來什麼嚴重的困難。我們已經提過，不會有什麼補償的問題，因爲這一半的股份是以放棄徵收利潤稅的方式買來的，而且所有超過某一規模的企業，都會受到一樣的待遇。規模的標準可以制定成在剛開始時，只有很少數的大型企業合乎標準，因此「轉變」不但是漸進式的，而且也是試驗性的。如果大型企業在這個體制之下所支付的股利較它們所支付的利潤稅爲多，這就可以被當成是一個避免規模變得過大的社會可欲誘因。

這裡值得強調的是，將利潤稅轉成「股權」很明顯的改變了作爲企業決策的心理環境。如果利潤稅率定在（比方說）百分之五十，生意人就會說「財政部要出一半」所有原可被避免的邊際性可有可無的支出（省下這些開支會增加利潤，但是利潤裡有一半無可避免的要變成利潤稅）。當我們廢除了利潤稅而代之以公有股的時候，心理環境就大不相同了。因爲公司股權有一半屬於公有的這個認知，完全不會隱蔽了所有可避免的開支，都會減少等額的利潤此一事實。

在許多不同地區營業的公司，包括國際性公司，自然會引起諸多問題。但是只要我們牢牢把握住兩點原則，就不會有什麼太大的問題：第一是利潤稅轉成股權。第二是參與的公家必須是在地性的，也就是公司員工眞正上班、生活、通勤，並使用到各式公共服務的所在地。毫無疑問在互相糾結的公司結構裡有的是讓會計師、律師傷腦筋的事，但是應該不會有什麼眞正的大困難。

在這麼一個體制之下的公司怎樣去募集新資金？答案還是一樣的簡單：每對私人發行一股，不管是有價配股還是無償配股，都要對公家配發一股無償配股。乍看之下這似乎並不公平——如果私人投資者得花錢取得股權，爲什麼公家就可以免費？答案當然是：整個公司並不付利潤稅，因此新股金所分配到的利潤自然也不必繳利潤稅，因此公家是從它原來應可得到的利潤稅這個基礎上，去取得它的免費股權的。

最後，可能有些隨公司重組、兼併、結束之類狀況而來的特別問題。這些都完全可以按照我們所提過的原則來解決。在公司結束的情況下，不管是因爲破產還是其他原因，公家股當然和私人股一樣的看待。

以上的建議也許會被看成只是個「制憲」的遊戲。這樣一個方案是完全可行的。它可以在不用革命、徵收、集權，或以官僚體系的遲緩迂闊取代私人的靈活彈性的情況下，重組大型企業的產權。我們可以試驗性、漸進式的引進它——先由最大型企業開始，然後再延級而下，直到我們感覺到企業界的堡壘裡能對公衆利益給予足夠的重視爲止。所有的跡象都顯示，儘管課以高稅並有無窮無盡的立法，當前的大型企業結構對公共福利並無益處。

結語

現代人類，沈醉在科技力量大展神通的興奮中，建立了一個掠奪大自然的生產體系和一種殘害人類的社會型態。大家認爲只要有更多的財富，每件事情終會各得其所。貨幣被視爲威力無窮；如果貨幣不能實際購買到非物質的價值，諸如正義、和諧、美麗或甚至健康，它可以抑制對這些價值的需求，或補償失去這些價值的損失。因此，生產的開發及財富的追求，業已成爲現代世界最高的目標，至於一切其他的目標無論曾費多少唇舌去鼓吹，到頭來只能屈居次席。最高目標毋須合理化；所有次級目標最後必須以其達到後所能提供的服務，和達到最高目標的相比來證明其合理性。

這就是唯物論的哲學，也正是這套哲學——或形而上學——現正受到事件的挑戰。從來沒有一段時間在世界上任何一個角落任一個社會，其哲人及導師不去挑戰唯物論及鼓吹另類優先次序。他們使用的語言會有不同、象徵會各異，然而訊息經常是一樣的：「首先要追尋你的上帝國度，然後這些事物（你所需要的物質事物）將會附加給你。」我們被告知，這些事物在我們需要的時候就會降臨在地球上。可是，這類訊息不光是從哲人及聖人處傳來，而是從實際事件的發生過程中傳來。它們是以恐怖主義、種族滅絕、脫節、污染、疲憊的語言來傳達的。我們似乎是生活在獨一無二趨同的階段裡。有關上帝國度的用字令人感覺錯愕，不僅是其承諾而是其威脅越來越明顯——「除非你首先追尋王國，否則這些其他你也會需要的事情將不會提供給你」的威脅。正如一位現代作者寫道，不須援引經濟學及政治學，只須直接提及現代世界的條件：

> 如果可以這麼說：人類越來越集體從真理處退縮，也可以這麼說，真理在各方面越來越向人類關閉。也幾乎可以說：為求一親真理，這在過去可得花上一輩子的努力，現在所要求的是不要退縮。可知那有多困難！

如果我們相信現代世界的毀滅性力量，僅須透過動員更多的資源——財富、教育及研究——去打擊污染、保護野生生物、發現能源的新來源，並就和平共存達成更有效的協定，就可「予以控制」。毋庸多言，財富、教育、研究及許多其他事物對任何文明來說都是需要的，但今日最需要的是修正這些的手段。而最要者，這隱含生活型態的發展得符合物質事物，至於其適當、合法的位置就屬次要。

「生產的邏輯」既不是生活的邏輯也不是社會的邏輯。它是這兩者從屬的一小部分。從「生產的邏輯」所釋放出來的毀滅性力量不可能予以控制，除非「生產的邏輯」本身獲得控制——因此毀滅性力量停止釋放。如果致命的發明繼續被認爲屬人類創造力的合法運用，企圖壓制恐怖主義則用處不大。同理，打擊污染也不會成功，如果生產和消費的型態繼續是暴力的一個規模、一種混合體、一種程度，這種暴力已越來越明顯不適合宇宙的定律，這個定律視人類和其餘生物一樣都是主體。接下來，如果不知做到什麼地步是足夠好，及做到什麼地步是壞透，就很難有機會使資源涸竭能緩和下來，或給那些擁有財富及權力的人與那些未能擁有財富及權力的人帶來和諧的關係。

當有些人對這些深度議題的關注漸漸地，極度謹慎地，表達出來甚至見諸官方及半官方的發言，也算是一個可喜的訊號。有一個委員會受美國國務院委託針對環境提出了報告，談及爭取時間讓技術先進的社會有機會「修正他們的價值及改變他們的政治標的」。該報告認爲，這是一件「道德選擇」的事情，「沒有任何計算方法可單獨提供答案……全球青年對傳統價值的基本質疑是，對我們工業文明不斷提升所帶來廣泛不安的一種症候群。」污染必須得到控制，而人類的人口及資源的消耗必須被引向一個恆久且可持續的均衡點上。「除非能做到這一步，否則，或遲或早——有些人相信沒剩多少時間——文明的隕落將不是科幻小說的情節。這將成爲我們子孫輩的經驗。」

但如何做到那一步？什麼是「道德選擇」？它是否像該報告所提議的，僅是一件決定「我們願意爲週遭的清潔付出多少？」的事情？人類確實有一定程度選擇的自由：它不受制於潮流、不受制於「生產的邏輯」或任何其他片面性的邏輯。但它是受制於眞理。**唯有服膺眞理才是完美的自由**，且即使那些今日要求我們「將我們的想像脫離現存體系的束縛」的人，都沒指出承認眞理的途徑。

要求二十世紀的人去發現以前從未被發現的眞理是有點不太可能。在基督教傳統裡，就像所有人類眞正的傳統一樣，眞理是以宗教言辭來陳述的，這些語言對大多數現代人而言都幾乎不知所云。語言能夠修飾，已有當代作者做完，徒留眞理向黃昏。在整個基督教傳統以外，或許沒有任何教諭比四項基本美德對現代時弊更具恰當及適用性；**這四項絕妙玄微及務實的原則是：嚴謹、公正、堅毅及節制**。

嚴謹的意義，被尊稱爲所有其他美德之「母」，很難以目前使用的字眼謹慎來傳達。它意味著不以低下、吝嗇、算計態度過活，也就是拒絕看到及評估那些不能立即帶來眾生得益的事情。

> 謹慎的精髓意謂著現實的智識是實踐好事的前提。他知道事情的來龍去脈及目前的情勢，他就可以單獨做好這件事。
>
> 謹慎的精髓意味著所謂「善意」及所謂「立意甚佳」絕不足以成事。實踐

好事的前提在於我們的行動是符合真實情況，也就是說真指事實的核心，而這正是形成人類核心行動的「環境」；然後我們以明察秋毫的客觀性認真看待這個事實的核心。

然則，這明察秋毫的客觀性不易達成，因此謹慎也就不能完美無缺，除非以「靜思」態度處理現實，在這種態度下人類自我中心的利益至少會暫時沈靜下來。

唯有在謹慎此種寬大爲懷的基礎上，我們才能做到公正、堅毅及節制，這後者意謂著夠了就是夠了。「**謹慎隱含將真理的知識轉換成能應付現實的決策。**」因此，今天有什麼比對謹慎的研究和開發更具重要性？透過它幾乎可以對其他三項基本美德有眞實的理解，而所有這些美德都是文明得以生存下去所不可或缺的。

公正和眞理相關，堅毅和爲善相關，節制就和美相關；而謹慎，在某種意義上涵蓋以上三者。現實主義的處事方式，有點像使眞、善、美都太虛幻而只能被列入社會或個人生活的最高目標，或視眞、善、美爲成功追求財富及權力的自動排斥器，致被戲稱爲「狂人——現實主義」。人民到處詢問：「我實際能做些什麼？」答案很簡單也很沒營養：**我們每個人，可以將自己內心深處理順**。要進行這項工作所需的指南不能求之於科學或技術，因爲他們的價值完全以其服務的目的爲準；但仍可求諸人類傳統的智慧。

內容簡介

這是一本將人放在重要位置的經濟學論述，一本直指心靈、抱持希望，並對未來徹悟的好書。出版以來不但是暢銷書，而且是世界經濟學最具啓發性和顚覆性的論述，其二十年前的論點，在今日看來仍切中時弊，誠歷久彌新。在作者眼中，西方世界引以爲傲的經濟結構，不外乎個人追求利潤及進步，從而使人日益專業化，還使機關成爲龐然大物，帶來經濟的無效率、環境的污染、非人性的工作環境。

作者因而提倡中級科技的系統，以小巧的工作單元、社區性所有制及善用當地人力與資源的地區性工作場所等基礎觀念，爲經濟學帶來另類的思考方向。

作者

修馬克（E. F. Schumacher）

修馬克博士早在其重新評價西方經濟態度的暢銷書《小即是美》問世之前，就已是知名的經濟學者、新聞從業者及進步的企業家。他在一九五〇至一九七〇年間擔任英國國家煤炭局的經濟顧問，也是適用於發展中國家中級科技概念的原創者，還創辦中級科技發展團體有限公司，並曾任該公司之主席。他亦曾出任土壤協會的主席

（英國最大有機耕作組織，三十年前創立），也曾擔任史考特貝德公司的總裁（聚合物化學品及公共所有制的領航者）。

修氏生於德國，一九三〇年以羅德學者身份首抵英國，在牛津大學新學院研習經濟學。稍後，以二十二歲之英年在紐約哥倫比亞大學講授經濟學。當他對光有理論而無實際經驗的學術界有所不滿時，便毅然投身商界、農界及報界。他在二次大戰期間恢復在牛津的學術生涯，之後在一九四六至一九五〇年出任英國駐德管制委員會的經濟顧問。往後幾年，他針對農村發展問題的建議被許多外國政府所徵詢。修博士一九七四年獲頒勳爵，一九七七年逝世。

譯者
李華夏

台灣大學經濟學系學士、美國南伊大經濟學博士，現任海峽兩岸商務發展基金會秘書長、清華大學兼任教授。

校對
陳佩伶

台灣大學中文系畢業，資深編輯。

國家圖書館出版品預行編目(CIP) 資料

小即是美/ 修馬克(E. F. Schumacher)作；李華夏譯 -- 二版 --
新北市新店區：立緒文化, 民108.08
面；　公分. --（新世紀叢書）
譯自：Small Is Beautiful: A Study of Economics as if People Mattered
ISBN 978-986-360-142-5 (平裝)

1.經濟學

550　　108011871

小即是美（第二版）

Small Is Beautiful: A Study of Economics as if People Mattered

出版——立緒文化事業有限公司（於中華民國84年元月由郝碧蓮、鍾惠民創辦）
作者——修馬克（E. F. Schumacher）
譯者——李華夏

發行人——郝碧蓮
顧問——鍾惠民

地址——新北市新店區中央六街62號1樓
電話—— (02) 2219-2173
傳真—— (02) 2219-4998
E-mail Address —— service@ncp.com.tw
劃撥帳號—— 1839142-0號 立緒文化事業有限公司帳戶
行政院新聞局局版臺業字第6426號

總經銷——大和書報圖書股份有限公司
電話—— (02) 8990-2588
傳真—— (02) 2290-1658
地址——新北市新莊區五工五路2號
排版——凱立國際印刷股份有限公司
印刷——尖端數位印刷有限公司

法律顧問——敦旭法律事務所吳展旭律師

分類號碼—— 550
ISBN —— 978-986-360-142-5
出版日期——中華民國89年9月～102年12月初版 一～七刷（1～8,500）
中華民國108年8月二版 一刷（1～1,000）
中華民國111年8月二版 二刷（1,001～1,500）

定價◎ 350元（平裝）

生活哲思—新文明生活主張

提倡簡單生活的人肯定會贊同畢卡索所說的話：「藝術就是剔除那些累贅之物。」

小即是美

一本把人當回事的經濟學著作

E. F. Schumacher ◎著

中時開卷版一周好書榜

ISBN: 978-986-360-142-5

定價：350元

少即是多

擁有更少 過得更好

Goldian Vandn Broeck◎著

ISBN:978-986-360-129-6

定價：390元

簡樸

世紀末生活革命

新文明的挑戰

Duane Elgin ◎著

ISBN :978-986-7416-94-0

定價：250元

靜觀潮落：簡單富足/生活美學日記

寧靜愉悅的生活美學日記

Sarah Ban Breathnach ◎著

ISBN: 978-986-6513-08-4

定價：450元

美好生活：貼近自然，樂活100

我們反對財利累積，
反對不事生產者不勞而獲。
我們不要編制階層和強制權威，
而希望代之以對生命的尊重。

倡導純樸，
並不否認唯美，
反而因為擺脫了
人為的累贅事物，
而使唯美大放異彩。

Helen & Scott Nearing ◎著

中時開卷版一周好書榜

ISBN:978-986-6513-59-6

定價：350元

德蕾莎修女：一條簡單的道路

和別人一起分享，
和一無所有的人一起分享，
檢視自己實際的需要，
毋須多求。

ISBN:978-986-6513-50-3

定價：210元

115歲，有愛不老

一百年有多長呢？她創造了生命的無限可能

27歲上小學
47歲學護理
67歲獨立創辦養老病院
69歲學瑜珈
100歲更用功學中文……

宋芳綺◎著

中央日報書評推薦

ISBN:978-986-6513-38-1

定價：280元

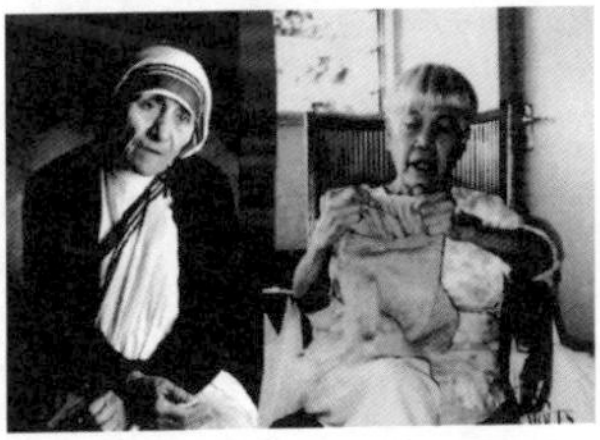

許哲與德蕾莎修女在新加坡